DO
CABARÉ
AO LAR

MARGARETH RAGO

DO CABARÉ AO LAR

A UTOPIA DA CIDADE DISCIPLINAR E A RESISTÊNCIA ANARQUISTA

BRASIL 1890–1930

5ª edição

revisada e atualizada

PAZ & TERRA

Rio de Janeiro

2024

Copyright©Luzia Margareth Rago, 1985

Capa
Luísa Rabello

Todos os esforços foram feitos para localizar os fotógrafos das imagens reproduzidas neste livro. A editora compromete-se a dar os devidos créditos em uma próxima edição, caso os autores as reconheçam e possam provar sua autoria. Nossa intenção é divulgar o material iconográfico que marcou uma época, sem qualquer intuito de violar direitos de terceiros.

Direitos de edição da obra em língua portuguesa no Brasil adquiridos pela EDITORA PAZ E TERRA. Todos os direitos reservados. Nenhuma parte desta obra pode ser apropriada e estocada em sistema de bancos de dados ou processo similar, em qualquer forma ou meio, seja eletrônico, de fotocópia, gravação etc., sem a permissão do detentor do copyright.

Editora Paz e Terra Ltda.
Rua Argentina, 171, 3º andar, São Cristovão
Rio de Janeiro, RJ - 20921-380
http://www.record.com.br

Seja um leitor preferencial Record.
Cadastre-se e receba informações sobre nossos lançamentos e nossas promoções.
Atendimento e venda direta ao leitor:
sac@record.com.br

Texto revisado pelo novo Acordo Ortográfico da Língua Portuguesa.

CIP-BRASIL. CATALOGAÇÃO NA PUBLICAÇÃO
SINDICATO NACIONAL DOS EDITORES DE LIVROS, RJ

Rago, Margareth, 1948-

R126c   Do cabaré ao lar: a utopia da cidade disciplinar: Brasil 1890-1930 / Margareth Rago. – 5. ed. – Rio de Janeiro: Paz e Terra, 2024.

280 p.: il.; 23 cm.

Inclui bibliografia e índice
ISBN 978-85-2190-186-0

1. Trabalhadores – Brasil – História.
2. Anarquismo e anarquistas – Brasil – História. 3. Classes sociais – Brasil – História. I. Título.

CDD: 331.0981
14-14682   CDU: 331(81)(09)

Impresso no Brasil
2024

"Senhores — [...] essa cidade que todos nós já vislumbramos com os olhos da imaginação, que pode ser uma realidade dentro de alguns meses, essa cidade da saúde e do bem-estar, será visitada por todos os povos. Para ali chamaremos todas as famílias honestas que a pobreza e a falta de trabalho tenham varrido das regiões superpovoadas. [...] Teríamos lá enormes colégios onde a juventude, educada segundo princípios adequados, próprios a desenvolver e a equilibrar as faculdades morais, físicas e intelectuais, preparar-nos-ia gerações fortes para o futuro!"

Júlio Verne, *Os 500 Milhões da Begum*
(1877)

"Na comuna-livre [...] [a] vida é calma, agradável, digna de viver. Quase tudo é ali, quase tudo está ali. O trabalho torna-se exercício salutar, o contato com a natureza é normal. [...] Não são necessárias oficinas gigantescas, para onde, em forma de massa, criaturas humanas, automatizadas, fluem de manhã, e de onde, refluam à tarde, num fluir e refluir de rebanho que não condiz com a dignidade da pessoa humana."

Serafim Porto, Jornal *O Libertário*
(fevereiro-março de 1964)

Nota da Autora: este trabalho condensa a dissertação de mestrado defendida sob o título de *Sem Fé, Sem Lei, Sem Rei — Liberalismo e Experiência Anarquista na República*, sob orientação do dr. Edgar S. de Decca (Departamento de História do IFCH da UNICAMP, novembro de 1984). Contamos para tanto com o apoio da FAPESP, a quem agradecemos nesta ocasião.

Sumário

Apresentação à 4ª edição — Durval Muniz
de Albuquerque Júnior   11
Apresentação — Edgar Salvadori de Decca   17
Introdução   23

I. Fábrica satânica/fábrica higiênica   29

    Uma nova economia dos gestos   35
    As resistências cotidianas do proletariado   44
    A pedagogia "paternalista" dos patrões   50
    Purificar o espaço fabril   56
    O controle da fábrica: os anarquistas e a autogestão   70

II. A colonização da mulher   86

    De volta ao lar   88
    O mito do amor materno   103
    Sequestro da sexualidade insubmissa   115
    Os anarquistas e o campo da moral   129

III. A preservação da infância   156

    Apropriação médica da infância   156
    O trabalhador infantil no imaginário operário   179
    A resistência dos pequenos trabalhadores   188
    A pedagogia libertária e a formação do homem novo   193

IV. A desodorização do espaço urbano 214

Gestão higiênica da miséria 214
Do público ao privado: um deslocamento tático 226
A disciplina das vilas operárias 229
Gestão "científica" da habitação popular 246
Imagens libertárias da cidade do futuro 260

Conclusão 265
Bibliografia 267
Índice remissivo 271

Apresentação à 4ª edição

Novos trajetos, novos afetos
Durval Muniz de Albuquerque Júnior

Como apresentar um livro? Como fazer de um livro uma presença? Como colocá-lo diante dos olhos do leitor antes mesmo que ele tenha dito suas primeiras palavras? Como todas as coisas, um livro para ter existência para os humanos requer ter um nome, um título, trazer na rasgadura da carne do papel a inscrição das letras que, em conjunto, farão sintomas do que ele irá dizer, do que ele vai falar. Um livro singular costuma iniciar seu trabalho por sua própria marca, é ela que atrai a atenção e faz a abertura para a leitura e para o sonho do leitor ao passar as suas páginas. O primeiro impacto deste livro, que agora apresento, se dá pelo próprio título: *Do cabaré ao lar*, título incomum para obras de um campo do saber até então marcado pela pudicícia e pela ênfase nos eventos ocorridos no espaço público. Era impensável, por muito tempo, que a história pudesse se passar no lar e no cabaré e, muito menos, que pudesse ir de um a outro, numa inusitada ligação entre dois espaços do privado, do íntimo, mas que eram vistos como espaços antípodas, antagônicos. Mais estranha ainda era a trajetória proposta pelo título, pois, num mundo pensado no masculino e para os homens, como é aquele que a autora aborda, o comum é que se fizesse o trajeto entre o lar e o cabaré, o comum era que os homens, chefes do lar, fugindo das rotinas sexuais do casamento, dando passagem a desejos e pulsões proibidas de serem efetivadas no leito conjugal, procurassem o espaço do bordel para efetivá-los. Mas a autora, abordando a história por um olhar que é o do feminino, vai pensar naquelas que fazem a trajetória inversa, aquelas que, por uma série de circunstâncias, deixavam os lares onde nasceram e cresceram e se destinavam aos prostíbulos, onde exerciam variadas atividades.

Mas se o livro escrito pela historiadora Margareth Rago, cuja primeira edição é de 1985, já é considerado um clássico da historiografia brasileira, isto não se deve apenas à sua temática ou ao nome que o apresenta. Como toda obra que se torna um marco, este livro significou importantes deslocamentos na forma de se compreender e se escrever sobre o passado. Tratando-se de um trabalho sobre o tema da história da classe operária, no entanto, na obra, ela não é tratada como mera estrutura decorrente de um modo de produção, ela não é pensada como uma mera categoria sociológica, mas é tomada como o produto das ações, práticas e representações de homens e mulheres em suas relações sociais e culturais. Rompendo com as formulações economicistas e estruturalistas de dadas leituras do marxismo, que prevaleciam, até então, no campo das ciências humanas; aproximando-se das obras do historiador marxista britânico Edward Palmer Thompson, este livro deslocava seu olhar do momento institucional do movimento operário, saía dos sindicatos e partidos, abandonava o interior da fábrica, para ir tentar abordar o cotidiano operário, ver a vida fora do ambiente de trabalho; abandonando o momento da produção econômica, tratava da produção cultural, da produção de sentidos, dos rituais, dos espaços de convivência e sociabilidade construídos pelos trabalhadores fabris, que circulavam e viviam não apenas no interior das fábricas, mas que iam do lar ao cabaré em suas atividades cotidianas e de diversão.

Se distanciando de toda uma tradição inaugurada por uma história do movimento operário escrita por intelectuais e lideranças ligadas ao Partido Comunista, Margareth Rago vai trazer à cena a militância anarquista, que havia sido desqualificada, atirada para o lugar de momento romântico, inconsciente e inconsequente do movimento operário pelos discursos comunistas, fazendo a história dos vencidos dentre os vencidos. Apoiada em rigorosa pesquisa e em fontes, em grande medida ainda inéditas, o livro vai ressaltar a importância do anarquismo para a formação da classe operária brasileira, formação no sentido thompsiano, ou seja, inseparável da constituição de uma consciência de classe e, mais importante, da elaboração de uma cultura operária, própria e distinta daquela encarnada por seus patrões. Além disso, o livro rompe com a versão masculina e masculinizante da história da classe operária e do movimento operário. A autora destaca a importância da presença feminina na nascente classe operária brasileira, dos fins do século XIX aos anos 30 do século XX, e o papel que o discurso anarquista exerceu ao instaurar os primeiros questionamentos das hierarquias entre os gêneros, ao afirmar o direito feminino ao trabalho fora do lar.

Mas não há em seu livro nenhuma idealização ou romantização da ação e dos discurso anarquistas. Inspirada pelas reflexões de Michel Foucault sobre o poder e sobre a sociedade disciplinar, Margareth Rago vai cartografar as articulações entre as práticas e os discursos anarquistas com as proposições, com os saberes e as instituições que tentam transformar a cidade de São Paulo em uma cidade moderna, que tentam construir uma sociedade articulada em torno do exercício das disciplinas. Abordando as propostas anarquistas para a educação, analisando os valores que eram veiculados pela imprensa anarquista, tratando dos perfis traçados para homens e mulheres anarquistas, atenta aos discursos que se dirigiam a formar um dado corpo, aos enunciados que tratavam das famílias e da sexualidade, Margareth vai mapear os pontos de cruzamento entre estes discursos e práticas com aqueles que defendiam a construção de uma sociedade disciplinar e disciplinada. A condenação, em grande medida moralista e misógina, que as lideranças anarquistas faziam da prostituição, ia ao encontro de discursos tão reacionários e disciplinadores como os da Igreja católica ou da medicina social. Os discursos anarquistas, como parte dos discursos surgidos na modernidade, não deixavam de mitificar a consciência e o homem racional, não deixavam de temer e combater as paixões e as pulsões, não deixavam de tremer diante dos corpos e dos desejos, colaborando para a veiculação e a tentativa de construção da utopia da cidade disciplinar, cidade racionalizada e hierarquizada, cidade higienizada, cidade e cidadania pensadas no masculino, temerosas daquilo que a tradição romântica, de que eram afiliados, chamou de "eterno feminino", ou seja, o reino dos sentimentos, das sensações e dos prazeres. Ou seja, os discursos anarquistas eram, em sua grande maioria, pois houve importantes exceções, discursos masculinos e machistas que, embora favorecessem a atuação pública das mulheres, desenhavam para elas, neste momento histórico preciso, ou seja, a chamada Primeira República brasileira, perfis bastante estritos quanto a possibilidades de se construírem como sujeitos femininos.

Nesta apresentação quero dar o testemunho do impactante que foi para mim ler a primeira edição desta obra, como ela não apenas se constituiu num marco na minha formação, mas dizer de como ela foi uma marca que se fez indelével em minha subjetividade de historiador e de cidadão. Ela não apenas configura uma trajetória de pensamento que é inovadora, ela não apenas propõe novos caminhos para a historiografia, ela, ao nos transformar, nos abre para que façamos novos trajetos em nossa própria existência. Como disse Foucault, os bons textos não são aqueles em que nos reconhecemos, em que encontramos nosso rosto, em que nos achamos, mas um bom livro é aquele que nos desencaminha, em que nos perdemos, é aquele em que nos estranhamos e entranhamos. Ler *Do cabaré ao lar*, quando eu era apenas um adolescente fazendo a trajetória inversa, do lar para o cabaré, mudou a minha forma de pensar e de me relacionar com a história, mas acima de tudo, mudou minha vida, me fez ter coragem de realizar, como é proposto no livro, desde o título, novos percursos para minha existência, me levando a realizar ligações excêntricas, perigosas e prazerosas, construindo arcos entre o permitido e o proibido. O que posso desejar é que faça você mesmo leitor esta experiência transformadora e leia este livro, tão generoso com o leitor quanto é na vida sua autora, por lhe oferecer a possibilidade de sair dele modificado.

Apresentação

Este prefácio merece uma explicação. Estávamos eu e a autora em busca de uma inspiração que melhor traduzisse ao público a abrangência de sua pesquisa, quando nos veio a ideia que tanto persegue os temas literários: a imagem do duplo. Lembrei-me do conto de Borges *O outro* assim enunciado pelo autor: "esta aparição espectral terá procedido dos espelhos do metal ou da água, ou simplesmente da memória, que faz de cada um espectador e ator. Meu dever era conseguir que os interlocutores fossem bastante diferentes para serem dois e bastante parecidos para serem um."

Vasculhando as prateleiras da biblioteca da UNICAMP, caiu-me nas mãos inesperadamente o duplo deste livro. Descobri que em outro lugar, por coincidência, no mesmo ano de 1980, data de início desta pesquisa, acontecia na Itália um colóquio de historiadores. Esta insólita coincidência me surpreendeu ainda mais quando verifiquei que a *Revista Movimento Operário e Socialista*, que estava em minhas mãos, mudava seus rumos editoriais, no inverno de oitenta, diante dos inesperados resultados do colóquio.

Na minha memória a autora também apareceu no ano de oitenta. Após longa ausência, seu retorno à Universidade era um refazer de caminhos, uma mudança de rumos. Uma memória que me foi ativada pela presença de uma revista que em minhas mãos falava dos novos rumos que eu mesmo escolhera alguns anos atrás. Estranha posição, de me sentir como espectador e como ator. Diante da revista e diante da autora. Também com ela, em 1980, eu me vi espectador — cheio de expectativas — e que no convívio com sua pesquisa eu também recriei meus caminhos. Eu me tornava ator em minha própria memória.

Mas, tal como Borges, preciso emergir do fundo dos espelhos e devo conseguir — como responsável pelo prefácio deste livro — que os interlocutores sejam bastante diferentes para serem dois e bastante parecidos para serem um.

Se me perguntassem qual o tema central deste livro, eu responderia com o nome de seu duplo, *Cultura Operária e Disciplina Industrial*, título da *Revista Movimento Operário e Socialista* (janeiro-março de 1980).

A chave para a indagação de Borges não é de difícil solução em se tratando da Revista. O que aconteceria se juntássemos num colóquio tendências da historiografia inglesa, francesa, americana e italiana? As diferenças são evidentes. Não é possível confundir os percursos de uma historiografia inglesa, a qual deve sua renovação a E. P. Thompson, com a historiografia francesa, inspirada reconhecidamente nos trabalhos de Michel Foucault. A polarização está presente no próprio título. A cultura operária é um tema amplamente pesquisado pelos seguidores de Thompson e a disciplina industrial está indissociavelmente ligada a Michel Foucault. A riqueza deste colóquio, entretanto, está no fato de que ele desfaz linhagens historiográficas nacionais. Há historiadores ingleses inspirados em Foucault e historiadores franceses seguindo as sendas de E. P. Thompson. Enfim, o tema do colóquio nos coloca diante de novos horizontes de abordagem histórica das classes trabalhadoras. Por isso, não se pode esquecer que, para além da cultura operária e da disciplina industrial, a temática originalmente aberta pelo italiano Mario Tronti e pelo americano David Montgomery sobre o controle operário do processo de trabalho nas fábricas, mudam radicalmente as interpretações do papel desempenhado pelos trabalhadores diante da técnica e da autoridade patronal.

Para o público brasileiro, alguns esclarecimentos devem ser feitos. Boa parte dos historiadores que renovaram o estudo das classes trabalhadoras na Europa e nos Estados Unidos não têm suas obras traduzidas para o português. Apenas para citar alguns exemplos, lembraria que a renovação da historiografia marxista sobre as classes trabalhadoras deve-se principalmente ao já clássico livro de E. P. Thompson, *The Making of the English Working Class [A formação da classe operária inglesa]*, editado em 1967. Por outro lado, se já existe a tradução brasileira do livro de Michel Foucault, *Vigiar e Punir*, não há nada relacionado com a renovação das temáticas historiográficas abertas pelo autor. Nas palavras de Michelle Perrot, uma historiadora pouco conhecida entre nós,

> *Vigiar e Punir* — mais do que um estudo sobre as origens da prisão é uma pesquisa sobre o conjunto destes fenômenos solidários entre si. Se trata de uma obra fascinante e extraordinariamente estimulante para o historiador que não procure a muito cômoda segurança de um esquema; ele deve ao contrário articular a reflexão, muitas vezes teórica e abstrata, com os particulares da vida concreta, coordenar os diferentes níveis e tentar recolher as especificidades. Apesar das analogias formais, a fábrica não é a prisão, e por outro lado seu problema tem sido o de obter dos indivíduos livres uma presença regular e a pontualidade. Onde a indústria moderna conseguiu a sua mão de obra? Como camponeses, artesãos ou errantes foram transformados em operários? Através de quais meios? Com quais estratégias? Quais foram as etapas destas mudanças? Quais foram as consequências da tecnologia; qual, por exemplo, o papel das máquinas? Estas modificaram, e como, a disciplina? Qual foi a importância da resistência contra este novo modo de trabalho e de existência? Eis algumas interrogações postas pela gênese da disciplina industrial. (*Le tre età della disciplina industriale nella Francia del XIX secolo.*)

Além dos estudos da própria Michelle Perrot, o universo foucaultiano ampliou-se com a divulgação dos trabalhos do grupo de pesquisadores da revista francesa *Recherches*. Durante vários números da revista, foi debatida a questão da gênese da disciplina industrial, ampliando o enfoque da disciplina dos trabalhadores para além dos muros da fábrica, atingindo todos os aspectos de sua vida cotidiana. São exemplares nesse particular os números da revista *Recherches*, "Le petit travailleur infatigable" (1976), "Disciplines à domicile" (1977), "Les Haleines du Faubourg" (1977), "Le soldat du travail" (1978).

As diferenças de abordagens em se tratando de Thompson e Foucault são significativas. Para o primeiro, as classes trabalhadoras são sujeitos de sua própria história, por isso a ênfase dada à questão da *experiência* de classe e do fazer (*making*) de uma cultura de classe. Com os seguidores de Foucault, desloca-se significativamente o eixo da experiência e/ou da cultura das classes trabalhadoras, acentuando-se o significado da ação disciplinar de inúmeros agentes sociais na produção do cotidiano e da identidade dos trabalhadores, através da criação das instituições basilares da sociedade, tais como a família nuclear, a escola e a fábrica.

Além dessas polarizações não se pode negligenciar a importância do debate aberto por Mario Tronti em *Operários e Capital* e por David Montgomery em *Worker's Control in America* sobre a questão da autonomia operária e do controle do processo de trabalho no âmbito dos conflitos internos da fábrica capitalista, questionando a fundo o problema da alienação colocado pelo debate marxista. Instigante campo de reflexão tanto na Itália como nos EUA a partir dos anos 1970. Com Mario Tronti emerge a tradição italiana dos conselhos de fábrica, que, tematizada por Antonio Gramsci, também por ele foi banida do universo do pensamento político. David Montgomery, ao mesmo tempo, resgata a questão do controle operário no processo de trabalho, reavaliando historicamente a oposição operária à introdução do taylorismo nas fábricas americanas.

O leitor pode estar se perguntando por que eu até agora só falei do duplo deste livro. Mas o que fazer se eles são bastante parecidos para serem um? Num mundo onde a falta de densidade das coisas é tão desconcertante, ainda assim devemos demarcar os limites. Infelizmente, o paradoxo de Borges só vale como enunciado no âmbito deste prefácio. A liberdade do literato não é a mesma do historiador.

Qual é a singularidade deste livro? Qual é sua densidade, mesmo reconhecendo a existência de seu duplo? O leitor logo perceberá. A densidade está na sua trama, na forma pela qual a autora, convivendo com o debate instaurado pelo seu duplo, produz uma singularidade inconfundível pelo arranjo que ela dá aos elementos de sua história. No entanto, aqui iremos encontrar Thompson, porque se fala de *experiência* e de cultura operária. David Montgomery e Mario Tronti instigam a autora e ela cede sabiamente à tentação, investigando as práticas e as resistências operárias pelo controle do processo de trabalho. Também visitaremos Foucault porque, num universo sem densidade e sem limites, a disciplina recobrindo a fábrica, espraia-se também pela escola, pela família, na sexualidade da mulher e na educação das crianças. Depois desta história perguntaremos onde acaba a fábrica e começa a família, ou, também, como delimitar a sexualidade da mulher diante da educação dos filhos etc., etc.

O leitor, ao se enredar na trama deste livro, descobrirá que tanto os trabalhadores produzindo sua cultura como as normas disciplinares a eles impostas pela fábrica, pelas várias agências do poder público ou privado regulando a sua maneira de morar, a sua saúde, a sua educação, a sua sexualidade, enfim todo este universo de práticas históricas está contido no período que boa parte da historiografia denomina de Primeira República.

Se todas estas práticas sociais puderam ser tematizadas pela autora no campo em que uma historiografia só vê República Velha e mundo oligárquico, nada mais resta a dizer, a não ser: vamos mudar de assunto!

Desejo-lhe, caro leitor, uma boa viagem.

Outubro, 1985.
Edgar Salvadori de Decca

Introdução

Uma imagem mítica: Átila, o temível guerreiro huno, comanda a invasão dos bárbaros. Com a espada de Marte, deus da guerra, semeia o terror por toda parte. Nas terras que seus exércitos devastam, a grama já não cresce. Desestabilização da ordem social, ameaça de caos, naufrágio da vida civilizada. Nos tempos modernos, o perigo da devastação provém de outras plagas. Ou, antes, do mundo mais civilizado: os imigrantes que chegam com outros hábitos, outras cabeças, estranhos desconhecidos.

"Não é certamente sob as leis do império dissoluto, onde dominam as prostitutas nacionais, que se revolve a mocidade leviana e viciosa desta corte, mas é debaixo da pressão ou da influência tirânica que nela exercem as prostitutas estrangeiras que geme e se definha cotidianamente grande parte da sociedade do Rio de Janeiro", lastimava o médico Ferraz de Macedo em 1873. A degradação dos costumes, as práticas dissolutas, o alcoolismo, o jogo, o crime, as doenças que penetram pelo porto de Santos em companhia dos trabalhadores italianos, espanhóis, portugueses, polacos, a nova mania das greves, a "lepra" da luta de classes: tudo se passa como se os "novos bárbaros" aportassem entre nós.

Marca de uma ruptura profunda: um passado tranquilo, característico da "índole pacífica de nossos concidadãos", desta nossa gente que, no dizer de um chefe de polícia em 1904, "acolheu com profunda simpatia" o reforço da ação policial sobre a cidade de São

Paulo. De outro lado, a constatação de um presente onde imperam as dissensões sociais, os conflitos políticos, os surtos epidêmicos, a criminalidade ampliada, os hábitos dissolutos, a promiscuidade das habitações sujas e fétidas, a proliferação dos gatunos, vadios e caftens. A ameaça da intranquilidade social, da contaminação física e moral, da destruição da nação, da degeneração da raça: resultados nefastos e sombrios da chegada dos imigrantes.

"Basta [...] penetrar na habitação aglomerada de italianos para se depreender, desde logo, que o menor preceito de higiene e de moral, que é a base do edifício social, ali não existe", constatava desolado o inspetor sanitário de São Paulo, dr. Evaristo da Veiga, ao visitar as habitações operárias do Bom Retiro, Bexiga e Brás em 1894.

Indícios de uma anormalidade social, as práticas populares de vida e lazer dos trabalhadores fabris, dos improdutivos, dos pobres, das mulheres públicas, das crianças que vagueiam abandonadas nas ruas vão se tornando objeto de profunda preocupação de médicos-higienistas, de autoridades públicas, de setores da burguesia industrial, de filantropos e reformadores sociais, nas décadas iniciais do século XX. Crescimento urbano-industrial, expansão demográfica, na cidade moderna — diz um contemporâneo saudosista — os vizinhos já não se conhecem, não se pode confiar em quem está do lado, os sentimentos se tornam mais superficiais, os antigos laços de solidariedade se rompem, a vida já não é como antes.

Percebidos como selvagens, ignorantes, incivilizados, rudes, feios e grevistas, sobre os trabalhadores urbanos que compõem a classe operária em formação nos inícios da industrialização no Brasil, constitui-se paulatinamente *uma vasta empresa de moralização*. Seu eixo principal: a formação de uma nova figura do trabalhador, dócil, submisso, mas economicamente produtivo; a imposição de uma identidade social ao proletariado emergente, se assim já podemos chamá-lo. Conjuração do mal, contenção das convulsões futuras da história, a tentativa de domesticação do operariado passa pela construção de um novo modelo de comportamento e de vida, que se tenta impor aos dominados.

O projeto de integração do proletariado e de suas famílias ao universo dos valores burgueses, domesticação literal que a imagem projetiva de "bárbaros" justifica, desdobra-se em múltiplas estratégias de disciplinarização: mecanismos de controle e vigilância que atuam no interior da fábrica, mas também fora dela. Que perseguem o trabalhador em todos os momentos de sua vida, até nas horas de lazer, buscando redefinir sua maneira de pensar, de sentir, de agir e erradicar práticas e hábitos considerados perniciosos e tradicionais.

Para tanto, a *redefinição da família* constitui peça mestra. Um modelo imaginário de mulher, voltada para a intimidade do lar, e um cuidado especial com a infância, redirecionada para a escola ou para os institutos de assistência social que se criam no país, fundam a possibilidade do nascimento da *intimidade operária*, para o que engenheiros e autoridades competentes sugerem a construção de habitações higiênicas e confortáveis.

Evidentemente, nem tudo se passa como se imagina. Para realizar estas utopias reformadoras, as classes dominantes enfrentam as resistências tenazes de trabalhadores que preservam suas tradições, sistemas de valores e costumes, que valorizam sua atividade profissional, que cultuam seus santos, que possuem todo um código de representações simbólicas. E, além disso, que progressivamente aderem às bandeiras de luta levantadas pelos anarquistas e anarcos-sindicalistas que, ao lado de outras correntes políticas, procuram impulsionar o movimento operário no país.

Portadores de um projeto de transformação radical da sociedade, os libertários aparecem como depositários das esperanças de realização dos anseios de indivíduos negados e oprimidos em todos os momentos de sua vida cotidiana e que se unem numa solidariedade de classe, a partir de uma experiência comum. Assim entendo, recorrendo aos ensinamentos do historiador inglês E. P. Thompson, a atuação da classe operária no seu processo de constituição enquanto classe, seja lutando contra as imposições autoritárias dos dominantes, seja propondo suas formas de vida, definindo seu modo cultural e construindo suas entidades de resistência política.[1]

Assim também entendo o eco que ressoou de vozes que falavam de um mundo livre e justo, do fim da exploração do trabalho e da dominação política, da autogestão da produção, do fim do Estado, de uma nova proposta educacional, do amor livre e de tantos outros temas, que, no mínimo, são profundamente fascinantes.

Ao pensar a atuação dos anarquistas no Brasil e sua influência no processo de formação do proletariado; acredito que devemos interrogá-los naquilo que se propuseram, o que certamente exclui a construção do partido político dito revolucionário e a participação no campo da luta político-parlamentar. Seria apenas por ingenuidade que se recusaram a criar uma instituição que consideravam hierárquica e centralizadora? Seria tão somente a propalada "falta de visão política"?

Penso que perderíamos a dimensão da utopia anarquista se nos mantivéssemos presos à lógica do partido. Afinal, os libertários difundem uma outra *concepção do poder*, que recusa percebê-lo apenas no campo da política institucional. Por isso mesmo, desenvolvem intensa atividade de crítica da cultura e das instituições e formulam todo um projeto de mudança social que engloba os pequenos territórios da vida cotidiana. Propõem múltiplas formas de resistência política, que investem contra as relações de poder onde quer que se constituam: na fábrica, na escola, na família, no bairro, na rua. Desvendam os inúmeros e sofisticados mecanismos tecnológicos do exercício da dominação burguesa.

---

1. E. P. Thompson, *La Formación Histórica de la Clase Obrera*.

A análise do poder em sua positividade, como rede de relações que se exerce molecular, ininterrupta e ramificadamente, em todos os domínios da vida social, produzindo individualidades, adestrando os gestos, elevando a rentabilidade do trabalho — como aponta Michel Foucault —, abre toda uma perspectiva metodológica que permite repensar a atuação dos anarquistas a partir de outros parâmetros.[2] Embora situados em campos teóricos e metodológicos diferenciados, Thompson e Foucault chamam a atenção para outros momentos do exercício da dominação burguesa, possibilitando recuperar as práticas políticas "não organizadas" do proletariado e desfazer o generalizado mito do atraso e do apoliticismo dos libertários.

Com estas lentes e com estes objetivos, penetrei no interior das fábricas, dos bairros e vilas operárias do início da industrialização no país, atenta para todas as manifestações de resistência cotidiana que a imprensa anarquista noticiava, ou que puderam ser filtradas do discurso patronal e setores privilegiados em geral. As descobertas foram muitas. Ao leitor, o convite para participar desta viagem...

Marga, julho de 1985.

---

2. Michel Foucault, *Vigiar e punir.*

I. Fábrica satânica/Fábrica higiênica

Na pequena e mal iluminada sala da gráfica situada na rua Santa Cruz da Figueira, nº 1, em São Paulo, o tipógrafo Edgard Leuenroth conversa com alguns companheiros. Discute com o advogado Neno Vasco e com o linotipista Mota Assunção a elaboração do primeiro número de um jornal operário: *A Terra Livre*. O espanhol Manuel Moscoso também participa da reunião. Estamos no ano de 1905. O primeiro número deste periódico anuncia:

> Somos socialistas e anarquistas. Como socialistas, atacamos o instituto da propriedade privada e a moral que a tem por base. No monopólio da riqueza produzida por todos, sem que a parte de cada um possa rigorosamente ser determinada, na apropriação individual da terra, dos meios de produção e de comunicação, bem como dos produtos, vemos nós a origem principal da miséria e do aviltamento da grande maioria, da insegurança e da inquietação de todos [...] Queremos uma sociedade que tenha por fim assegurar a cada um o seu desenvolvimento integral; uma sociedade em que o trabalho, tendendo à satisfação das necessidades do indivíduo, seja escolhido por cada um e organizado pelos próprios trabalhadores.
>
> Tomamos o nome de anarquistas ou libertários, porque somos inimigos do Estado, isto é, do conjunto de instituições políticas que têm por fim impor, a todos, os seus interesses e a sua vontade mascarada ou não com a vontade popular. (*A Terra Livre*, 10/12/1905.)

Com o advogado Benjamin Mota, o mesmo tipógrafo reunia-se desde 1901 para editar o jornal *A Lanterna*, que ficará famoso por seu anticlericalismo. Neno Vasco, figura proeminente do movimento anarcossindicalista europeu, dirige em São Paulo *O Amigo do Povo* e participa ativamente da redação de *A Terra Livre*. Outro conhecido anarquista, o pintor Gigi Damiani, desembarcara dois anos antes no Brasil, após ser libertado das ilhas-prisão da Itália, onde permanecera detido em função de sua militância política nos recentes movimentos populares de sua terra. Nas prisões por onde passa, convive com outros tantos militantes libertários, entre os quais Orestes Ristori e Alexandre Cerchiai. Todos optam pela imigração ao Brasil. Encontrando-se aqui e conhecendo outras figuras de destaque do movimento operário que então se inicia, estes homens terão intensa participação política nos acontecimentos que se sucedem. Juntamente com Oreste Ristori, que reencontra em São Paulo, Gigi Damiani funda o jornal libertário *La Battaglia*, enquanto, em 1903, com Alexandre Cerchiai e Rodolfo Felipe, inaugura outro periódico de tendência semelhante: *La Barricata*. Mas é muitos anos depois que surge a mais famosa de todas as publicações libertárias: *A Plebe*, cuidadosamente editada por Edgard Leuenroth.

Folheando as páginas já bastante amareladas destes jornais, reunidos há não muitos anos, a primeira impressão que me causam é a de uma riqueza muito grande de ideias e de acontecimentos de um período que vem sendo recentemente recuperado. Um universo vai-se delineando gradativamente aos meus olhos e é inevitável a pergunta: o que queriam aqueles loucos românticos? *Loucos? Românticos?*

Muitos são os que se preocupam ou mesmo antecipam a realização deste sonho: mudar a vida, transformar o mundo embrutecido e infernal das longas horas de trabalho extenuante e insuportável, das humilhações doídas e das derrotas cotidianas, num paraíso possível. A hora do sono quebra o silêncio da noite: os companheiros se reúnem e decidem os rumos da luta do dia seguinte. Os artigos publicados nesta imprensa nascente e artesanal procuram incentivar o espírito de luta, estimular as resistências nos locais de trabalho, informar e apoiar as pequenas guerras que se travam diariamente: denúncias de exploração, notícias da batalha cotidiana, registros de avanços e recuos, de vitórias e fracassos.

Mas não só destes temas vive a imprensa anarquista das primeiras décadas do século XX no Brasil: ela fala do amor, do lazer, registra excursões e piqueniques, sessões culturais, conferências educativas, discute uma nova moral. Propõe uma nova maneira de viver, anuncia um mundo fundado na igualdade, na liberdade e na felicidade, que deve ser construído por todos os oprimidos, aqui e agora.

Procuro recuperar este projeto de fundação de uma nova sociedade, que paulatinamente ganha a adesão de milhares de trabalhadores, ao acenar com a promessa da instituição de um mundo em que cada homem será dono dos seus próprios atos. Propondo a reorganização da atividade do trabalho e dos múltiplos campos da vida social, espelham os desejos e prometem realizar as perspectivas de inúmeros trabalhadores, frustrados passo a passo pela imposição incessante da vontade dos dominantes.

O movimento alastra-se rapidamente, conquistando várias fábricas, milhares de trabalhadores, a despeito de toda a violência da repressão organizada pelos setores privilegiados e das inúmeras estratégias disciplinares constituídas com o objetivo de produzir uma nova figura do trabalho, politicamente submissa, mas economicamente rentável.

Desde cedo, afinal, os dominantes veem desmoronar a imagem disciplinada e laboriosa que haviam projetado sobre o imigrante europeu. "Nem da Ásia, nem da África", os trabalhadores provenientes do sul da Europa, brancos e civilizados como se desejara, trazem consigo não apenas uma força de trabalho, mas todo um conjunto de expectativas, de valores e de tradições culturais. Ao entrarem no país, fazem explodir todas as projeções continuamente lançadas sobre seus ombros, procurando cada vez mais incisivamente afirmar sua própria identidade. Indolentes, preguiçosos, boêmios, grevistas ou anarquistas, segundo a representação imaginária construída pela sociedade burguesa, lutam para definir sua nova identidade a partir dos sistemas de representações, dos valores e das crenças que lhes são próprios.[1]

As expectativas burguesas projetadas sobre o imigrante recém-chegado se frustram continuamente. Em contrapartida, os industriais procuram fixar sua mão de obra nas fábricas, recorrendo a inúmeras tecnologias de disciplinarização, incessantes e ramificadas. Do interior do espaço da produção ao percurso de volta à casa, penetram em sua habitação, invadindo e procurando controlar até mesmo os momentos mais inesperados de sua vida cotidiana. Mais do que qualquer outro grupo social, os imigrantes aparecem aos olhos dos setores privilegiados da sociedade imersos num estágio ameaçador de transição: recém-saídos de seus países, de suas regiões de origem, ainda não definiram o novo modo de vida. Como será ele? O desconhecido assusta: é preciso que se ensine aos trabalhadores rudes e ignorantes uma nova forma de vida, mais higiênica e adequada, antes que eles mesmos o façam. O trabalho fabril deve ser organizado segundo os interesses e as exigências da expansão do capital. As relações familiares também devem ser produzidas a partir da constituição de um novo modelo normativo de família. Todo tipo de comportamento desviante, toda forma de relacionamento incontrolável, ameaçadora e impura devem ser

---

1. Maria Stella Bresciani, *Liberalismo: ideologia e controle social*. São Paulo, 1976, mimeo.

curto-circuitados. Assim se pretende formar o novo proletariado, impondo-lhe uma identidade moralizada, construída de cima e do exterior.

Na fábrica, a mobilização de um amplo arsenal de conhecimentos e de técnicas coercitivas visa transformar sua estrutura psíquica e incutir hábitos regulares de trabalho, desde as origens da industrialização. O que, por sua vez, provoca a eclosão de violentas manifestações de resistência à nova disciplina industrial.

As inúmeras formas de luta desencadeadas dentro e fora dos muros da fábrica, durante as duas décadas iniciais do século XX, atestam a recusa operária a se submeter às exigências da exploração capitalista e, mais ainda, a desesperada tentativa de concretizar a utopia libertária de reorganização autônoma das relações de trabalho e de fundação da nova sociedade. Nos anos de 1918 a 1922, a radicalização das lutas travadas contra a organização capitalista do processo produtivo aponta para a proposta anarquista de autogestão da produção. O controle da fábrica esteve presente nos horizontes do movimento operário, expresso pela corrente anarcossindicalista, ao lado das mais diferentes estratégias de resistência efetivadas no cotidiano da produção.

Choque de duas vontades, embate de desejos contraditórios: o mundo do trabalho aparece, na perspectiva do trabalhador, como lugar privilegiado do exercício de uma dominação brutal e ilimitada que ele deveria destruir, organizando-se através de suas entidades de classe, ou reagindo através das múltiplas formas de luta criadas e improvisadas. Ora, diante da resistência tenaz e incisiva da nova força produtiva, expressa não apenas nas incontáveis greves que eclodem no período, mas também em várias formas de luta, os industriais procuram convencer a sociedade da necessidade vital do aumento da produtividade do trabalho para construir a riqueza da nação por esses homens, mulheres e crianças que deveriam submeter-se sem nenhuma objeção.

Nos primeiros anos do século XX, e até mesmo no final da década de 1910, as estratégias de disciplinarização do trabalhador apresentam-se de forma pontual, manifestando o desconcerto dos patrões frente às lutas operárias e atestando a ineficácia das medidas punitivas e policialescas de controle da força de trabalho. A passagem para a década de 1920, por sua vez, assiste a uma mudança nos regimes disciplinares: anuncia-se um projeto racional de produção do novo trabalhador, dissolvido enquanto ator e sujeito e redefinido enquanto objeto de investimento do poder. A "nova fábrica", higiênica, racionalizada e moderna deveria então constituir o palco formador da nova figura produtiva, através de formas cada vez mais insidiosas e sofisticadas de dominação. Mas, ao mesmo tempo, deveria figurar como o lugar da atuação de um outro tipo de patrão, moderno e agilizado, em oposição à antiga figura do proprietário despótico, arbitrário e rude do passado.

Do império da violência física e direta exercida no âmbito da fábrica, onde o industrial ditava irreverentemente as normas de conduta, procurando padronizar os comportamentos segundo sua vontade, determinando os horários, os salários e todas as formas de relacionamento entre capital e trabalho, passa-se progressivamente para a introdução de novas técnicas moralizadoras, disciplinas doces e suaves.

Portanto, antes mesmo da introdução do taylorismo e do fordismo no Brasil, delineia-se o desejo burguês de construção da fábrica higiênica, espaço racional e apolítico da produção, até transformar-se num projeto enunciado e assumido pelo conjunto dos especialistas, do empresariado e do Estado. A projeção da "fábrica higiênica" visa anular a representação simbólica da "fábrica satânica", recorrente no imaginário operário, opondo-lhe a imagem de um mundo da produção harmonioso, onde os ritmos e os regulamentos do trabalho fariam parte da própria natureza do processo produtivo e não mais dependeriam da mera vontade patronal de dominação.

Uma nova economia dos gestos

Que a fábrica tenha significado um campo de experimentação onde se constituíram estratégias de controle e de fixação da força de trabalho parece fora de dúvida. A elaboração de procedimentos através dos quais a burguesia industrial procura impor sua vontade sobre uma mão de obra rebelde evidencia-se na própria representação operária da unidade produtiva.

Na perspectiva do trabalho, a fábrica aparece como lugar detestável da dominação e do aniquilamento da criatividade da classe operária, constantemente constrangida a sujeitar-se às imposições exacerbadas dos patrões. Associada às imagens da prisão, do convento ou do quartel, as primeiras notícias da imprensa anarquista retratam a fábrica como dispositivo de fabricação dos "corpos dóceis", na expressão de Foucault.

Desde os primeiros números, os jornais operários atacam com unhas e dentes esta instituição disciplinar que os dominantes queriam apresentar revestida da imagem da neutralidade, da necessidade econômica e do progresso social. Se, pelo lado dos patrões, a unidade fabril é representada como espaço neutro da produção, através de uma composição estática que procura registrar o número de máquinas, de peças, de compartimentos e de operários — também considerados como fatores de produção —, pelo lado destes, esta construção imaginária da fábrica responde a uma intenção disciplinadora precisa: a de incitar explicitamente ao trabalho, obrigando o operário a respeitar as normas da hierarquia industrial.

O discurso operário sobre a fábrica traduz, desde cedo, a revolta contra a imagem edulcorada do mundo do trabalho projetada pelo imaginário burguês. Falar da fábrica significa, nesta perspectiva, questionar praticamente a organização capitalista do processo de produção por vários lados. Neste movimento, as estratégias de luta preconizadas pelos libertários, desde a sabotagem, o boicote, o roubo, a destruição de equipamentos, até a greve geral, confluem na direção das práticas de resistência cotidiana criadas pela combatividade operária.

Diante da recusa inesperada que os industriais enfrentam por parte de um operariado que se nega a comportar-se passivamente, de acordo com normas de conduta preestabelecidas, os patrões introduzem progressivamente tecnologias cada vez mais aperfeiçoadas de adestramento e controle no interior da fábrica.

> [...] desgraçadamente poucos têm algum interesse pelas suas tarefas [...] não se submetem a nenhum controle sistemático, não permanecem em seus empregos, não se importam com os contratos [...],

reclamavam os proprietários da fábrica União Itabirana, de Minas Gerais, no final do século XIX, referindo-se aos operários indisciplinados que abandonavam seus empregos, desrespeitavam os regulamentos internos, negavam-se a obedecer às normas impostas pela organização capitalista da produção.[2] Nem mesmo o apelo do salário parecia ter muita eficácia em forçar o trabalhador a submeter-se aos horários e ao ritmo da produção:

> entregues às suas vidas indolentes, trabalhando três ou quatro dias por semana, eles não querem ganhar mais do que um salário miserável, porque só pensam em comer, mastigar palitos, beber cachaça e se corromperem.[3]

Como na nau de Ulisses, os trabalhadores deveriam tampar os ouvidos com cera para não cederem às tentações do encantamento

---

2. Stanley Stein, *Origens e evolução da indústria têxtil*, p. 71.
3. *Ibidem*, p. 71.

das sereias e não submergirem aos impulsos que os atraíssem para fora. Deveriam tornar-se práticos:

> Viçosos e concentrados, os trabalhadores devem olhar para frente e deixar de lado o que estiver ao lado. Eles devem sublimar o impulso que os pressiona ao desvio, aferrando-se ao esforço suplementar.[4]

Obstinadamente, os operários resistem às técnicas punitivas introduzidas no espaço produtivo para sujeitá-los às rígidas imposições dos patrões: a imagem da fábrica-prisão construída pelo discurso operário visa a desmistificar a idealização do espaço de trabalho realizada pela linguagem do poder. Na imprensa anarquista, inúmeros artigos retratam as situações de opressão, de humilhação e de violência física e moral vivenciadas pelos produtores, constantemente vigiados por superiores hierárquicos:

OS PRESÍDIOS INDUSTRIAIS

> A Companhia Paulista
> O chefe da estação Jundiaí da Companhia Paulista de Vias Férreas é um modelo de tirania, um carcereiro exemplar, e é por isso que a Cia. o estima e ampara. É este pequeno czar que estabelece os regulamentos despóticos que pesam sobre os empregados como uma barra de chumbo. (*A Terra Livre*, 12/4/1906.)

Ameaçadora para a sexualidade feminina, a fábrica é recusada por esta geração operária como lugar da degeneração moral, como antro da perdição e da prostituição, em consequência da aglomeração promíscua e estreita dos dois sexos no trabalho. O tema da desagregação da família em função da participação feminina e

---

4. Max Horkheimer e Theodor Adorno, "Conceito de Iluminismo", p. 110

infantil nas fábricas reaparece no discurso operário, refletindo a mesma percepção moral do espaço da produção que se evidencia nas descrições de Marx e de Engels, sobre os estabelecimentos fabris ingleses:[5]

> [...] as fábricas, isto é, esses lupanares, essas pocilgas onde se encerram milhares de proletárias, são sem dúvida possível [...] focos permanentes de degradação e de prostituição. (*O Amigo do Povo*, 5/7/1902.)

Constantemente desvalorizado por esta forma do exercício da violência direta, física e visível sobre seu corpo, destinada a produzir uma nova economia dos gestos adaptados à dinâmica da produção, o trabalhador luta pela revalorização de sua figura enquanto produtor direto da riqueza social e enquanto ser dotado de criatividade e de um saber próprios. Para enfrentar esta resistência, todo um conjunto de encarregados do exercício da vigilância, mestres, contramestres, inspetores, fiscais deve ser integrado neste lugar em que a imposição de comportamentos padronizados visa impedir a emergência da ação espontânea.

A MAQUINARIA DE CONTROLE E A REGULAÇÃO DO COTIDIANO

A irregularidade do ritmo de trabalho, o absenteísmo, o pouco comprometimento dos trabalhadores com as exigências do capital e com o novo modelo produtivo explicam a introdução de rigorosos regulamentos internos de fábrica destinados a constrangê-los ao trabalho. Reuni-los num espaço facilmente controlável não fora

---

5. Karl Marx, *El Capital*, vol. 1, p. 328; Friedrich Engels, *A situação da classe trabalhadora em Inglaterra*.

suficiente para garantir a realização das tarefas e seu envolvimento com a produção. Por isso, os industriais procuram definir normas estritas de comportamento para assegurar não apenas o comparecimento diário do operariado na fábrica, mas ainda a execução regular de sua atividade produtiva.

Os regulamentos internos de fábrica definem as modalidades do exercício do poder e traduzem a tentativa de universalização da racionalidade burguesa. Desempenham um papel fundamental na constituição das relações de dominação no interior da unidade produtiva: impõem regras de conduta, instauram códigos de penalidade, de punições e prêmios, de modo a gerirem nos mínimos detalhes todos os movimentos dos trabalhadores.

Nos jornais anarquistas, as críticas investem contra o controle do tempo, uma vez que as normas dispõem sobre sua vida cotidiana, determinando horários de entrada, de almoço, de saída, instaurando uma "micropenalidade do tempo" que reprime atrasos, ausências, interrupções das atividades e tudo aquilo que signifique redução do ritmo da exploração do capital.[6] Segundo *A Voz do Trabalhador*, de 1/3/1913, os regulamentos estipulavam:

> Horário — A hora de entrada para os empregados do sexo masculino é às 7 da manhã e para os do sexo feminino, às 8 horas. A hora de saída é às 6 da tarde, para todos os empregados, salvo o dia em que a direção julgar necessário prolongá-la até às 7 da noite. [...]
>
> A entrada é feita sempre pela porta do ângulo formado pela rua Uruguaiana e travessa do Rosário, a qual será fechada cinco minutos depois das horas estabelecidas para a entrada e a volta das refeições.

---

6. Michel Foucault, *Vigiar e punir*.

O artigo continua questionando as normas disciplinadoras, impostas arbitrariamente segundo a vontade patronal: "são feitas pelos patrões para os operários e modificam-se ao bel-prazer dos patrões." Num momento em que inexistia qualquer legislação trabalhista que limitasse a exploração desenfreada do capital no interior do processo produtivo, os únicos obstáculos impostos ao exercício arbitrário e voraz do poder patronal eram representados pela resistência conflitual dos trabalhadores. Na verdade, todos os movimentos do operário, sua postura, seus atos, seu ritmo de trabalho, sua própria história pessoal e profissional são objeto de um controle disciplinar à imagem de um acampamento militar, objetivando-se extrair o máximo rendimento e anestesiar a explosão da revolta latente.

Os regulamentos internos incidem sobre a própria distribuição dos indivíduos no espaço da produção de modo a impedir sua livre circulação, fixando-os junto às máquinas e curto-circuitando toda forma de articulação espontânea. O despotismo da hierarquia fabril, determinando minuciosa e arbitrariamente o cotidiano do trabalhador, contradiz, portanto, o argumento ideológico da liberdade das relações contratuais. As normas disciplinam as idas e permanências no banheiro, dispõem sobre a duração do almoço, proíbem as conversas nas horas de trabalho, instauram uma vigilância ininterrupta através do jogo de olhares entre empregadores e empregados. Segundo *A Terra Livre*, de 12/4/1906:

> O empregado que se achar conversando, quer com colegas, quer com estranhos no serviço, ou fumando, ou fora do posto, embora por força maior, será severamente punido. [...] Ao mictório só pode ir um empregado de cada vez, devendo pedir licença e explicar o que vai fazer.

Os regulamentos internos de fábrica visam limitar toda expressão autônoma dos operários, bloquear toda troca que possa reforçar a solidariedade e a formação da consciência de classe. Por isso mesmo, na Fábrica Cedro e Cachoeira, de Minas Gerais, proibia-se a circulação dos operários no interior da empresa ou fora dela, estipulando-se ainda as seguintes interdições:

— Deixar seu lugar, máquina ou repartição, para passear ou conversar com pessoas de outras máquinas ou repartições;
— Sair da fábrica sem licença por escrito do administrador ou mestre;
— Passear de uma para outras repartições sem autorização dos mestres; [...]
— Escrever, ler livros, jornais ou outra qualquer distração incompatível com a boa ordem do trabalho.[7]

A leitura aparece como ameaça de perigo, assim como toda circulação de informações, discussões políticas ou propaganda, porque podem significar uma tomada de consciência por parte do trabalhador.[8] Tática de antiaglomeração, se por um lado as normas

---

7. Centenário da Fundação da Fábrica Cedro, "Histórico, 1872-1972", p. 77.
8. Charles Dickens, em seu livro *Hard Times*, mostra que a classe trabalhadora inglesa sofreu o mesmo cerco por parte dos patrões, no início do século XIX. Segundo ele, os patrões ficavam aturdidos com as leituras dos operários, que se recusavam a se tornarem sóbrios cidadãos: "Havia em Coketown uma biblioteca que todos podiam frequentar, e o senhor Grandgrind muito se preocupava com o que poderiam ler ali; ponto a respeito do qual pequenos riachos de estatísticas corriam periodicamente para o grande oceano de estatísticas, no qual nenhum mergulhador conseguiria descer a certa profundidade, voltando ileso. Notava-se, contudo, certa circunstância desanimadora, triste, pois mesmo estes leitores insistiam em admirar-se. Admiravam-se da natureza, das paixões, das esperanças humanas, das dúvidas, lutas, triunfos e derrotas, despreocupações, pensamentos, sofrimentos, da vida e da morte de certos homens e de certas mulheres comuns! Às vezes, depois de quinze horas de trabalho, punham-se a ler histórias a respeito de homens e mulheres que se assemelhavam mais ou menos a eles, ou de jovens que também se lhes assemelhavam." E. P. Thompson, em *La Formación Histórica de la Clase Obrera*, Capítulo 16, pinta também com cores vivas este momento de repressão patronal à cultura da classe operária.

atingem o operário como um corpo coletivo, pretendendo constituir um conjunto ordenado e coerente de trabalhadores, anulando tendências caóticas e hábitos individuais, por outro lado distribuem individualizadamente os produtores diretos, buscando dissolver os laços que os unem no processo de trabalho.

A repressão ao álcool, ao fumo, aos jogos, às diversões e aos "papos" revela, por sua vez, a tentativa de negar o sentido conflitual da ação operária, desqualificada como manifestação instintiva, selvagem, descontrolada e desviante.

Tanto as multas quanto o incentivo material simbolizado pelos prêmios são questionados pelos operários como meios utilizados pelos patrões para forçá-los a aumentar o rendimento e para instaurar a concorrência entre eles. Enquanto na Cia. Fabril Paulista um aviso anunciava a introdução desta prática de estímulo material:

> Daqui para frente a direção dará uma gratificação mensal de 15$000 rs às tecelãs que fizerem um máximo de trabalho — uma gratificação de 10$000 rs às que fizerem um mínimo de [trabalho] —. Ainda àquelas operárias que tiverem merecido seis gratificações mensais de 15$000 durante o ano, haverá um prêmio anual de 60$000, [...]

em 1907, os operários da fábrica Votorantim denunciavam o sistema de prêmios como "pernicioso e imoral".[9]

Poder normativo, os regulamentos internos pretendem diferenciar e classificar os produtores diretos, estabelecendo as referências do péssimo ao bom comportamento através da comparação das condutas. Permite, assim, hierarquizá-los segundo os preceitos da moral burguesa: aos "indesejáveis", a punição e a ridicularização pela exposição de suas fotografias no quadro de avisos. Os retratos

---

9. Maria Alice R. Ribeiro, *Condições de trabalho nas indústrias têxteis paulistas*, p. 187

dos operários penalizados nas fábricas têxteis deveriam ser afixados "em lugar bem visível da fábrica de VV.SS. (para que sirva) de escarnamento para o seu pessoal operário", propunham os industriais articulados no Centro dos Industriais de Fiação e Tecelagem de São Paulo (CIFTSP), em 1928, em circular confidencial de n° 29.

Certamente, muitos outros mecanismos coercitivos atuam no sentido de determinar a produção dos comportamentos disciplinados e produtivos exigidos pelo capital: variação dos salários, intimidação pessoal, remuneração extremamente baixa, "listas negras", identificação policial nos livretes — segundo o exemplo dos industriais franceses —, pelos quais os empresários e a polícia possuem informações minuciosas sobre a história pessoal e profissional do trabalhador, demissões nos setores em que a mecanização crescente desqualifica a atividade profissional, como nas indústrias têxteis, de alimentação, de vestuário, de fósforos etc.

Estas modalidades de disciplinarização da força de trabalho fabril convergem no sentido de se exercerem de maneira cada vez mais insidiosa e sutil, tendo em vista fazer com que o trabalhador interiorize a vigilância do "olho do poder", muito mais do que seja realmente vigiado, à medida que a lógica da disciplina fabril se sofistica com a mecanização.

Progressivamente, os industriais procuram fazer com que os operários introjetem a disciplina panótica do trabalho industrial, prescindindo do recurso à utilização da força bruta e mascarando o exercício do poder por um discurso que se apresenta como científico, racional e moderno. As formas de vigilância e controle fabril deixam paulatinamente de se manifestarem essencialmente pela *repressão exterior e subjetiva da vontade patronal*, transferindo-se para o *interior do processo técnico de organização do trabalho*.

Fora da fábrica, a redefinição das relações familiares, através da promoção de um novo modelo de mulher, voltada para o lar, e de uma nova percepção cultural da criança, procura difundir entre a classe operária os valores burgueses da honestidade, da laboriosidade, da vida regrada e dessexuada, do gosto pela privacidade, eliminando as práticas populares consideradas ameaçadoras para a estabilidade da ordem social.

AS RESISTÊNCIAS COTIDIANAS DO PROLETARIADO

Contra as estratégias de enquadramento do proletariado ao modelo disciplinar imaginado pelos dominantes, a criatividade operária opõe inúmeras formas de resistência, surdas, difusas, organizadas ou não, mas permanentes, efetivadas no interior do espaço da produção. O questionamento prático da lógica da organização capitalista do trabalho assume expressões diferenciadas, como o roubo de peças, a destruição de equipamentos, a sabotagem, o boicote, além das greves, que são positivamente valorizadas pelos anarquistas e anarcossindicalistas como "manifestação da ação direta [...] que trazem em si caráter revolucionário no sentido de transformação da sociedade". (*A Terra Livre*, 12/11/1907.)

Pensadas a partir de uma perspectiva que recusa a lógica do partido, as lutas miúdas e diárias do proletariado traduzem uma atividade radical de contestação ao modelo burguês de organização da produção. Contra a tentativa de atomização dos produtores diretos, a própria situação do trabalho na fábrica cria a necessidade de sua socialização, a partir da formação de grupos informais, unidos por uma identidade de interesse e de objetivos, e que vai frontalmente contra a imposição de uma organização formal e exterior. Ao se recusar a obedecer às normas do trabalho e aos ritmos produtivos impostos pelo capital, esta contraorganização dos trabalhadores manifesta uma tendência no sentido de determinar as regras de comportamento dentro da fábrica e de organizar sua própria atividade, apontando para a gestão autônoma da produção.[10] As lutas "ocultas" do proletariado, silenciadas pela tradição acadêmica, colocam em xeque o próprio fundamento da realidade capitalista de produção. Exigem a mobilização de todo um aparato de vigilância para constranger o trabalhador a submeter-se às normas disciplinares e um amplo arsenal de saberes que permitam que os industriais prescindam cada vez mais não só da habilidade profissional do operário, mas de sua própria presença física, hoje ameaçada pelos robôs.

As formas originais de resistência criadas no cotidiano pelos próprios operários, desde o início da industrialização, são amplamente apoiadas pelos grupos anarquistas e anarcossindicalistas, que veem na *ação direta* o caminho para sua conscientização. Estas "manifestações da ação direta", como o boicote, o ataque aos instrumentos de produção, o roubo, a recusa a dar o rendimento exigido pelos patrões através do freio à produção, permitiriam associar o conjunto dos trabalhadores, uni-los na transformação de sua condição social, sem ter de passar pela mediação de um organismo burocrático constituído por um reduzido número de pessoas. Assim Domingos Passos explicava o valor da ação direta em *A Plebe*, de 9/7/1920:

> A ação direta é a principal característica dos sindicatos operários revolucionários, em contraposição à ação indireta, que constitui a norma principal das organizações operárias de orientação marxista ou socialista [...].
>
> Nas lutas pela ação direta o trabalhador, como principal interessado nas questões, é chamado a agir diretamente contra os seus exploradores, enquanto pela ação indireta, preconizada pelos marxistas, burgueses e socialistas, o trabalhador é levado a entregar nas mãos de felizardos políticos, ditos proletários, todos os seus interesses sociais [...].

---

10. Cornelius Castoriadis, *L'Expérience du Mouvement Ouvrier*, vol. I, p. 95; Amnéris Maroni, *A Estratégia da Recusa*.

Para os anarcossindicalistas, ao lado das lutas explícitas, que deveriam ser travadas através dos sindicatos, considerados como as organizações mais perfeitas de resistência, as lutas miúdas e subterrâneas efetivadas no âmbito da fábrica minariam a própria organização capitalista da produção. Portanto, não teriam um caráter meramente "economicista", como considerou a tradição marxista-leninista, nem unicamente negativo: o que estaria em jogo seria a própria constituição das relações de produção que sustentam a ordem burguesa.

Embora a greve geral seja considerada o principal meio de resistência política pelos libertários, as lutas cotidianas efetivadas no espaço do trabalho, como a quebra de equipamentos, a contestação dos regulamentos internos, a sabotagem, o questionamento direto da hierarquia fabril são amplamente propagandeadas como táticas valiosas e como meios de educação e de preparação do proletariado para sua emancipação geral. Segundo *A Voz do Trabalhador*, de 3/8/1909:

> [...] Quando um patrão quer reduzir os salários, aumentar o horário de trabalho ou suprimir, por capricho, por ser mais conveniente que todos os outros, e sem causa justificada, algum operário da fábrica, ou oficina, aplica-se a *boicotagem* a este patrão, por meio de anúncios, circulares, reuniões, manifestações [...] convidando o público a que não compre os seus produtos [...].

Alguns estudos mencionam os boicotes organizados pelos anarquistas contra os produtos do Moinho Matarazzo e das demais empresas deste grupo, em 1907; em 1909, contra a cerveja da Cia. Antártica, complementando a greve dos vidreiros da fábrica Santa Marina, de propriedade dos mesmos donos; ou, ainda, em 1919, contra as mercadorias da Cia. Antártica Paulista, visando defender os interesses do consumidor, mas também reforçar as greves desencadeadas contra os patrões.[11]

A sabotagem também é considerada como método complementar à greve ou como tática alternativa, no caso da impossibilidade de se cruzarem os braços na fábrica. Significa não apenas reduzir a extração da mais-valia, ao diminuir o ritmo da produção, como também deteriorar o produto, o que acarretaria maior prejuízo ao proprietário e ainda "inutilizar a matéria-prima", encarecendo os custos de produção. Entre as discussões do Segundo Congresso Operário Estadual de São Paulo, reunido em 1908, os operários ressaltavam a importância da sabotagem, em relação aos outros métodos de luta possíveis:

> [...] *A sabotagem* é, de por si, um método de luta que pode, em certos casos, surrogar [*sic*] com alguma vantagem a greve e consiste em *prejudicar o proprietário* de oficina ou da fábrica, continuando a permanecer no trabalho. *Diminuir consideravelmente a produção, fazer com que a mesma resulte de qualidade inferior, inutilizar a matéria-prima: tudo isto é ação de sabotagem*, e desde que se proceda com a devida cautela pode esta ação trazer à nossa causa muitas vantagens.[12]

A Voz do Trabalhador, porta-voz do COB, explicava, em 30/8/1909, a origem da palavra sabotagem. Proveniente de um método de luta utilizado pelos trabalhadores ingleses e conhecido como *Go Canny*, significava "caminhar devagar, com toda a comodidade", e fora muito empregada desde o século XVIII. A tradição política dos trabalhadores ingleses, que defendia a contestação

---

11. Francisco Foot Hardman e V. Leonardi, *História da Indústria e do Trabalho no Brasil*, p. 340; Michael Hall e Paulo Sérgio Pinheiro, *A Classe Operária no Brasil*, vol. I, p. 77.
12. Michael Hall e Paulo Sérgio Pinheiro, *A Classe Operária no Brasil*, vol. I, p. 105.

direta das relações hierárquicas na fábrica, era buscada pelos anarcossindicalistas no Brasil:

> [...] os patrões declaram que o trabalho e a ligeireza são mercadorias à venda, da mesma forma que os chapéus, as camisas ou a carne. [...]
> Já que são mercadorias vendê-las-emos da mesma forma que o chapeleiro vende os seus chapéus [...]. A mau preço dão má mercadoria. Nós faremos o mesmo. [...] Nós podemos pôr em prática o *Go Canny*, a tática de "trabalhemos pouco e mal", até que nos escutem e atendam. [...]
> Eis aqui claramente definido o *Go Canny*, a sabotagem: *À má paga, mau trabalho.*

Além da propaganda e difusão destes métodos de resistência, os jornais libertários registram uma profusão de manifestações combativas nas indústrias do período, desmistificando o mito do atraso político dos operários em geral.

A Terra Livre, de 13/10/1907, publica uma reportagem sobre a resistência dos produtores na fábrica de tecidos São Joaquim, em que reivindicavam, entre outras coisas, aumento salarial, e onde a ameaça de sabotagem obtivera bons resultados:

> O dono da fábrica, sabendo que o pessoal estava disposto a empregar a "sabotagem" (destruição dos materiais), tratou de chamar os operários, e disse-lhes que cedia a tudo o que pedissem; operários e patrões entraram num acordo imediatamente. [...]

Em 8/8/1909, comentando os choques decorrentes da repressão que se abatia sobre o movimento operário, *A Voz do Trabalhador* noticiava o emprego da sabotagem em outra fábrica:

Em Santos, deram-se no mês passado fatos que assumiram a maior gravidade e que, no entanto, a imprensa, que tanto barulho fez pela *sabotagem praticada na fábrica de gás*, apenas noticiou em lacônicos telegramas.

Constantes denúncias de boicote, roubo, sabotagem, destruição dos meios de produção, na imprensa anarquista ou nas circulares confidenciais dos patrões enraivecidos dão o colorido das agitações "invisíveis", que cobrem as duas décadas iniciais do século XX. Analisando a importância de uma greve vitoriosa realizada pelos tecelões da fábrica Cruzeiro, *A Voz do Trabalhador* comentava que a simples paralisação do trabalho assustava menos aos empresários, que podiam substituir facilmente os operários revoltados, dado à grande quantidade de mão de obra existente para um setor altamente mecanizado de produção, do que a destruição das máquinas e equipamentos que representavam capital investido e, portanto, um prejuízo muito maior aos patrões:

> [...] mas quando os operários, em vez de cruzarem-se de braços [sic] assumiram uma outra atitude, quando pensaram que antes de abandonar o trabalho deviam destruir os maquinismos e todos os instrumentos de trabalho, quando pensaram em inutilizar o que representava o capital burguês, as coisas mudaram de aspecto.
>
> Os operários adquirem-se com a maior facilidade e por qualquer preço, mas as máquinas não se podem adquirir da mesma maneira. *Custam grandes quantias*, das quais não se pode dispor em todos os momentos [...] (*A Voz do Trabalhador*, 13/1/1909, grifos meus.)

A compreensão de que a riqueza material está diretamente nas mãos do produtor, embora pertença ao capitalista, e de que isto significa uma ameaça muito grande ao capital revela a profundidade da crítica operária. Os trabalhadores estavam cientes de que o industrial necessita de todo um aparato físico e moral para controlar seus passos, garantir a conservação dos meios de produção que, embora não lhes pertençam juridicamente, estão em suas mãos na prática cotidiana. Os anarquistas, por sua vez, quebram esta estratégia de disciplinarização do trabalhador ao propor como meio de luta a própria destruição dos instrumentos de trabalho e da fábrica, ou seja, da riqueza material, e não o respeito servil ao cumprimento das obrigações. Em 1908, o mesmo jornal informava sobre a destruição de armazéns por operários que trabalhavam na construção

> da ligação de Muniz Freire a Engenho Beeve [...]; levantaram seu protesto contra o ato abusivo desse empreiteiro usurpador, *demolindo alguns armazéns* (o que já deviam ter feito) e castigando-o com assobios. (*A Voz do Trabalhador*, 6/12/1908.)

Frente à resistência operária persistente, os dominantes são forçados a reelaborar as formas de relacionamento com os empregados, inventando meios cada vez mais sofisticados e engenhosos de adestramento físico e moral: buscas tateantes, pontilhadas de erros e acertos, que evidenciam a crescente preocupação patronal em impor autoritariamente sua maneira de organizar as relações sociais, dentro e fora dos muros da fábrica, definindo inclusive as relações familiares e as formas de habitação da classe trabalhadora.

A PEDAGOGIA "PATERNALISTA" DOS PATRÕES

A ausência marcante de publicações oficiais que informem sobre as condições de trabalho do proletariado emergente nas primeiras décadas do século XX sugere o desinteresse, por parte do poder instituído, pela situação dos trabalhadores no país. Situação que a imprensa operária não cansou de denunciar. A preocupação com a "questão social" evidencia-se de maneira mais concreta no período das manifestações grevistas de 1917 a 1920, como resposta às crescentes mobilizações dos dominados.[13]

Várias associações patronais são constituídas em função das greves desencadeadas pelos trabalhadores, cujo nível de organização aumenta visivelmente no final dos anos 1910. Desde o final do século XIX, os operários procuravam se organizar criando entidades de classe como a Liga Operária da Cia. Paulista, dos ferroviários; a União dos Trabalhadores Gráficos, criada em 1890; a União Auxiliadora dos Artistas Sapateiros, de 1903; a Sociedade de Resistência dos Trabalhadores em Trapiche e Café, de 1906; a Sociedade 1º de Maio, formada em Santos em 1904 e que incluía pedreiros, carpinteiros e pintores; a União dos Operários em Construção Civil ou o Sindicato dos Trabalhadores em Fábricas de Tecidos.

Pelo lado dos patrões, a greve dos sapateiros desencadeada em 1906, no Rio de Janeiro, determina a formação do Centro dos Industriais de Calçados e Classes Corretivas.[14] Em seguida às greves de 1917 que se iniciam no setor têxtil, os industriais do ramo fundam o Centro dos Industriais de Fiação e Tecelagem do Algodão (CIFTA) no Rio de Janeiro e, no ano seguinte, o Centro dos Industriais de Fiação e Tecelagem de S. Paulo (CIFTSP). O empresariado decide unir-se e tomar decisões conjuntas mais sistemáticas e eficazes em face das crescentes mobilizações do movimento operário. Não é

---

13. Ângela C. Gomes, *Burguesia e Trabalho*. A autora mostra neste estudo a emergência das discussões que se travam na Câmara dos Deputados sobre a legislação social, assim como a própria constituição das entidades organizativas do patronato, em função das demandas cada vez mais pressionantes do movimento operário (p. 119 e ss).
14. Maria Cecília Baeta Neves, "Greve dos sapateiros de 1906 no Rio de Janeiro: notas de pesquisa".

mero acaso que a década de 1920 assista ao fortalecimento do patronato, cada vez mais articulado com as forças repressivas do Estado, e que a "questão social" ocupe um espaço progressivamente maior no conjunto de suas preocupações. Afinal, as primeiras medidas da legislação trabalhista nascem em proporção ao aumento da repressão policial sobre a classe operária.

Em alguns casos, as iniciativas de criação de entidades de defesa dos interesses do proletariado, tomadas por ele próprio, são absorvidas pelos industriais, apropriadas e devolvidas reformisticamente sob a forma de "benefícios", como no caso da Liga Operária dos ferroviários da Cia. Paulista, que passa a formar a Sociedade Beneficente dos Empregados da Cia., dirigida pela empresa. Do mesmo modo, a Associação Protetora das Famílias dos Empregados da Cia., também fundada por ferroviários, é assumida pela cúpula diretora da empresa logo em seguida; as cooperativas de consumo organizadas pelos trabalhadores desta mesma empresa, em 1902, também são rapidamente apropriadas pelos patrões e devolvidas na forma de medidas protetoras tomadas pelos empresários para defender seus empregados.[15]

Em suma, o desejo patronal de determinar os caminhos da formação do proletariado, impedindo sua autoconstrução espontânea enquanto classe, manifesta-se de maneira cada vez mais sofisticada e ramificada, à medida mesmo em que o movimento operário se organiza e ameaça escapar ao controle do poder. No entanto, a prática patronal oscila entre o exercício da repressão direta e o "paternalismo", defendido por alguns patrões. É evidente que o empregador não poderia apenas reprimir, excluir e punir a força de trabalho, já que precisava garantir sua coesão e unidade no interior da produção: por isso mesmo, a autoimagem paternalista que alguns industriais constroem, e que a historiografia incorpora sem

---

15. Liliana Segnini, *Ferrovia e Ferroviários*, p. 44-52.

questionar sua dimensão ideológica, visa reforçar sua autoridade, simbolizada na figura do pai, e assegurar a integração do trabalhador ao aparato produtivo.

Através de "concessões" como a instalação de armazéns, cooperativas, farmácias, restaurantes, escolas, vilas operárias, assistência médica junto às fábricas, o cerco aos passos do trabalhador torna-se mais consistente, sistemático e globalizante. Procura-se destilar, juntamente com estes "benefícios", a ideia de que trabalhadores e patrões pertencem a uma mesma "comunidade", lutando por interesses comuns. A imagem da família, utilizada para pensar a fábrica, cumpre a função explícita de negar a existência do conflito capital/trabalho, sugerindo a ideia de uma harmoniosa cooperação entre pessoas identificadas. Representação que os operários criticam violentamente.

A inspeção realizada pelo Departamento Estadual do Trabalho (DET), em 1912, nas fábricas instaladas na capital paulista fornece alguns dados ilustrativos do "paternalismo" dos patrões. Dos 31 estabelecimentos visitados pelos inspetores públicos, a grande maioria é retratada como higiênica, bem equipada, instalada em edifícios apropriados, contando com equipamentos modernos. Também são mencionadas algumas medidas de assistência social, postas em prática por alguns industriais: instalação de farmácias, seguro contra acidentes, assistência médica, habitações e uma escola para os filhos dos operários. Segundo o DET, no entanto, estas medidas de caráter assistencial relativas à saúde do trabalhador e às condições de trabalho eram ainda muito limitadas e este órgão público procurava incentivar sua adoção pelo conjunto do empresariado.

O caráter pedagógico deste discurso destinado aos industriais, cuja mentalidade pretendia transformar, explica a ambiguidade das descrições das unidades produtivas visitadas. De um lado, os inspetores públicos realçam a higiene e a prosperidade destas instalações, reafirmando o sentido positivo da atuação modernizante do empresariado; de outro, reclamam sua maior participação na modernização das fábricas, ao mesmo tempo que justificam a própria necessidade de sua presença física, como inspetores públicos, registrando as condições de trabalho nas indústrias.

Fora das fábricas, alguns industriais constroem vilas operárias, a exemplo da Votorantim, onde havia jardins públicos, lojas, cinema, clubes, escolas, quadras de tênis, piscina, campos de futebol, água encanada, luz elétrica e esgoto.[16] Certamente, iniciativas como esta são exceções à regra, a exemplo da Vila Maria Zélia, considerada empreendimento modelar pelo conforto proporcionado aos trabalhadores e suas famílias. Outras instalações habitacionais e recreativas podiam ser encontradas junto às fábricas de Antonio Penteado, no Brás, ou ainda na Cia. Antártica, cujas casas eram especialmente reservadas para os cervejeiros, ou então na Cia. de Calçados Clark.

No Rio de Janeiro, a Cia. Progresso Industrial do Brasil, fundada em 1889, possuía casas para operários, com luz elétrica e água encanada. A Cia. América Fabril construíra 259 casas para seus empregados, além de outros "benefícios", enquanto a Cia. de Fiação e Tecelagem Aliança fornecia, além de 152 residências, um serviço de assistência médica, uma farmácia, duas escolas, uma creche e ainda um fundo de assistência para atender às pensões dos operários falecidos. A Fábrica de Fiação e Tecidos Corcovado possuía duas escolas para crianças, uma creche, armazém de alimentos e farmácia. A empresa construíra também um edifício para o lazer dos operários, onde se realizavam bailes e representações teatrais, além de uma sala de bilhar.

Os exemplos se sucedem e mostram que, embora pouquíssimas medidas de proteção social ao trabalhador fossem tomadas nes-

---

16. *Os Estados Unidos do Brasil*, p. 234, *in* Maria Auxiliadora Guzzo Decca, *A Vida Fora da Fábrica*, p. 52.

te período, não se pode inferir que os industriais como um todo abandonassem os trabalhadores às pressões do mercado, no sentido de forçá-los ao trabalho na luta pela sobrevivência. A burguesia industrial interfere desde cedo nos rumos da formação da classe operária, procurando neutralizar os movimentos políticos dos trabalhadores e relacionar-se com eles de maneira individualizada, ignorando suas entidades de classe tanto quanto possível. Por outro lado, incentiva a assimilação de práticas moralizadas e tenta adestrar os dominados para extrair o maior rendimento possível, acompanhando-os também nos momentos de não trabalho. Portanto, a atuação patronal foi marcada ambiguamente pela intenção de proteger os trabalhadores que viviam em condições deploráveis mas, ao mesmo tempo, de controlar e disciplinar todos os seus hábitos.

Assim, na tentativa de integrar a força de trabalho, alguns empresários se esforçam para fazer passar uma autoimagem paternalista: os discursos de Jorge Street revelam a preocupação de mostrar que ele se sensibilizava com a sorte de "seus" empregados, assim como de suas famílias, e que agia em seu benefício:

> [...] a tese americana, com Henry Ford à frente, doutrinava não ser o chefe da indústria, tutor dos seus operários: a estes incumbia prover a sua subsistência e a dos seus, não só material como intelectual e moral. [...] Para o Brasil eu desde logo discordei da tese, pois conhecendo, como me prezava de conhecer, a mentalidade e a cultura de nosso povo, eu entendia que deveríamos até melhores tempos passar por um período intermediário, *em que nós patrões servíssemos de conselheiros e guias*, sem que a meu ver isso constituísse uma tutoria pesada ou inconveniente *aos nossos auxiliares de trabalho*. (Grifos meus.)[17]

---

17. Evaristo Moraes Filho (Org.), *Ideias Sociais de Jorge Street*, p. 448.

Por sua vez, as próprias pressões do movimento operário forçam o patronato e o Estado a se posicionarem frente aos problemas enfrentados pelos trabalhadores. Nesse sentido, todo um conjunto de práticas disciplinares, paulatinamente constituídas, apontarão para a construção da "fábrica higiênica", antítese da fábrica escura e satânica odiada pelos operários, e de uma cidade purificada e absolutamente saneada.

Por certo, o objetivo dos patrões não se limita à redefinição das relações de trabalho. Ambiciosos, seu sonho de erradicação da "lepra" da luta de classes passará pela elaboração de um amplo projeto de transformação de toda a sociedade.[18] É nesse sentido que se pode observar que a elaboração positiva da figura do trabalho implica também a promoção de um novo tipo de patrão. Ao antigo proprietário, rude e despótico, que o imaginário social assimilava ao fazendeiro dono de escravos, procura-se opor a figura do patrão moderno e civilizado, a exemplo de um Jorge Street ou de um Roberto Simonsen. Ou seja, ao trabalhador moderno, higiênico e produtivo, deveria corresponder, na "nova fábrica", racionalizada e apolítica, a figura do novo industrial, dinâmico e educado, que se relacionaria dignamente com seus "empregados" e em cuja propriedade já se teria superado o "antigo problema" da luta de classes.

PURIFICAR O ESPAÇO FABRIL

Quando, em 1912, o DET realiza uma primeira inspeção estatal nas fábricas existentes na capital paulista, sugere aos patrões recalcitrantes a modernização dos estabelecimentos onde os inspetores

---

18. Edgar S. de Decca analisa a constituição, no final dos anos 1920, de um projeto de industrialização cujo sentido era o de orientar toda a sociedade sob os moldes da fábrica. *O Silêncio dos Vencidos*, Cap. IV.

registram condições de trabalho insuficientes e a inobservância das normas higiênicas exigidas pelo Serviço Sanitário. Ao mesmo tempo, elogia as iniciativas patronais de introdução das inovações tecnológicas e de remodelação interna e externa dos edifícios fabris:

> Apenas em um reduzido número de fábricas [...] a defeituosa disposição das transmissões e o pequeno espaço existente entre as máquinas favorecem a ocorrência de acidentes. [...] Esses defeitos e outros — como a deficiência de ventilação e iluminação, a falta de aspiradores de pó, a ausência de vestiários principalmente para as operárias —, notados em alguns estabelecimentos, seriam facilmente corrigidos *desde que houvesse, por parte dos industriais, um pouco de boa vontade.* Com pequeníssimo dispêndio de capital, poderiam esses estabelecimentos igualar, nesse sentido, as *fábricas-modelos*, como a Santista, a Labor ou a Ipiranga.[19]

A valorização do modelo da "fábrica higiênica" marca o despontar da mudança para um novo regime disciplinar, que pretende tornar o espaço da produção tranquilo, agradável, limpo e atraente para o trabalhador e tratá-lo como um "cidadão consciente e inteligente". De acordo com os novos preceitos da saúde, da higiene e da moral, o DET critica os industriais liberais resistentes às inovações do mundo moderno e que fazem os operários trabalharem em espaços escuros, apertados e anti-higiênicos, onde se amontoam indistintamente, contraem doenças ou sofrem acidentes. Criam, em sua opinião, motivos para a manifestação de uma explosividade latente e dão margem à eclosão dos conflitos sociais. Analisando, algum tempo depois, as causas dos acidentes de trabalho relativos aos anos de 1912 e 1913, os inspetores públicos afirmavam:

---

19. Michael Hall e Paulo Sérgio Pinheiro, *A classe operária no Brasil*, vol. 2, p. 59.

Como se depreende, os principais causadores de acidentes nos estabelecimentos industriais continuam a ser: as polias, as serras e as plainas mecânicas, as engrenagens, as correias e a corrente elétrica, principais *provas do desleixo dos industriais paulistanos e do pouco caso ligado à segurança do operário* — *exatamente as causas mais fáceis de serem removidas* e os aparelhos mais simples de se tornarem protegidos, sem grande trabalho *nem despesa excessiva* — *que causam tão grande número de acidentes*, que incapacitam, no mínimo parcial e permanentemente, tantas dezenas de trabalhadores que poderiam continuar a servir como elementos úteis para o nosso progresso industrial. (Grifos meus.)[20]

Deodato Maia, futuro integrante do Ministério do Trabalho, Indústria e Comércio, também se revolta contra a negligência dos patrões diante das condições insalubres e anti-higiênicas do trabalho fabril, no mesmo ano:

Os edifícios de nossas fábricas, com pouquíssimas exceções, são velhos pardieiros ajeitados para esta ou aquela indústria; mas nas instalações ou adaptações *à la diable*, para tudo se olha menos para a saúde do operário. Falta aos vetustos casarões luz natural, e a luz artificial é irregular e defeituosa; não dispõem eles de ar suficiente para o número de pessoas que trabalham, quer englobadamente, quer em estreitos compartimentos; não existe reservatório de água de acordo com as prescrições higiênicas nem tampouco aparelhos de desinfecção e daí as vertigens, as dores torácicas, a cefalalgia, a antropoxima e outros males que atacam as pessoas que vivem em atmosfera viciada.[21]

---

20. "Condições do Trabalho na Indústria Têxtil de S. Paulo", *Boletim do Departamento Estadual do Trabalho*, 1914, p. 26.
21. Maria Alice Ribeiro, *Condições de trabalho nas indústrias têxteis paulistas*, p. 128.

A necessidade de higienização da fábrica, de sua racionalização e modernização, ideia que apenas se esboça no discurso do DET, será desenvolvida na década seguinte e amplamente valorizada nos anos 1930, tanto no Brasil quanto internacionalmente.[22]

A representação da "nova fábrica", que o Estado e os médicos defendem perante os industriais, já fora anunciada, desde o final do século XIX, nos Estados Unidos, por Frederick W. Taylor, autor dos *Princípios da Administração Científica*, e por seus discípulos. Pretendia eliminar e contrapor-se à imagem da "fábrica satânica", escura e fétida, detestada pelos trabalhadores, que se sentiam sugados em todas as suas energias para realizar o objetivo particular e individualista dos patrões.[23]

À fábrica "satânica", representação criada pelos operários ingleses durante a Revolução Industrial, opuseram-se inicialmente artesãos expropriados e operários que viram na imposição do sistema de fábrica a destruição de seu modo de vida anterior. A reação dos trabalhadores à introdução dos novos maquinismos foi violenta, levando até mesmo à constituição de grupos organizados de quebradores de máquinas, como os luditas, que simbolizavam no dano material sua resistência à perda da própria identidade e à expropriação do saber-fazer tradicional.

Os industriais e o Estado não hesitaram em responder: a construção da "nova fábrica", asséptica e racional, deveria apagar todos os ranços e lembranças negativas do passado. Fundamentada num saber "científico", a nova organização do trabalho propunha uma boa ventilação e iluminação das unidades produtivas, a construção de edifícios amplos e espaçosos, a introdução das novas invenções tecnológicas que facilitariam os trabalhos mais pesados; enfim, a criação de um ambiente de trabalho agradável, que faria com que

---

22. Ver Anson Rabinbach, "A estética da produção no Terceiro Reich"; Alcir Lenharo, *Corpo e Alma: Mutações Sombrias do Poder no Brasil nos Anos 30 e 40.*
23. L. Margareth Rago e Eduardo Moreira, *O Que é Taylorismo?.*

os operários se sentissem seguros, protegidos e com vontade de produzir ao lado de patrões educados. Nada de contramestres espancando criancinhas, ou de mulheres grávidas trabalhando doze horas consecutivas, ou, ainda, de acidentes de trabalho ocasionados pela colocação indevida das máquinas.

A transformação da aparência interna e externa da fábrica visava à transformação da *subjetividade do trabalhador*, do mesmo modo que uma casa limpa e confortável, mesmo que pequena, deveria despertar o desejo de *intimidade* no operário, reconfortado pelo aconchego do lar. Além disso, uma nova finalidade era atribuída à elevação da produtividade do trabalho: o enriquecimento da nação, a criação da abundância social e não mais o mero ideal de satisfação do interesse individualista do patrão tradicional.

Embora estas ideias de uma nova gestão do trabalho fabril só tenham sido implementadas na década de 1930, com a taylorização da produção e a criação do IDORT (Instituto de Organização Científica do Trabalho), desde as décadas anteriores algumas vozes afinavam no mesmo diapasão: como o DET e Deodato Maia, também alguns industriais e médicos sanitaristas preconizavam a construção da fábrica organizada à imagem do lar, aconchegante, íntima e higiênica.

Em 1919, Jorge Street, médico e industrial "progressista", símbolo do novo patrão, repreendia publicamente os empresários por não considerarem "as necessidades vitais de seus trabalhadores". Roberto Simonsen, em conferência pronunciada aos seus colegas no mesmo ano, descrevia *O Trabalho Moderno* como produto da organização "científica" do processo produtivo, utilizado como meio de "evitar a todo transe que sejam trazidas para o nosso Brasil as lutas de classe, as organizações artificiais".[24]

Em sua opinião, inspirada no próprio Taylor, a antiga disciplina

---

24. Roberto Simonsen, *O Trabalho Moderno*, p. 1.

importada do exército, que fornecia à indústria regras de conduta e a maneira de conformar o trabalhador às exigências da acumulação do capital, deveria ser substituída pela "disciplina inteligente e consciente — oriunda do conhecimento exato que tem o operário da natureza de seu trabalho e da certeza do justo reconhecimento de seus esforços".[25] Dois anos após a greve geral de 1917, Simonsen defendia a importância da introdução de um método de racionalização da produção que traria "a cooperação cordial entre patrões e operários".

Tomando como exemplo a organização industrial das empresas norte-americanas, ele propunha à diretoria da Cia. Construtora de Santos, em 1918, sua reorganização interna "em moldes mais chegados da administração científica". Reforma que foi iniciada no ano seguinte. Argumentando segundo a lógica do "engenheiro" norte-americano, este industrial afirmava que pretendia superar a organização militar da antiga indústria, em que "patrões, contramestres e feitores se sucedem numa preocupação mais de mando do que da perfeita feitura dos serviços", procurando "evoluir no sentido da administração 'de função'".[26] Para evitar a "guerra entre as classes" e conseguir ganhar a adesão do trabalhador na intensificação da produção, Simonsen propunha que se adotasse nas indústrias brasileiras o tratamento individualizado do operário, inclusive o pagamento de salários diferenciados, de acordo com os *Princípios da Administração Científica*, elaborados por Taylor:

> Teríamos deste modo individualizado o operário, interessando-o diretamente na produção, tornando-o um fator crescente da riqueza e incorporando-o grandemente na sociedade estimulada.[27]

---

25. *Ibidem*, p. 11.
26. *Ibidem*, p. 35.
27. *Ibidem*, p. 12.

Nesta lógica, a disciplina do trabalho na fábrica deveria ser apresentada como *necessidade objetiva derivada do maquinismo*, e o operário deveria ser convencido de que sujeitar-se às normas da produção significava submeter-se às exigências naturais do progresso tecnológico e do desenvolvimento científico. *Ciência, técnica e progresso* apareciam inextricavelmente associados neste discurso de valorização da "nova fábrica", espaço apolítico da produção. As normas disciplinares deixariam de ser impostas pelo capricho de patrões ambiciosos e de contramestres desalmados, para aparecerem autonomizadas e inscritas no aparato técnico da produção, isto é, dotadas de uma *aparência de objetividade e de exterioridade*. A uma forma de exercício do poder concretizada na figura humana do contramestre ou do patrão tradicional, opunha-se a *vigilância mecânica*, exercida pelo maquinismo, aparentemente independente de qualquer interferência subjetiva da vontade patronal.

Assim, esta estratégia de despolitização da fábrica, que se configura paulatinamente na década de 1910 e que se consolida nas seguintes, representava a possibilidade de obter a intensificação da produção e de facilitar a exploração "racional" da força de trabalho. Ao propor condições atraentes e confortáveis no interior da fábrica, pretendia contrapor-se às antigas modalidades coercitivas que vigoravam na produção. A fábrica deveria ser valorizada como "a grande família", com a qual cada trabalhador se identificaria, no mesmo momento em que se domesticavam as relações da família operária e em que se destilava o gosto pela *intimidade do lar* no proletariado. Detalhes como a cor do ambiente, o grau de iluminação, o arejamento, a instalação de sanitários, de refeitórios, de jardins em volta das fábricas serão difundidos em função da influência civilizadora que poderiam exercer no espírito dos operários ou, ainda, pela possibilidade de garantir sua saúde, evitando custos e perdas maiores para os industriais.

Também o poder médico, na década de 1920, procurava denunciar as péssimas condições de trabalho das indústrias paulistas, responsabilizando o desinteresse dos empresários pelo estado de degeneração física e moral da classe operária. Fundamentado na teoria biológica do meio, que se constitui na França na primeira metade do século XIX, o dr. José Ribeiro de Oliveira Netto afirmava, em 1926, que a insalubridade da maioria das fábricas têxteis paulistas, o silêncio e o desinteresse do governo e ainda "a má educação do operário, que não tem orientadores sinceros e inteligentes nas suas reivindicações", danificavam o próprio organismo do trabalhador. Segundo ele, embora existisse na capital um Serviço Sanitário de "ideias moderníssimas", estas não eram aplicadas e a grande maioria das indústrias se encontrava numa situação lastimável. A degeneração então resultante para a saúde e para o caráter do trabalhador era inevitável:

> Os (edifícios das fábricas) do nosso Estado, além de acanhados, quase todos construídos sem orientação da engenharia sanitária, são inteiramente destituídos de dispositivos necessários à renovação do agente purificador. Des'tarte é o ar destes estabelecimentos confinado, oferecendo cheiro característico, repugnante. O operário, em tais dependências exercendo seus misteres, via de regra se habitua facilmente com esse estado; não sente as desagradáveis sensações e fenômenos conhecidos que um estranho experimenta, ao se deter por instantes nesse ambiente. Todavia o ataque se vai operando lentamente. Apresenta distúrbios a que não liga importância. De assíduo ao trabalho começa a faltar, sentindo e dizendo aos seus não ser o mesmo homem enérgico de tempos passados. Enfraquece-se a atividade de suas funções orgânicas. É menos capaz, resiste menos à fadiga. Moléstias infecciosas o atingem com frequência. Domina-o a fadiga. Em breve, a anemia, a tuberculose [...].[28]

---

28. José R. Oliveira Netto, "Profilaxia das causas diretas de insalubridade das fábricas de fiar, tecer e tingir algodão. Comentários à situação das fábricas paulistas em face destas causas", p. 181.

A obsessão com a sujeira, com a poeira, com a emanação de gases nocivos e com a falta de arejamento e iluminação justificava a preocupação médica com a degradação física e moral do operariado. O trabalho noturno era condenado não só por impedir que ele usufruísse de luz natural, essencial para o organismo, como também porque "a temperatura noturna favorece o uso e depois o abuso de bebidas alcoólicas". O saneamento das condições materiais de trabalho, nesta perspectiva, produziria a eliminação natural de práticas impuras ou, antes, impediria sua emergência. Da mesma forma, o saber médico defendia a mecanização de certas tarefas manuais, como a mistura do algodão, como meio de defesa da saúde do trabalhador; a introdução de ventiladores e aspiradores artificiais; a utilização de aventais e calçados especiais de trabalho para os operários; a pintura externa da fábrica com tinta branca para neutralizar a influência térmica do sol; a pulverização da água através de bombas especiais; a abolição do trabalho noturno e, sobretudo, a instalação de "bons consultórios médicos com profissionais à testa bem remunerados".

A mesma lógica do discurso médico aparece nas reflexões do dr. F. Figueira de Mello, relativas às condições de habitação do operariado. Insalubridade e falta de higiene só poderiam produzir indivíduos degenerados física e moralmente, o que significava um alto custo econômico e social para a nação:

> O homem sendo o produto do meio, qual o que poderiam gerar estes covis que são atentados os mais revoltantes à nossa civilização e ao nosso progresso [...].
>
> Neles não pode haver espírito sereno e alegre, alma animada dos sãos intuitos de progredir, desejo salutar de aspirar mais folgada situação, nem propósito de obediência e ordem, morando o operário nesses cortiços, sendo pelo contrário, mais natural, que

a escuridão das alcovas reflita-se em sua alma, gerando a maldita tristeza, mãe das revoltas, produtora dos crimes, impulsora do alcoolismo e dos vícios.[29]

Nestes discursos, a ideia de que os gastos despendidos na instalação de novos aparelhos de salubridade nas fábricas e nas habitações, assim como na mecanização de certas atividades manuais, seriam compensados pela elevação do rendimento do trabalhador pretendia convencer os industriais da importância da higienização das condições de trabalho e de vida dos pobres. Assim, a purificação do meio ambiente seria um investimento a médio prazo para os patrões, pois produziria em troca comportamentos mais dóceis, produtivos e disciplinados no proletariado. Acentuando seu controle sobre os aparelhos de salubridade, os industriais poderiam controlar mais eficazmente seus empregados, ou mesmo redefinir as normas de funcionamento da fábrica. A domesticação das relações de produção, nesta perspectiva, é reduzida a um problema técnico que os especialistas deveriam manipular e resolver.

Neste mesmo período, redefine-se o campo de atuação dos médicos sanitaristas, segundo a nova influência da escola norte-americana, expressa pela figura de Geraldo H. de Paula Souza. Criticando as práticas autoritárias do período em que Emílio Ribas dirigira o Serviço Sanitário do Estado de São Paulo, o novo diretor defendia a tese segundo a qual a atuação médica frente à população pobre deveria visar à conscientização do indivíduo, efetivada a partir da criação de centros e postos de saúde. Reorganizando o Serviço Sanitário, Paula Souza determina a substituição das campanhas autoritárias de erradicação das doenças por um trabalho cotidiano e permanente de reeducação e de domesticação dos hábitos da

---

29. Francisco Figueira de Mello, "Habitações coletivas em São Paulo".

população, aliado ao saneamento ambiental.[30] As concepções que informam estas transformações das práticas sanitaristas devem ser registradas.

Substituindo a teoria dos miasmas, a teoria pasteuriana dos germes indicava que a doença não provinha fundamentalmente dos pontos concentrados de sujeira, mas poderia emanar de qualquer parte: assim, todo indivíduo se tornava suspeito, aparecendo como um portador em potencial do micróbio. A ameaça do contágio poderia estar em toda parte. Veremos que a mesma representação da virtualidade da doença, física ou moral, determina a reorientação dos poderes públicos e dos industriais em relação à noção de criminalidade. A atuação dos médicos higienistas ou da polícia deveria recair sobre toda a população, em especial os pobres, e não localizar-se apenas sobre os focos de contágio, ou incidir exclusivamente sobre criminosos já comprovados.

Assim, toda uma redefinição dos métodos de moralização do proletariado pode ser percebida em diversos campos da atividade social, segundo uma racionalidade que glorifica as ideias da ciência, da técnica e do progresso. Fim da era da disciplina militar na fábrica, fim das punições coercitivas na escola, fim da era das vacinações obrigatórias, de pontos diferenciados do social, um outro registro define os códigos de conduta, aponta novos sinais de investimento do poder, segundo uma lógica que se pretende "científica", moderna e constituída acima dos interesses particulares das classes sociais.

Esta modificação das tecnologias disciplinares pode ainda ser percebida nos novos procedimentos de vigilância adotados no interior da fábrica. É de acordo com esta lógica que os industriais têxteis, organizados no CIFTSP, introduzem o sistema de identifi-

---

30. Emerson Elias Mehry, *A Emergência das Práticas Sanitárias no Estado de São Paulo*, pp. 108-9.

cação "científica" dos operários, em substituição à antiga identificação policial obrigatória, "que representaria talvez aspecto de violência", irritando ainda mais os empregados (circular nº 38, 1921).

Já de algum tempo os patrões vinham se preocupando com a questão da "repressão aos roubos de peças", praticados nas fábricas têxteis, ato que percebiam como resistência política dos trabalhadores à exploração do capital. Na circular confidencial nº 39 enviada aos industriais associados do CIFTSP, o secretário-geral da associação patronal, Pupo Nogueira, informava:

> O nosso venerando Presidente, tão profundamente observador, chegou à conclusão de que, para os nossos operários, *imbuídos de ideias novas e inquietadoramente ousadas*, o roubo já não representa delito: *o roubo, o furto representam tributo pago à força pelo patrão*. Quem retira das fábricas, sub-repticiamente, um objeto qualquer, retira a sua parte de lucros e, ou muito nos enganamos ou isto é comunismo *en herbe*. (CIFTSP, circular nº 39, 25/6/1921, grifos meus.)

O novo sistema de enquadramento dos têxteis apresenta-se como método de "identificação científica", procurando com este apelo à noção de ciência justificar-se como necessidade objetiva do desenvolvimento industrial. Segundo este, o trabalhador teria uma ficha contendo seus dados pessoais e uma fotografia na fábrica em que trabalhasse e outra no CIFTSP, que agrupava as indústrias do setor. Identificado como "indesejável", sua ficha seria distribuída entre diversas fábricas, de modo que, demitido, não pudesse mais encontrar emprego em qualquer estabelecimento fabril associado ao CIFTSP. Cria-se, deste modo, um cerco completo sobre o operário, fechando-lhe absolutamente as portas do mercado e pressionando-o violentamente no sentido de evitar qualquer manifestação de insubordinação. Segundo Pupo Nogueira:

> Quando qualquer dos srs. associados quiser *livrar-se de um agitador*, nada mais tem a fazer do que comunicar-se com este Centro e o Centro providenciará imediatamente no sentido de ser o elemento perigoso afastado da fábrica, pela polícia, identificado.
>
> A sua ficha será comunicada às fábricas associadas, tal e qual se fará com os ladrões. ("Repressão aos Roubos e Furtos", p. 2, grifos meus.)

Inicialmente, o fichamento dos operários deveria ser feito pelo próprio CIFTSP e pelos patrões em cada fábrica; aos poucos, as despesas acabaram sendo custeadas pelo próprio trabalhador, à medida que esta técnica punitiva foi sendo institucionalizada. Nesse momento, seu conteúdo passou a ser mascarado de maneira mais sutil e totalmente invertido, apresentando-se com sentido contrário ao original, ou seja, como garantia e benefício ao trabalhador e não como expressão de uma estratégia que visava a discipliná-lo dentro da fábrica.

A resistência operária contra a introdução do fichamento pessoal não tardou a explodir. *A Plebe*, de 31/10/1919, denunciava este método de identificação como uma humilhação vergonhosa para o trabalhador, tratado como um criminoso qualquer:

> Até agora a polícia identificava apenas os criminosos de crimes de certas gravidades, e os anarquistas, que são a eles equiparados.
>
> Agora, para a polícia, ser operário é ser suspeito, é ser quase criminoso. [...] Isto é uma infâmia contra a qual é necessário que os trabalhadores se rebelem. Do contrário, a moda pegará e a medida se estenderá a todo o Estado, quiçá todo o Brasil.

A crítica operária evidencia o deslocamento que se opera na representação imaginária do criminoso: se, num primeiro momento, a noção de culpabilidade designava indivíduos que haviam cometido alguma falta grave, como assassinato ou roubo, e demandava uma ação policial estritamente repressiva, agora todos os indivíduos passavam a ser considerados como elementos potencialmente perigosos, o que exigia uma ação conjunta preventiva por parte do poder. Qualquer operário aparecia como um criminoso em potencial: o que estava em jogo já não era o crime praticado, mas a virtualidade do ato. Portanto, todas as medidas possíveis de prevenção ao comportamento desviante deveriam ser tomadas pelos poderes instituídos.

Os operários reagiram violentamente, tanto denunciando o sentido do novo método de enquadramento disciplinar:

> O objetivo desta medida consiste em impedir a introdução de grevistas de outras fábricas, os quais não conseguirão trabalho em parte alguma, porque todos os patrões distribuirão entre si "listas negras" com os nomes dos operários demitidos em ocasião de greve (*A Plebe*, 15/10/1919),

quanto recusando-se a serem fotografados, como informavam cautelosos os industriais têxteis em circular confidencial do CIFTSP, de 22/6/1927.

Ainda em julho desse ano, os canteiros irrompiam em greve protestando contra a

> *curiosa inovação* que os patrões pretendem introduzir, exigindo que os operários sejam portadores de um *cartão de identificação* fornecido de um burguês para outro, *catalogando*, assim, os trabalhadores, *como se fossem uma mercadoria qualquer*. (*A Plebe*, 14/5/1927, grifos meus.)

A despeito da adesão unânime dos industriais ao sistema proposto por Pupo Nogueira, as expulsões e demissões dos "indesejáveis" prolongam-se por toda a década de 1920, atestando sua insubordinação aos métodos repressivos da burguesia industrial: as listas se sucedem indicando demissões por roubo de peças, boicote, sabotagem, destruição de materiais, infração das normas disciplinares, greves etc.

O CONTROLE DA FÁBRICA: OS ANARQUISTAS E A AUTOGESTÃO

Se, pelo lado dos patrões, o período que vai de 1918 a 1922, aproximadamente, assiste a uma redefinição dos procedimentos de disciplinarização do trabalho, que apela para as noções de ciência, de técnica e de progresso, configurando um projeto de construção da "nova fábrica", pelo lado dos operários, a intensificação das formas de resistência aponta para a luta pelo controle do processo de trabalho. Ao lado do trabalho subterrâneo da resistência cotidiana que se trava no interior da produção, evidencia-se nos horizontes do movimento operário a questão da tomada das fábricas e da reorganização do processo produtivo, neste momento histórico preciso.

A proposta alternativa de uma organização autônoma das relações de trabalho aparece, na verdade, desde os primeiros números da imprensa anarquista. Mesmo que difusamente, os libertários propunham a edificação da nova sociedade a partir da transformação da atividade econômica, da desapropriação de todas as riquezas naturais e sociais e da abolição de todo poder político, sustentáculo da dominação de classe:

[...] é preciso abolir o princípio individual da propriedade das riquezas [...]. Todas as grandes e pequenas empresas de produção, que são exploradas por proprietários tendo por fim os próprios interesses, devem ser reorganizadas por *comissões populares* tendo por mira, exclusivamente, as necessidades do povo. (*A Terra Livre*, 6/11/1910, grifos meus.)

Expondo "As vantagens da revolução social", o anarquista Lucas Mascolo imaginava a sociedade do futuro como aquela em que os meios de produção seriam socializados; a produção seria organizada pelos próprios trabalhadores; a pobreza seria eliminada juntamente com as guerras e outros problemas sociais; uma série de trabalhos considerados improdutivos, como a atividade doméstica, seriam realizados por empresas públicas coletivizadas; as correntes dos rios, o vento, a luz do sol, as riquezas minerais poderiam ser transformados em energia motora, em iluminação, em forças produtivas. Os próprios produtores diretos seriam os únicos capazes de realizar as tarefas de execução e as de concepção, já que somente eles conheceriam de fato e na prática a realidade da produção: aí, a possibilidade de superação da divisão social do trabalho, instaurada pelo sistema capitalista.[31]

No entanto, se nos anos 1910 os libertários anunciam a necessidade da formação de "comissões populares", que deveriam gerir

---

31. Assim como os marxistas, os anarquistas partem de uma tradição intelectual comum e recolhem toda uma idealização utópica da sociedade anteriormente formulada. Em Saint-Simon, expressão maior da inspiração sociológica que se difunde na Europa nas primeiras décadas do século XIX, Proudhon e Marx encontram grande parte das formulações que constituem suas problemáticas. Os três pensadores refletem no interior de um mesmo universo intelectual, debatendo questões que lhes são comuns, embora lhes deem respostas diferentes. A concepção da sociedade como um sistema coerente, passível de ser conhecido cientificamente, como um todo orgânico constituído pelas relações sociais e que se opõe ao Estado, poder autonomizado; o poder revolucionário das classes produtoras; a necessidade da transformação social a partir da reorganização da vida econômica e a decadência do Estado, temas de reflexão tanto de Marx quanto de Proudhon, inscrevem-se na constelação das preocupações saint-simonianas. Ver Pierre Ansart, *Marx y el Anarquismo*.

as pequenas e grandes empresas visando unicamente à satisfação dos interesses do povo (*A Terra Livre*, 6/1/1910), é em especial entre os anos de 1918 a 1922 que surgem vários artigos na imprensa anarquista enfatizando a importância da constituição de formas alternativas de poder na fábrica.

Em 25/9/1920, *A Plebe* publica o artigo intitulado "Aspectos da luta de classes", em que se propõem estratégias de luta cotidiana a serem travadas no âmbito da produção, culminando na formação de *comitês de fábrica* pelos operários de cada unidade fabril. As organizações instituídas pelos trabalhadores ingleses eram vistas como um princípio de expropriação, "uma limitação real do direito de propriedade [...] que conduz naturalmente à formação do *comitê de oficinas*", o qual se encarregaria do controle da administração e então da ocupação direta das fábricas, "como fazem neste momento os operários italianos", referindo-se aos movimentos conselhistas de Turim. Ao controlarem a administração da fábrica, os comitês colocariam o produtor direto em contato imediato com todo o mecanismo de funcionamento da unidade produtiva. Deste modo, cada trabalhador poderia inteirar-se progressivamente da atividade de direção da indústria, capacitando-se a substituir os especialistas burgueses e realizar a expropriação final. Nesse sentido, os anarquistas propunham a reapropriação de um saber que lhes fora roubado pela gerência científica:

> Uma outra conquista realizada em parte na Inglaterra e nos Estados Unidos e a que já nos referimos, *a formação de comitês operários nas oficinas e nas fábricas para o controle da administração*, tem uma consequência ainda maior.
>
> Ela põe o produtor em contato direto com o mecanismo da produção, inicia-o nos segredos da administração das indústrias, interessa-o na sua marcha e coloca-o em condições de dirigi-la após a expropriação final [...].

O autor tece uma crítica contundente à hierarquia despótica inerente ao processo capitalista de produção e que se reproduz até mesmo no interior de um mesmo ofício, criando uma "hierarquia de funções". Conclui que este procedimento resulta de duas concepções fundamentais na ordem burguesa: de um lado, a ideia de que sem autoridade, hierarquia e mando não pode haver disciplina e organização. De outro, que o trabalho deve ser remunerado segundo a importância de cada ofício e a capacidade de cada um. Prosseguindo em sua crítica, demonstra como esta situação vivenciada no cotidiano pelos operários visa dividi-los, na medida em que se pautem por valores ditos universais, instaurando uma concorrência ferrenha entre aqueles que deveriam solidarizar-se. Mas, ao mesmo tempo, o artigo revela a preocupação do militante anarquista em fazer com que trabalhadores de vários ofícios se identificassem com a figura desqualificada e expropriada do proletário. Certamente, a valorização do ofício não era apenas uma imposição ideológica dos dominantes, mas uma afirmação pessoal do trabalhador diante de sua atividade.

> [...] Esta situação cria e mantém na mentalidade operária essas ideias e contribui para dividi-los e atirá-los uns contra os outros, ofício contra ofício, profissão contra profissão, classe contra classe e dentro da mesma classe, da mesma profissão, só porque há uma miserável diferença de salários, o que marca a distinção hierárquica, um indivíduo contra outro, tornando assim impossível a solidariedade entre os explorados para maior segurança dos exploradores. Notem por exemplo a diferença entre um linotipista e um tipógrafo; entre este e entre um fotogravador. Avaliem bem o orgulho com que olha um decorador para um pedreiro e este para seu ajudante. E donde vêm estes sentimentos? Que é que os cria, que é que alimenta tantas distinções? A diferença de salários, a possibilidade de maior ou menor conforto e a noção decorrente de que há profissões superiores e inferiores... (*A Plebe*, 25/9/1920.)

Dois pontos parecem fundamentais: primeiro, a percepção aguda de como os dominantes se utilizam de mecanismos sutis que instauram a divisão no interior da própria classe trabalhadora, inscrevendo uma linha divisória que afasta e opõe elementos de profissões diferentes. Segundo: a denúncia de que a diferenciação salarial constitui outro dispositivo estratégico do poder visando impedir a articulação dos operários, pois incentiva o espírito de concorrência e a luta por objetivos estritamente pessoais. Assim, questiona-se o argumento amplamente difundido de que a diferenciação dos salários obedeceria à lógica neutra e impessoal do mercado, demonstrando seu conteúdo político e não técnico.

Como alternativa de luta contra estes mecanismos sutis da dominação burguesa, propõe-se no mesmo artigo:

> Que se organizem *uniões de indústria* ao invés de *uniões ou sindicatos de ofício*. Que dentro de cada indústria se equiparem os ofícios, reivindicando para todos igual salário. Que dentro das fábricas e das oficinas *a administração interna seja dirigida por comitês eleitos pelos operários substituindo a ordem hierárquica por uma disciplina voluntária*. (A Plebe, 25/9/1920, grifos meus.)

A constituição de organismos operários de gestão do processo produtivo levaria à abolição da divisão social do trabalho. A supressão da diferenciação dos salários desenvolveria na mentalidade do trabalhador a ideia da justiça social, ou seja, a compreensão do princípio: "a cada um segundo suas necessidades, de cada um segundo suas forças." ("Problemas da reconstrução", *A Plebe*, 1/4/1922.)

Em "Métodos de organização operária", também publicado por aquele jornal, o autor visualiza a formação, em cada fábrica, navio, oficina etc., de um *conselho de fábrica*, que teria por função a administração da unidade produtiva, resolvendo todos os problemas emergentes. De cada conselho de fábrica sairia um representante, eleito pelos operários, que se reunindo aos outros formaria um *conselho de indústria*. Este, por sua vez, elegeria um delegado regional de todas as indústrias, que formaria o *conselho executivo*. Em cada bairro ou localidade, se constituiriam *comitês de relações distritais*, voltados para a propaganda e educação. Os cargos seriam revogáveis e todas as ações dos delegados de base deveriam ser controladas pela base:

> [...] Como medida necessária à salvaguarda da *autonomia do trabalhador*, todos os delegados o seriam com mandato imperativo e nenhuma resolução seria executada sem referendum dos organizadores da fábrica, da indústria ou de todas as indústrias conforme fosse essa resolução de interesse particular ou geral. (*A Plebe*, 1/4/1922, grifos meus.)

A autoridade e a necessidade dos chefes — técnicos capitalistas ou "comissários do povo" — são questionadas nos artigos citados, denunciando-se sua função meramente repressiva, isto é, de vigilância e controle sobre o trabalhador, impedindo que se organizem contrapoderes alternativos no interior da fábrica. Segundo os anarquistas, por serem os operários os que produzem e os que vivenciam a realidade da produção, a eles deveria caber a direção e a administração do trabalho, organizados em conselhos de fábrica ou em outras formas descentralizadas de poder. A experiência da Revolução Bolchevique, com a supressão dos sovietes, é invocada para apontar a necessidade de se "tomar outro caminho":

> [...] É preciso que cada operário conheça tão bem ou melhor que seus patrões o mecanismo complexo da produção na indústria, em que trabalha.
>
> Se se organizarem *conselhos de fábrica*, órgãos de combate sobre a administração das fábricas que este seja escolhido como o meio mais adequado às investigações desta natureza. [...]

Conhecedores da capacidade atual da produção do país, do estoque de mercadorias existentes e dos meios de transportes utilizáveis; tendo o preparo técnico necessário a pôr em movimento as indústrias, terão os trabalhadores adquirido uma das condições necessárias para construir a sociedade nova. ("Problemas da reconstrução", *A Plebe*, 1/4/1922.)

Vale atentar para a importância de uma proposta que questiona a valorização hierárquica do ofício, instituída pelo imaginário burguês, num momento em que o taylorismo ainda não transformara a estrutura da indústria no país e em que os operários ainda mantinham uma certa margem de controle sobre o processo produtivo em alguns ramos da produção. Ou seja, propõe-se o redimensionamento das estratégias de luta a partir de uma outra representação da atividade do trabalho. Em vez da identificação do trabalhador com a função que lhe é outorgada dentro de uma hierarquia definida pelo imaginário social e não pela razão técnica, sugere-se a equiparação salarial dos ofícios, e a união dos operários em função de sua condição de explorados pelo capital. Lembre-se de que, antes da reorganização taylorista do processo de produção, os trabalhadores valorizavam e defendiam sua profissão e organizavam-se em *sindicatos de ofício*, que procuravam ampliar sua margem de interferência sobre as relações de trabalho. Por isso mesmo é que serão introduzidas técnicas tayloristas e fordistas de produção, desqualificando radicalmente o trabalho e provocando o descontentamento e a resistência dos operários em toda parte. Ao criticar a hierarquização das profissões instituída pelo imaginário burguês, e que resulta na divisão competitiva entre os trabalhadores, propõe-se a união dos operários em *sindicatos de indústria*, em substituição aos sindicatos de ofício, nesse início da década de 1920. Os anarquistas procuravam mostrar as fraquezas da estrutura de ofício do sindicalismo brasileiro e incitavam os operários a buscarem novas formas de luta, num momento em que a organização da indústria se modernizava acentuadamente.

Processo semelhante parece ter ocorrido em outros países. Os operários norte-americanos advogavam a substituição dos sindicatos de ofício pelos de indústria, como resposta à reorganização taylorista do processo de trabalho nas décadas iniciais do século XX.[32] Esse momento histórico assiste, nos Estados Unidos, ao confronto entre patrões e operários qualificados pelo controle das relações de trabalho no âmbito da fábrica. Os primeiros desejavam limitar a autonomia dos trabalhadores e intensificar o ritmo da produção. Os segundos questionavam a forma tradicional do exercício do poder simbolizada pela figura do contramestre e sua perda crescente de autonomia dentro da fábrica. É nesse contexto que surge o taylorismo como estratégia patronal para quebrar a relativa margem de autonomia que os operários qualificados detinham no interior da produção e a crescente força do sindicalismo americano.

Enquanto os sindicatos defendiam, desde fins do século XIX, que os contratos de trabalho fossem negociados de acordo com suas exigências e, nesse sentido, que os salários fossem fixados por categoria, Taylor e Henry Gantt propunham a individualização dos pagamentos e que as tarefas e os rendimentos de cada trabalhador fossem avaliados separadamente, instituindo-se o salário por peças, tão combatido pelos sindicatos operários.

No Brasil, se o sistema de Taylor só é introduzido plenamente na indústria na década de 1930, desde a década de 1910 estavam ocorrendo mudanças significativas em vários ramos da produção, no

---

32. David Montgomery, *Workers' Control in America*, p. 114.

sentido de intensificarem o ritmo do trabalho e de desqualificarem absolutamente a atividade profissional.[33]

Contra esse movimento, os operários, influenciados pelos anarcossindicalistas, desenvolviam ampla luta na esfera da produção. Boris Fausto fornece algumas indicações sobre as resistências travadas contra a introdução de novas máquinas, provenientes do exterior, na ferrovia Cia. Paulista, no final de 1905, e que resultam na greve de 1906. Entre as queixas dos ferroviários, a Liga Operária de Jundiaí apontava a redução da jornada de trabalho e as demissões provocadas pela introdução de uma tecnologia capital-intensiva, a desvalorização da atividade profissional, a intensificação do ritmo do trabalho e o congelamento dos salários. Os trabalhadores reclamavam contra a desqualificação de suas profissões: o maquinista executaria o trabalho de um foguista, este o de um limpador de máquinas e ambos se tornariam simples carregadores de carvão ou limpadores de lixo.[34]

Em 1906, no Rio de Janeiro, os sapateiros lutavam para que o código de ética profissional defendido pela União Auxiliadora dos Artistas Sapateiros fosse respeitado. Este procurava impedir o "aviltamento da 'arte'", assegurando um certo grau de controle sobre as relações de trabalho. O regulamento da União estipulava, entre outros pontos, os seguintes artigos:

> Art. 3º — Não coser obras de outras fábricas, nem ter em sua fábrica operários fora da oficina, salvo acordo feito com a União.
> Art. 4º — Só dar trabalho aos sócios da União, de acordo com a Comissão do Sindicato.[35]

---

33. Edgar S. de Decca, "A Ciência da Produção: Fábrica Despolitizada", p. 69 e ss.
34. Boris Fausto, *Trabalho Urbano e Conflito Social*, p. 136.
35. Maria Cecília Baeta Neves, "Greve dos sapateiros de 1906 no Rio de Janeiro: notas de pesquisa", p. 52.

Em 1909, os sindicatos da construção civil de Santos conseguiam que os patrões reconhecessem suas entidades de classe,

> tendo obtido deles a garantia de que somente os trabalhadores sindicalizados seriam contratados, a permissão para selecionar um fiscal em cada canteiro ou oficina, evitar que os fura-greves fossem admitidos e permitir aos organizadores do movimento levar adiante a sua "propaganda" durante o trabalho.[36]

O sindicato dos gráficos cariocas também procurava manter alguma margem de controle sobre as relações de trabalho, exigindo que só os sócios da associação fossem admitidos como empregados; incumbindo-se de garantir o fornecimento da força de trabalho necessária, acompanhada "das respectivas tabelas de ordenado"; assumindo a responsabilidade de resolução de qualquer conflito entre industriais e empregados, tentando impedir que os conflitos fossem resolvidos individualmente entre ambos; e, finalmente, propondo-se a organizar

> uma ativa propaganda para o levantamento moral e artístico da classe, por meio do seu órgão oficial, conferências e publicações educativas, criando, também, uma oficina própria para o ensino técnico e escolas de português e desenho. (A Voz do Trabalhador, 1/6/1909.)

O elevado número de greves desencadeadas no setor têxtil, no entanto, e suas respectivas derrotas revelam a intransigência dos patrões no caso dos ramos industriais em que o trabalho era desqualificado, possibilitando jogar com o emprego maciço da força de trabalho feminina e infantil. As iniciativas patronais visando

---

36. Sheldon L. Maram, *Anarquistas, Imigrantes e o Movimento Operário Brasileiro*, p. 52-3.

reduzir a capacidade de pressão e de intervenção dos operários contra a crescente exploração do capital se fazem sentir tanto pela introdução das inovações tecnológicas, quanto pela constituição de seus órgãos associativos de defesa. Em 1917, convoca-se uma assembleia da União dos Operários em Fábricas de Tecido (UOFT) do Rio de Janeiro para discutir a crescente substituição dos trabalhadores masculinos pelo emprego de mulheres e crianças. Reclamação, aliás, constante na imprensa operária e que denota a progressiva desqualificação que sofriam os operários, mesmo nos setores mais mecanizados como o têxtil, ao lado da preocupação moral com a exploração do trabalho feminino e infantil.

É claro que a constatação da existência de uma proposta de controle operário das fábricas, a exemplo do que ocorria na Itália no período, não é suficiente para demonstrar a dimensão de sua penetração na classe operária. Os dados fornecidos pela imprensa anarquista também não nos levam a conclusões mais avançadas. Atestam, no entanto, a colocação do problema pelo movimento operário da época e as tentativas esparsas de constituição e de reconhecimento destes contrapoderes na fábrica ou, ao contrário, a intenção de silenciamento e de subsunção destes organismos, seja pelos sindicatos seja pelos patrões.

Dentre os artigos publicados pelos jornais anarquistas referentes à formação de comissões operárias de base, *A Plebe*, de 16/10/1919, fornece algumas indicações. Noticia a ocorrência de uma assembleia realizada pelos operários têxteis durante uma greve na fábrica Jaffet, em que reivindicam, entre outros pontos, o reconhecimento de uma comissão interna e da União dos Operários em Fábricas de Tecidos. Alguns dias antes, o mesmo periódico publicava trechos de uma carta do Cotonifício Crespi, dirigida à UOFT, em que os industriais exprimiram suas resoluções diante da recusa dos trabalhadores de aceitarem as imposições anteriormente formuladas. Num tom paternalista, a empresa respondia que:

Dada a forma como foi redigido o artigo 4º de dita sua comunicação, não deveríamos ter dado resposta alguma, mas para demonstrar a nossa boa vontade para com os nossos operários [...] comunicamos-lhes quanto segue: [...] Pelo que diz respeito à *Comissão interna*, precisamos saber quais as atribuições e como foi eleita a mesma.

Repetimos que os nossos operários ficarão livres de reclamar perante os seus superiores e, em último caso, à gerência, seja individualmente ou em comissão entre si escolhida em qualquer ocasião e para qualquer assunto.

Cotonifício Rodolfo Crespi (30/3/1919).

A UOFT, neste momento, não estava sob controle dos anarquistas, embora contasse com seu apoio.

A Plebe, de 30/9/1919, registra ainda o mesmo processo de formação de comitês de fábrica em outros estabelecimentos paulistas:

> Na sucursal da Mooca, presidindo o camarada Antonio Falelli, o pessoal da fábrica Labor escolheu as suas *comissões internas* e tomou importantes deliberações. [...]
>
> Às 17 horas reuniram-se, na mesma sede, os operários que trabalham na fábrica de seda Ítalo-Brasileira, para nomear os companheiros que faltavam para completar a *comissão interna de fábrica* e discutirem o modo que deviam proceder com os companheiros que ainda não são sócios da União [...].

Nas negociações entre a UOFT, fundada em agosto de 1917, e os industriais, que se realizam em setembro de 1918, estes, liderados por Jorge Street, reconhecem a existência do sindicato têxtil, exigindo em troca que a UOFT fizesse "cessar a ingerência dos delegados de fábrica, que havia se tornado intolerável, e era de fato um ponto básico sobre o qual não havia transigência possível". Também o sindicato dos têxteis, de linha moderada, procurava estabelecer relações de controle sobre as comissões de fábrica existentes nas indústrias do ramo, que deveriam subordinar-se a ele. Segundo o jornal *O Combate,* a diretoria da UOFT declarava que:

> A União não aprova nenhum ato de indisciplina que se verifique dentro das fábricas (praticado) por operários e também não aprova aqueles que incitem outros para a paralisação do serviço. Para os que assim procederem, a União intervirá com energia, tomando as necessárias medidas para fazer-se respeitada em benefício da classe. O nosso programa é bem definido: conseguir o máximo bem-estar para os trabalhadores... *As Comissões Internas não devem absolutamente consentir que o trabalho seja interrompido, sem primeiro a União haver autorizado* essa medida, da qual só se lançará mão quando se tratar de um caso de importância e que não possa ser resolvido por negociações e discutido em Assembleia Geral, nas sedes da União e da sucursal.[37]

As referências à constituição destes organismos alternativos de poder operário são, no entanto, escassas nos jornais anarquistas pesquisados, referindo-se ao período de 1918 a 1922 e à indústria têxtil paulista. De qualquer modo, os artigos apresentados nos jornais operários revelam que a questão do controle do processo de trabalho não estava ausente do conjunto das preocupações dos trabalhadores, não justificando sua total omissão nas produções acadêmicas sobre o movimento operário brasileiro.

No entanto, a questão do controle operário do processo produtivo não passava, neste momento histórico, pela crítica da tecnologia em si. Dotada de neutralidade, a tecnologia capitalista ainda não era representada como a concretização de um saber produzido pela luta de classes, da mesma forma que não se questionava a ideologia

---

37. Boris Fausto, *Trabalho Urbano e Conflito Social,* p. 187.

do trabalho, como hoje fazem os operários não identificados com uma atividade totalmente mecanizada.[38] Tanto quanto marxistas e socialistas, os anarquistas participavam da crença no poder libertador da técnica, instituída pelo imaginário burguês. A questão da apropriação da fábrica e da reorganização do processo de produção referia-se à destruição das funções diretivas hierarquizadas, à supressão da diferenciação salarial e à transformação das condições materiais de trabalho.

Assim, os textos libertários relativos à máquina são apologéticos, apresentando-a como grande conquista da humanidade, a despeito de seus efeitos negativos para os trabalhadores. Mesmo quando, no ano de 1928, os operários da fábrica Mariângela realizam uma greve contra a introdução de teares automáticos, que dobrariam a quantidade de máquinas com as quais cada operária deveria lidar, nenhuma menção é feita ao progresso técnico ou à maquinaria em si. Apenas se questiona sua utilização social em detrimento do trabalhador.

Do mesmo modo, embora o taylorismo suscite uma forte resistência por parte do operariado em todos os países em que é introduzido, nos Estados Unidos, na França, na Itália, ou na Rússia, é contra sua apropriação pelos interesses particularistas de uma determinada classe social que se investe e não contra o sistema Taylor propriamente dito.

A mesma operação ideológica que dissocia técnica e política, meios e fins, recorrente no discurso de marxistas, anarquistas e socialistas em geral, em Lênin ou em Trotsky, reaparece no artigo do anarquista Florêncio de Carvalho, ao criticar a taylorização da produção no Brasil. Segundo ele:

---

38. Cornelius Castoriadis, "Technique".

A ciência a serviço do capitalismo favorece aos industriais e prejudica, em razão inversa, os trabalhadores. O operário em exercício nas fábricas ou oficinas é obrigado a empregar todas as suas faculdades e adquirir uma perícia superior para entregar-se ao torvelinho dos cilindros dos colossais aparelhos mecânicos, que se movem com velocidade elétrica [...]. Como se vê, a taylorização, a estandardização, a racionalização, vêm sendo, pelos chefes industriais, adotadas e aplicadas no que elas lhes oferecem de útil. Quanto à utilidade que possam oferecer aos trabalhadores, isso não lhes interessa, mesmo porque o mercado de braços e de inteligências está abarrotado e, desse produto, a natureza é assaz pródiga. (*A Plebe*, 13/03/1932.)

Também os anarquistas sonhavam com uma sociedade em que o desenvolvimento da tecnologia libertaria o homem do "reino da necessidade", permitindo uma vida mais livre e criativa, onde o trabalho seria transformado enquanto atividade de autocriação da humanidade.

Desde cedo, a evolução da tecnologia capitalista e sua aplicação no interior da produção orientaram-se no sentido de eliminar a interferência subjetiva do produtor direto, tornando os dominantes dependentes da técnica, mas não do homem. As resistências dos luditas à introdução dos novos maquinismos fabris, destruindo e incendiando fábricas, teares, aniquilando as inovações tecnológicas que substituíam seu saber-fazer tradicional, revelam até que ponto o desenvolvimento técnico contém, em sua própria lógica, o desejo patronal de dominação, que os primeiros operários fabris ingleses compreenderam nitidamente.

No Brasil, o anarquista Mota Assunção procurava dissuadir os tipógrafos, em 1909, da firme intenção de destruir os novos equipamentos mecânicos que o patrão pretendia introduzir. Argumentava que o processo de mecanização da indústria era irreversível, necessário e positivo, a despeito dos males imediatos que ocasionava. Em sua opinião, os tipógrafos não compreendiam este sinal dos tempos modernos, ao afirmarem em seu jornal *O Componedor*:

> que todas as desgraças dos tipógrafos eram devidas *à maldade de certos patrões e chefes* e, como exemplo, citava-se o dr. Edmundo Bittencourt, proprietário-diretor do *Correio da Manhã*, um dos últimos jornais a introduzir as máquinas. (*A Voz do Trabalhador*, 15/6/1909, grifos meus.)

II. A COLONIZAÇÃO DA MULHER

Aprisionado numa representação imaginária que o infantilizava, o trabalhador urbano se viu perseguido para além dos muros da fábrica, nos momentos de não trabalho. A imagem negativa de uma alteridade assustadora — o povo selvagem, incivilizado, bruto — suscitava inquietações e mal-estar nos setores mais privilegiados da sociedade, demandando um conhecimento minucioso do modo de vida que se configurava nos cortiços, favelas, botequins, parques e ruas, progressivamente invadidos por esta nova "espécie humana".

Mais do que o discernimento pelo olhar analítico e classificador de médicos, higienistas, criminologistas e inspetores públicos, é o desejo de eliminação da diferença, de normalização do Outro, que se coloca como motivação primeira das investidas do poder sobre a classe operária fora das fábricas. Na empresa de construção de um mundo à sua imagem, a domesticação do novo operariado implicou a imposição do modelo imaginário de família criado pela sociedade burguesa.

Instituir hábitos moralizados, costumes regrados, em contraposição às práticas populares promíscuas e anti-higiênicas observadas no interior da habitação operária, na lógica do poder significava revelar ao pobre o modelo de organização familiar a seguir. Nesta utopia reformadora, a superação da luta de classes passava pela desodorização do espaço privado do trabalhador de duplo modo:

tanto pela designação da forma da moradia popular, quanto pela higienização dos papéis sociais representados no interior do espaço doméstico que se pretendia fundar. A família nuclear, reservada, voltada sobre si mesma, instalada numa habitação aconchegante deveria exercer uma sedução no espírito do trabalhador, integrando-o ao universo dos valores dominantes.

A promoção de um novo modelo de feminilidade, a esposa-dona-de-casa-mãe-de-família, e uma preocupação especial com a infância, percebida como riqueza em potencial da nação, constituíram as peças mestras deste jogo de agenciamento das relações intrafamiliares. À mulher cabia, agora, atentar para os mínimos detalhes da vida cotidiana de cada um dos membros da família, vigiar seus horários, estar a par de todos os pequenos fatos do dia a dia, prevenir a emergência de qualquer sinal da doença ou do desvio. Complementarmente, a criança passou a ser considerada como ser especial, que requeria todos os cuidados dos médicos, novos aliados da mãe, não obstante sua ampla utilização nas camadas pobres da população, como força de trabalho industrial.

No campo dos dominados, também os anarquistas se preocuparam com a constituição de novas relações afetivas, com a fundação de um outro modo de organização familiar, com a emancipação da mulher e com a formação do homem novo, a partir de um projeto educacional próprio. Várias vozes se levantaram entre os libertários, defendendo os direitos da mulher, buscando conscientizá-la da importância de sua libertação numa sociedade machista e opressora, anunciando a possibilidade do amor livre, da maternidade voluntária, da igualdade de direitos entre os sexos, da eliminação da prostituição, a partir da construção de uma ordem social fundada na igualdade, na liberdade e na justiça social.

De volta ao lar

Frágil e soberana, abnegada e vigilante, um novo modelo normativo de mulher, elaborado desde meados do século XIX, prega novas formas de comportamento e de etiqueta, inicialmente às moças das famílias mais abastadas e paulatinamente às das classes trabalhadoras, exaltando as virtudes burguesas da laboriosidade, da castidade e do esforço individual. Por caminhos sofisticados e sinuosos se forja uma representação simbólica da mulher, a esposa-mãe-dona-de-casa, afetiva, mas assexuada, no momento mesmo em que as novas exigências da crescente urbanização e do desenvolvimento comercial e industrial que ocorrem nos principais centros do país solicitam sua presença no espaço público das ruas, das praças, dos acontecimentos da vida social, nos teatros, cafés, e exigem sua participação ativa no mundo do trabalho.

Às mulheres ricas, as exigências de um bom preparo e educação para o casamento, tanto quanto as preocupações estéticas, com a moda ou com a casa, reclamam sua frequência nos novos espaços da cidade, como nas escolas então criadas para os filhos das famílias abastadas. Desde 1870, por exemplo, fundava-se a Escola Americana, que daria origem ao Mackenzie College, onde uma pedagogia importada dos Estados Unidos oferecia cursos de cultura física e práticas esportivas às jovens.

Às mulheres pobres e miseráveis, as fábricas, os escritórios comerciais, os serviços em lojas, nas casas elegantes ou na Companhia Telefônica apareciam como alternativas possíveis e necessárias.

A invasão do cenário urbano pelas mulheres, no entanto, não traduz um abrandamento das exigências morais, como atesta a permanência de antigos tabus como o da virgindade. Ao contrário, quanto mais ela escapa da esfera privada da vida doméstica, tanto mais a sociedade burguesa lança sobre seus ombros o anátema do pecado, o sentimento de culpa diante do abandono do lar, dos filhos carentes, do marido extenuado pelas longas horas de trabalho. Todo um discurso moralista e filantrópico acena para ela, de vários pontos do social, com o perigo da prostituição e da perdição diante do menor deslize. Não é a mulher esta carne fraca, presa fácil das paixões, que sucumbe sem resistências ao olhar insistente ou aos galanteios envaidecedores do sedutor? Vários procedimentos estratégicos masculinos, acordos tácitos, segredos não confessados tentam impedir sua livre circulação nos espaços públicos ou a assimilação de práticas que o imaginário burguês situou nas fronteiras entre a liberdade e a interdição.

Também não se abrem amplas perspectivas profissionais para ela, como se poderia supor num primeiro momento. Afinal, a preocupação com sua educação visa prepará-la não para a vida profissional, mas sim para exercer sua função essencial: a carreira doméstica. Os conhecimentos que adquirisse deveriam, portanto, auxiliar a dissipar os antigos preconceitos que povoavam sua mente fraca e torná-la uma companhia mais agradável e interessante ao homem.

O movimento operário, por sua vez, liderado por homens, embora a classe operária do começo do século XX fosse constituída em grande parte por mulheres e crianças, atuou no sentido de fortalecer a intenção disciplinadora de deslocamento da mulher da esfera pública do trabalho e da vida social para o espaço privado do lar. Ao reproduzir a exigência burguesa de que a mulher operária correspondesse ao novo ideal feminino da mãe, "vigilante do lar", o movimento operário obstaculizou sua participação nas entidades de classe, nos sindicatos e no próprio espaço da produção, demandando seu retorno ao campo que o poder masculino

Do cabaré ao lar | 89

lhe circunscreveu: o espaço da atividade doméstica e o exercício da função sagrada da maternidade.[1]

Pouco importam os vários artigos que na imprensa operária cobram uma maior participação feminina nos movimentos reivindicativos da classe. Na prática, esses movimentos eram controlados por elementos do sexo masculino, que certamente tinham maior liberdade de circulação, maior acesso à informação e maior organização entre si. As mulheres deveriam participar enquanto filhas, esposas ou mães, isto é, na condição de subordinadas aos líderes. Na França, Madeleine Rebérioux registra o mesmo problema.[2] Ela explica a baixa taxa de sindicalização das operárias em comparação à dos homens, desde o final do século XIX, em parte pela falta de disponibilidade (afinal as trabalhadoras também são donas de casa e mães), mas também pela "dificuldade de penetrar no mundo masculino dos sindicatos, frequentemente dirigidos por operários qualificados mais ou menos hostis". Até 1935, a CGT francesa defendia que somente as viúvas e celibatárias deveriam trabalhar, pois "o homem deve alimentar a mulher", afirma Zeldin.[3]

Ao exigir o confinamento da mulher à esfera privada da vida doméstica, alienante e redentora, os militantes e trabalhadores em geral contribuíram para firmar sua própria posição social no processo produtivo, valorizando a força de trabalho masculina, qualificada ou não. Com muita frequência, as informações veiculadas pela imprensa operária testemunham a indignação e o sentimento de humilhação dos homens, quando substituídos pelas mulheres no processo de produção. *A Luta Proletária*, de 4/3/1908, afirmava:

---

1. Maria Valéria J. Pena, *Mulheres e Trabalhadoras. Presença Feminina na Constituição do Sistema Fabril.*
2. Madeleine Rebérioux, "L'ouvrière", p. 72.
3. Theodore Zeldin, *Histoire des Passions Françaises*, p. 402.

Convém notar que nesta fábrica (de fósforos, A Pauliceia) estão empregados meninos de 7 anos para cima e grande quantidade de mulheres. Os homens são ali muito poucos, pois são preferidas as mulheres e as crianças, que se sujeitam com mais facilidade a todas as ladroeiras.

Certamente, a construção de um modelo de mulher simbolizado pela mãe devotada e inteira sacrifício implicou sua completa desvalorização profissional, política e intelectual. Esta desvalorização é imensa porque parte do pressuposto de que a mulher em si não é nada, de que deve esquecer-se deliberadamente de si mesma e realizar-se através dos êxitos dos filhos e do marido. É claro que, em grande parte, este modelo vitoriano de comportamento feminino determinou suas opções e condutas. Mesmo porque até muito recentemente os cursos de especialização profissional, técnicos e universitários, estavam praticamente fechados às mulheres, destinadas às carreiras de professoras primárias, enfermeiras, no caso das que tinham algum acesso à instrução, e domésticas, operárias, costureiras, datilógrafas, telefonistas, nas camadas mais baixas. Em qualquer caso, o campo de atuação da mulher fora do lar circunscreveu-se ao de ajudante, assistente, ou seja, a uma função de subordinação a um chefe masculino em atividades que a colocaram desde sempre à margem de qualquer processo decisório. No caso da operária, mesmo num ramo em que sua participação era enorme, como o têxtil, "as alternativas de ocupação para os homens eram maiores".[4] Enquanto eles estavam presentes em quase todas as atividades ocupadas pelas mulheres, como a costura de sacos ou nas maçaroqueiras, vários trabalhos eram interditados a elas, principalmente os cargos de chefia.

---

4. Maria Alice Ribeiro, *Condições de trabalho nas indústrias têxteis paulistas*, p. 136.

As fábricas, esses lupanares...

À OPERÁRIA

Flor a se definhar nessa estufa doentia,
Onde impera o trabalho e reina a tirania,
Onde a fome voraz canta de sol a sol:
És pela Sociedade infame destinada
A sofrer, trabalhar e morrer estiolada
Sem veres da Alegria o primeiro arrebol...

Nessa furna sem ar e sem luz — a Oficina —
A sociedade vil, corruptora, assassina,
Com ferozes grilhões para sempre te prendeu.
E o atroz Capitalismo o teu suor devora,
Como a águia do Cáucaso estraçalhava outrora
A carne, a robustez do heroico Prometeu...

Para o mundo atual tu és unicamente
Fonte da exploração, máquina inconsciente
Que trabalha e procria o infeliz que amanhã
Irá minas cavar, servo do potentado,
Frequentar as prisões e hospitais... e embriagado
Morrer no leito infiel de imunda barregã...

Ó mulher infeliz, luta, trabalha, morre!
Mas o sangue, o suor que da tua fronte escorre
Vai formando esse mar de fúria e indignação
Em que há de submergir um dia o Despotismo
Que há de fazer nascer da lama deste abismo
Um mundo mais humano e sem falta de pão!...

Raimundo Reis

A poesia que *A Terra Livre* publica, em 15/6/1910, reflete a imagem feminina construída pelo imaginário operário: romântica, sensível, ingênua, explorada, a figura da mulher é associada à ideia da flor frágil e desamparada, vítima do capitalismo vil, corruptor e assassino, "máquina inconsciente" destinada a trabalhar e a procriar, ao contrário do homem, dotado de razão, símbolo da força e da coragem, princípio objetivo da humanidade, ativo e poderoso. No entanto, o futuro está contido em germe em seu corpo: é do seu sangue e suor que se formará um "mar de fúria e indignação", que fará submergir o atual sistema de exploração do trabalho numa lama abismal, da qual brotará o novo mundo. Como uma deusa todo-poderosa, a mulher, figura frágil e explorada, é, no entanto, o símbolo da anarquia, força que há de parir a nova sociedade, livre das misérias e das injustiças sociais.

Entretanto, enquanto seu papel de agente reprodutora é valorizado, a ela cabendo a missão sagrada de criar os futuros "servos do potentado", de enfrentar com resignação e paciência as agruras da miséria, apoiando moralmente o marido, aos homens cabe defendê-la e lutar pelos seus direitos, já que também politicamente elas são menos combativas, "máquinas inconscientes".

As denúncias que a imprensa operária publica sobre a exploração do trabalho da mulher apelam, em primeiro lugar, para o problema moral da sexualidade e para os obstáculos à realização da função materna. A fábrica, "furna sem ar e sem luz" da poesia de Raimundo Reis, emerge como lugar da prostituição, como o espaço onde a mulher, frágil e indefesa, corre o risco de corromper-se física e espiritualmente: o lugar do trabalho é a antítese do lar. Além disso, critica-se a ameaça sexual representada pela relação de dominação exercida pelo superior hierárquico:

> a que não se submete às exigências arbitrárias, não já do burguês [...] mas às dos capatazes, ao serviço dos mesmos senhores é desacreditada e maltratada por esses homens sem consciência, até o extremo de ter de optar entre a degradação e a morte. (*O Amigo do Povo*, 5/7/1902.)

Retratando a miserável situação das classes trabalhadoras na Inglaterra, Engels também mostrava como o trabalho feminino nas indústrias "desorganiza inevitavelmente a família, e esta desorganização tem, no estado atual desta sociedade assente na família, as consequências mais desmoralizantes, tanto para os pais quanto para os filhos".[5] O sistema fabril, para ele, impedia ainda que a mulher aprendesse os trabalhos domésticos e se tornasse uma boa dona de casa.

De modo geral, o discurso operário masculino fala da e para a mulher trabalhadora, definindo-a simbolicamente como "sexo frágil", física e moralmente, numa atitude paternalista que visa protegê-la contra os dom-juans das fábricas e conscientizá-la da importância de sua organização política. Nesse sentido, o movimento operário, mesmo o anarquista, atribui-se o direito de liderança sobre as mulheres, seja devido à sua "débil constituição física", seja devido à falta de combatividade que caracteriza a "natureza feminina". São constantes os artigos incitando as operárias a se sindicalizarem e a resistirem politicamente na luta contra os patrões, que "para elas só têm dois tratamentos: o vocabulário indecente e vil da taberna ou as delambidices rufianescas". (*A Terra Livre*, 13/10/1907.)

Estabelece-se então uma relação pedagógica, paternalista, de subordinação da mulher frente ao homem, exatamente como no interior do espaço doméstico. O pai, o marido, o líder devem ser obedecidos e respeitados pelas mulheres, incapazes de assumirem a direção de suas vidas individuais ou enquanto grupo social oprimido. Fenômeno que evidentemente não consideramos específico do movimento operário que se constitui no Brasil, nem desse momento histórico.[6] Não raro a figura da mulher aparece nesta linguagem associada à da criança, o que sugere o quanto ela é infantilizada

---

5. Friedrich Engels, *A Situação da Classe Trabalhadora em Inglaterra*, p. 190.
6. A respeito, ver Madeleine Rebérioux, "L'ouvrière"; J. Scott e L. Tilly, "Women's work and the family in nineteenth-century Europe".

através da imagem de desamparo, de incapacidade de pensar e de agir, espírito servil por natureza. As imagens da mãe-sacrifício e da criança-inocência completam-se numa mesma construção simbólica.

A preocupação dos jornais operários ao retratarem as condições de trabalho da mulher atém-se, portanto, ao aspecto moral da relação de dominação exercida no interior da fábrica. A mulher ingênua pede o socorro do militante masculino. Denunciando a exploração do trabalho feminino sempre sob o ângulo do atentado ao pudor, o discurso operário reforça a representação da fábrica como espaço pouco indicado para a delicada presença feminina e, deste modo, a intenção de preservação da mulher contra a imoralidade do processo de trabalho atua no sentido de defender o espaço masculino na produção e de valorizar a força de trabalho do homem. Por outro lado, pode-se pensar nestas construções do discurso anarquista como um *contrateatro operário* que, ao enfatizar os apelos da repressão machista dos dominantes, abre caminho para uma tomada de posição protetora da mulher: se a mulher deve ser a figura frágil como clama o discurso do poder, por que não tratá-la como tal? Por que patrões e contramestres não se relacionam com ela como uma figura delicada, materna e sensível?

Mesmo assim, o argumento mais frequentemente utilizado para demandar o retorno da operária ao lar reflete a preocupação com a valorização da força de trabalho masculina.

Discutindo sobre a substituição do homem pela mulher nas indústrias têxteis, um tecelão revoltava-se numa assembleia da UOFT:

> [...] nós não devemos ensinar (o trabalho) a essas mulheres que amanhã nos virão a substituir, mas devemos fazer-lhes compreender que o seu lugar é em casa, a tratar e educar seus filhos [...]; oxalá que elas saibam compreender seu *papel de educadoras* daqueles que amanhã serão os nossos substitutos na luta do pão e na conquista do bem-estar da humanidade, pois, assim, demons-

trarão à sociedade serem *as verdadeiras rainhas do lar; o papel de uma mãe não consiste em abandonar seus filhos em casa e ir para a fábrica trabalhar*, pois tal abandono origina muitas vezes consequências lamentáveis, quando melhor seria que *somente o homem procurasse produzir de forma a prover as necessidades do lar.* (*A Razão*, 29/7/1919, grifos meus.)

É compreensível, portanto, que na luta pela reivindicação dos direitos da mulher trabalhadora fossem colocadas em primeiro plano a proibição do trabalho noturno, considerado imoral para o sexo feminino, e a garantia da maternidade. Com relação à legislação trabalhista, a representação da mulher como ser frágil e naturalmente constituído para realizar a vocação de mãe sustentou práticas que buscaram o redirecionamento da mulher trabalhadora de volta ao lar. Assim, no debate que se estabelece na Câmara Federal sobre as condições do trabalho industrial da mulher e da criança, tendo em vista sua regulamentação e a elaboração da legislação social, em 1919, vários deputados colocaram-se contra o trabalho da mulher e das crianças, em defesa da moralidade familiar:

> Somos todos concordes em considerar que *o trabalho é o aviltamento e a escravidão da mulher*, porque é o fim da solidariedade conjugal, da família. *O verdadeiro reino da mulher é o lar.* Se ela o abandona, se ela não sabe aí servir ao homem e aos filhos, acabou-se o seu poder, foi-se a sua influência.[7]

Não é de admirar que as primeiras medidas da legislação referentes ao trabalho feminino tenham sido tomadas tendo em vista

---

7. Documentos Parlamentares, "Legislação Social", vol. I, p. 208, *in* Esmeralda Blanco B. Moura, *Mulheres e menores no trabalho industrial: Os fatores sexo e idade na dinâmica do capital*, p. 132, grifos meus.

sua função de reprodução e de "guardiã do lar". O Código Sanitário de 1919 proibia o trabalho de menores de catorze anos e o trabalho noturno para as mulheres, reivindicações incluídas nas demandas da greve de 1917. Em 1923, o Regulamento Nacional de Saúde Pública facilitava a licença-maternidade pelo prazo de trinta dias, antes e depois do parto, e propunha a criação de lugares apropriados para a amamentação nos locais de trabalho.

Assim, tanto na legislação trabalhista quanto no discurso operário, a mulher é pensada na linguagem romântica das classes dominantes, fundamentadas pelo saber médico, como encarnação das emoções, dos sentimentos, irracional, incapaz de resistir, mesmo que os documentos da época nos revelem que as mulheres tenham participado em peso das mobilizações políticas, que muitas tenham paralisado as fábricas, ou sido demitidas como "indesejáveis" segundo os patrões, acusadas de roubos, sabotagem ou boicote. Do mesmo modo que os industriais e os poderes públicos, o movimento operário participa do movimento que define o lugar da mulher na sociedade, privilegiando a esfera sagrada e privada do lar, construindo e impondo uma identidade que também as mulheres aceitaram ao interiorizarem a representação masculina e burguesa de sua figura. Aceitaram?

Desorganizada e difusa, a resistência feminina

Na verdade, se poucas mulheres se destacaram na atuação político-partidária ou sindical, como a socialista Ernestina Lesina, as militantes anarquistas Elisabeta Valentini e Elvira Boni, a escritora Maria Lacerda de Moura, ou a comunista Laura Brandão, não aceito o mito da passividade feminina nas lutas sociais e políticas do começo do século XX. Alguns estudos, aliás, vêm questionando estas construções mitológicas, que desqualificam a resistência das mulheres, tanto no âmbito do trabalho quanto em outros espaços de sociabilidade.[8]

Nesse período histórico, as dificuldades para se conhecerem as formas da resistência feminina às estratégias disciplinadoras exercidas no espaço produtivo ou no cotidiano da vida social advêm, num primeiro momento, da ausência de documentação disponível. Afinal, se as mulheres das classes mais favorecidas dispõem ainda da possibilidade de se exprimirem através de cartas, diários, artigos e livros, o mesmo não acontece com as de situação social inferior. Além disso, a imprensa operária estava totalmente nas mãos de elementos do sexo masculino. Assim, a história da participação das mulheres nas lutas sociais da época é sempre registrada sob um prisma masculino, o que certamente nos faz perder outros momentos desta atuação que escapam à lógica de ação política predominante, mesmo dos anarquistas que negam a constituição do partido político "revolucionário". Em 1901, por exemplo, explode uma greve na fábrica de tecidos Sant'Anna, situada no Brás, em que as operárias reclamam contra a introdução de uma nova tabela de remuneração por tarefa, que rebaixaria seu salário real e incitaria os operários a aumentarem a produção. O jornal socialista *Avanti* publica:

A NOSSA VITÓRIA

Mais de 700 mulheres, despreparadas, privadas da mais elementar organização, débeis e indefesas, na suprema reivindicação dos mais elementares direitos, encontraram energia para triunfar contra a prepotência do capitalismo esfaimador, na empenhada luta contra ele.[9]

---

8. Paula Beiguelman, *Os companheiros de São Paulo*; Maria Valéria Pena, *Mulheres e trabalhadoras: presença feminina na constituição do sistema fabril*; Maria Odila Silva Dias, *Cotidiano e poder em São Paulo no século XIX*; Míriam L. Moreira Leite, *Outra face do feminismo: Maria Lacerda de Moura*.

9. Paula Beiguelman, *Os Companheiros de São Paulo*, p. 23.

O discurso operário traduz a manifestação vitoriosa das mulheres enfatizando novamente sua fragilidade, incapacidade de mando e desorganização, o que contrasta com a própria notícia veiculada. Afinal, estas setecentas pobrezinhas totalmente "despreparadas" conseguem unir-se na luta contra o capital e serem vitoriosas.

Num proletariado constituído em grande parte pela força de trabalho feminina e infantil, a participação das mulheres nas mobilizações políticas do período foi imensa. Em outubro de 1902, as operárias da fábrica de tecidos Anhaia, no Bom Retiro, iniciam um movimento grevista contra os maus-tratos do mestre de teares, "cujas arbitrariedades variam culminando com a expulsão da jovem Emma Sartorelli, de 17 anos de idade e com 3 anos de serviço na fábrica". A despeito dos obstáculos impostos pelos pais, que pretendem deter o movimento, as operárias resistem até a vitória. Um mês depois, elas voltam à greve considerando que as exigências disciplinares não se haviam alterado. Em 8/12/1902, as operárias da fábrica de tecidos Sant'Anna, do Brás, protestam contra a multa imposta pela gerência à falta num dia determinado, que os operários consideravam santo. Vitória. Uma semana depois, um grupo de operárias da mesma fábrica exige a demissão de dois superiores hierárquicos e o patrão responde fechando a fábrica. A greve prossegue até janeiro de 1903. O *Correio Paulistano* noticia que, ao chegar ao largo do Brás, uma operária de 42 anos que trabalhava na fábrica

encontrou-se com uma grevista que a censurou acremente por ter ela voltado ao trabalho, traindo a causa das companheiras. Chegaram outras companheiras que a agrediram a bofetadas e cacete.[10]

Em 1908, as mulheres e crianças que trabalhavam na fábrica de tecidos Matarazzo também entram em greve "por causa do

---

10. *Ibidem*, pp. 29-30.

rebaixamento das suas tarifas de fome" (*La Battaglia*). Meses antes, eclodia a famosa greve das costureiras, segundo noticiava *A Terra Livre*, de 26/11/1907:

> Uma das classes mais ignominiosamente exploradas, a classe das costureiras de carregação, na sua quase totalidade de mulheres, agitam-se atualmente em São Paulo para arrancar um aumento de salário aos seus patrões. Estes, quase todos de nacionalidade estrangeira, sórdidos e exploradores em máximo grau, negaram-se a satisfazer o pedido das operárias. Estas declararam-se em greve imediatamente.

Em 1917, as mulheres iniciam o movimento grevista nas oficinas do Cotonifício Crespi: "Em todas as mobilizações, destacam-se as mulheres. Sua participação é notada, nos discursos de rua, nas reuniões da Liga Operária da Mooca. Quando o delegado do bairro do Brás intima grevistas a comparecer à Delegacia, nos primeiros dias da paralisação na fábrica Crespi, formam-se duas comissões — de homens e de mulheres — que são atendidas separadamente pelo delegado Bandeira de Mello", informa Boris Fausto.[11]

À medida que o movimento se alastra, ganhando a adesão de inúmeros operários, toda a vida comercial e industrial da cidade é paralisada: armazéns e padarias são assaltados, uma feira livre que se realiza no Bexiga é saqueada, crianças destroem os lampiões de iluminação das ruas, atacam bondes forçando os motorneiros a dirigirem-se pelos caminhos que escolhem. O jornal *O Estado de S. Paulo* noticia:

> o mais deplorável, é que um bando de mocinhas, infelizes operárias de fábricas, imitou o gesto da garotada, tomando conta de três elétricos no Largo da Sé (13/7/1917).

---

11. Boris Fausto, *Trabalho Urbano e Conflito Social*, pp. 194-6.

Acredito que mulheres que paralisam fábricas não poucas vezes, que se manifestam politicamente nas ruas da cidade, enfrentando a polícia armada, que ocupam bondes e esbofeteiam outras companheiras, cobrando uma solidariedade de classe, resistindo contra a exploração do capital pela ação direta, sejam menos dóceis, pacatas e submissas que o discurso masculino, patronal ou operário, afirmou.

Os jornais operários, sem dúvida, constroem duas imagens femininas que contrastam frontalmente. Uma mulher submissa que não sabe como lutar e, ao mesmo tempo, uma figura combativa que sai às ruas e enfrenta sem reservas as autoridades públicas e policiais. Este contraste sugere que, na maior parte das vezes, a resistência feminina exprimiu-se de maneira espontânea, difusa, não organizada, seja questionando diretamente a disciplina hierárquica no interior da produção, certamente mais pesada para a mulher do que para o homem, seja reivindicando melhores condições de trabalho.

Em geral, a recusa das mulheres em participar das organizações sindicais ou partidárias foi vista como inconsciência política, tanto pelos militantes quanto pela produção acadêmica, ao menos até muito recentemente. Talvez se possa indagar se esta atitude de descomprometimento com instituições políticas, controladas por figuras masculinas, não tenha significado uma certa compreensão dos obstáculos intransponíveis com que se defrontava a mulher, não só na fábrica, mas também na família. Quantos pais e maridos não impediram o envolvimento de suas esposas e filhas nas agitações políticas da época?

Por outro lado, a pequena participação das mulheres no interior das entidades de classe não deve obscurecer a percepção da ocorrência de outros momentos da resistência feminina, invisíveis para a lógica masculina da ação política. Penso, nesse sentido, nas lutas que representaram um questionamento prático das imposições que pesavam sobre a mulher, na própria definição de sua identidade e não apenas na condição de trabalhadora.

A este respeito, pesquisas atuais revelam dados desmistificadores da imagem romântica da mulher. Desde o início do século XIX, por exemplo, num período em que o casamento aparecia como uma das únicas opções de vida possíveis para as mulheres, elas foram as principais responsáveis por pedidos de anulação do matrimônio ou de divórcio. Várias substituíram os maridos ausentes ou falecidos na administração das fazendas, dos pequenos negócios e da própria casa, enfrentando todo tipo de pressões, insurgindo-se contra o pagamento de impostos, denunciando publicamente a elevação exagerada de preços de gêneros alimentícios, e assim por diante.[12]

Certamente podemos encontrar outras expressões das lutas de resistência feminina fora do campo minado da política institucional. Afinal, é sobre a questão moral que recai o maior peso da opressão sobre a mulher. A não amamentação, a prática do aborto, a contestação do papel da esposa-mãe-dona-de-casa podem ser pensadas como sinais de outro tipo de resistência social das mulheres.

Por outro lado, não se trata de querer recuperar uma imagem heroica da mulher, como figura combativa mas silenciada pelo discurso dos dominantes, uma vez que em grande parte ela também foi conivente com a construção, ou pelo menos com a aceitação da representação romântica da esposa-mãe-dona-de-casa. Não se trata também de revelar uma outra história, encoberta detrás das espessas brumas do discurso do poder, em que as mulheres operárias emergiriam como um movimento especificamente feminino, reivindicando seus direitos enquanto categoria marginalizada e oprimida. O que se coloca, a meu ver, é a necessidade de apreender

---

12. Eni Mesquita, *A Família Brasileira*; Maria Odila Silva Dias, *Cotidiano e Poder em São Paulo* no século XIX.

as diversas formas que a resistência feminina assumiu e, neste caso, especialmente no campo da moral. É nesta perspectiva que figuras como Maria Lacerda de Moura, como Pagu e tantas outras ilustres desconhecidas adquirem um destaque diferenciado.

O MITO DO AMOR MATERNO

Aos discursos masculinos e normativos dos poderes públicos, dos industriais e do movimento operário, que designam o lugar da mulher na sociedade e constroem sua identidade, vem acrescentar-se uma outra fala que, "científica", fornecerá todos os suportes teóricos de sustentação àqueles: *o discurso médico-sanitarista.*

É principalmente recorrendo ao problema do aleitamento materno natural e à condenação da amamentação mercenária que o poder médico formulará todo um discurso, a partir de meados do século XIX, de valorização do papel da mulher, representada pela figura da "guardiã do lar".[13] As várias teses de doutoramento defendidas na Faculdade de Medicina do Rio de Janeiro e da Bahia, desde meados do século XIX, procuram demonstrar a "missão sagrada" atribuída à mulher e sua "vocação natural" de procriação. Através de argumentos os mais variados, mas especialmente de cunho moral, este discurso pretende fundar um novo modelo normativo de feminilidade e convencer a mulher de que deve corresponder a ele. Na verdade, ela vai ser o centro de todo um esforço de propagação de um modelo imaginário de família, orientado para a intimidade do lar, onde devem ser cultivadas as virtudes burguesas.

No discurso médico, dois caminhos conduzirão a mulher ao território da vida doméstica: o instinto natural e o sentimento de sua responsabilidade na sociedade. Enquanto para o homem é designa-

---

13. Elizabeth Badinter, *L'Amour en Plus*, Paris: Flammarion, 1982. Em português: *Um amor conquistado.*

da a esfera pública do trabalho, para ela o espaço privilegiado para a realização de seus talentos será a esfera privada do lar. Tudo que ela tem a fazer é compreender a importância de sua missão de mãe, aceitar seu campo profissional: as tarefas domésticas, encarnando a esposa-dona-de-casa-mãe-de-família.

Tudo sugere que o destinatário inicial destas teses que criticavam a prática do aleitamento mercenário era as mulheres das famílias mais abastadas que possuíam escravas, empregadas também em função de amas de leite. O problema do abandono infantil era parcialmente explicado pelo desejo egoísta e narcisista de manter o corpo belo, de conservar a forma estética e pelo medo de perder o marido, a exemplo das aristocratas francesas. Na tese médica do dr. A. de Azevedo Borba Júnior por exemplo, denunciava-se entusiasticamente a recusa do aleitamento natural pelas mulheres ricas:

> Mulheres há que, gozando boa saúde, em boas circunstâncias de aleitar, levadas por sentimento de vaidade, para não perderem a elegância do seu talhe, a formosura dos seus seios, a frescura de suas faces, inebriadas pelos prazeres, com a única preocupação de se exibirem nos salões onde as sedas farfalham, onde as luzes derramadas pelos candelabros fazem brilhar as joias dos seus adornos [...] negam ao pequenino ser [...] o alimento de que ele tanto necessita. O aleitamento não altera a beleza [...].[14]

O motivo da prática da amamentação mercenária era buscado na vaidade da mulher e, se em alguns casos o médico apelava para as desvantagens advindas, neste procurava convencê-la dos benefícios resultantes do aleitamento natural para a estética. Assim, na medida em que o interlocutor do discurso médico é a mulher abastada, ele procura persuadi-la de que, ao contrário do que o sen-

---

14. A. de Azevedo Borba Júnior, *O aleitamento materno sob o ponto de vista médico-social*, p. 30.

so comum acredita, o aleitamento natural torna-a mais atraente e bonita e não deforma o corpo, já que faz parte da realização de sua própria natureza.

De modo geral, o grande argumento contra o aleitamento mercenário era a elevada taxa de mortalidade infantil e, nesse sentido, o poder médico criticava asperamente o comportamento das mães de todas as classes sociais que não amamentavam seus pobres filhinhos. Os médicos propunham, então, que as mulheres fossem convencidas de sua "vocação natural" para a maternidade e aconselhadas sobre os perigos que a criança alimentada fora do seio materno poderia sofrer. Ainda em 1927, o dr. Amarante, do Departamento Nacional de Saúde Pública, publicava o artigo "Cuidados com o lactante normal", no jornal *A Folha Médica*, em que desfilava uma série de atributos que tornariam o leite materno o principal alimento da criança, entre os quais sua própria composição química:

> É o leite materno um produto vivo, que contém fermentos solúveis ativos, verdadeiras vitaminas; além disso, encerra produtos endócrinos, como por exemplo os da tiroide, que agem como verdadeiros princípios hormônios [sic] da espécie. [...] É, pois, um alimento completo.[15]

A contínua condenação do aleitamento mercenário, se atentarmos para o número de teses e artigos médicos publicados desde o final do século XIX, persiste no seguinte, estendendo-se também aos setores sociais inferiores. Nestes, a necessidade do trabalho fora de casa constitui um obstáculo à realização da nova função de "guardiã do lar", exigindo que a mulher trabalhadora contrate uma nutriz para amamentar seu filho, ou que se empregue como tal. Inconformado, o dr. Pitágoras Barbosa Lima lastimava, em sua tese

---

15. João Amarante, "Cuidados com o lactante normal", in: *A folha médica*, 1/6/1927, p. 136.

apresentada à Faculdade de Medicina do Rio de Janeiro, em 1914, que esta "indústria" crescera muito, constituindo

> um abuso, pois, vemos mulheres, que podendo ser as próprias amas de seus filhos, vão entretanto buscar nutrizes mercenárias para amamentarem-nos [...].[16]

Chegando à conclusão da impossibilidade de erradicar definitivamente o "mal", diante da recusa tenaz das mulheres a seguirem seus "instintos naturais", o poder médico procura então garantir a alternativa de exercer um controle sobre ele, regulamentando a prática da amamentação mercenária:

> Está, portanto, demonstrado que o aleitamento mercenário não pode desaparecer da sociedade; o nosso dever agora é cercá-lo de toda a vigilância possível e para este fim toda a regulamentação ou fiscalização concernente a esta indústria deve visar às três pessoas nela interessadas mais diretamente: a nutriz, seu filho e o lactante, a quem ela vai amamentar.[17]

Concluía-se que a amamentação mercenária deveria ser fiscalizada rigorosamente pelos especialistas competentes: os médicos, higienistas, puericultores, pediatras, filantropos e administradores. Assim, as práticas sociais condenáveis deveriam ser enquadradas e vigiadas atentamente na impossibilidade de serem eliminadas.

O médico acima citado propunha ainda um "Projeto de Regulamentação do Serviço de Amas de Leite", composto por onze itens. O segundo determinava que a nutriz só poderia exercer esta função desde que fosse autorizada após exame realizado por um médico, que lhe forneceria um certificado e sem o qual seria multada.

---

16. Pitágoras B. Lima, *O aleitamento mercenário e sua fiscalização*, p. 52.
17. *Ibidem*, p. 52.

Embora o cerne da questão sobre o aleitamento mercenário fosse a mortalidade infantil elevada e a preocupação com a nova força de trabalho do país — problema econômico, portanto — é interessante observar que a discussão se trava muito mais com argumentos de cunho moral. O recurso à nutriz é apresentado, no discurso médico, como obstáculo à constituição da família moderna sadia, por contrariar os desígnios da própria natureza:

> O aleitamento mercenário entre nós é um cancro roedor de nossa fortuna em virtude do alto preço por que é hoje exercido, do nosso sossego no íntimo da família em razão da qualidade das pessoas que nele se empregam, e das inúmeras moléstias que afligem nossos filhos [...].[18]

O leite da nutriz, da escrava à ama de leite assalariada, aparece na representação médico-sanitarista como perigoso por ser portador de germes que afetarão o organismo da criança, debilitando-o, e também como ameaça de degeneração da família. O leite atua, então, como agente transmissor de doença. Mas a questão não é colocada apenas no sentido físico. Além da ameaça de contágio físico da criança amamentada pela nutriz, critica-se o aleitamento mercenário a partir de um ângulo moral: a nutriz surge neste discurso "científico" como pessoa de hábitos duvidosos, impregnada de vícios, como elemento estranho e pernicioso penetrando e destruindo a intimidade da família. Tanto quanto a escrava, a nutriz assalariada é condenada como portadora do vírus físico e moral da contaminação e possível desagregação da família. A partir desta figura da anormalidade é que se constrói a imagem da boa mãe; daí o papel moralizador da nova figura materna proposta pelo discurso médico como a "guardiã vigilante do lar".

---

18. A. Moncorvo Filho, *Histórico da proteção à infância no Brasil*, p. 69.

Na verdade, a discussão que se abre em torno do aleitamento mercenário, visando convencer a mulher da importância de seu cuidado direto e permanente com os filhos, constitui uma primeira brecha pela qual o poder médico penetra no interior da família, redefinindo os papéis de cada um.

O discurso masculino e moralizador dos médicos e sanitaristas procura persuadir "cientificamente" a mulher, tanto da classe alta como das camadas baixas, de sua tarefa natural de criação e de educação dos filhos. Além das teses publicadas e das campanhas empreendidas por higienistas, assistentes sociais, pedagogos e pediatras, o dr. Moncorvo Filho imagina a realização de um concurso que funcionaria como incentivo às mães pobres para amamentarem seus próprios filhos. Em 1902, este médico de renome, fundador do Instituto de Proteção e Assistência à Infância, no Rio de Janeiro, institui o "Concurso de Robustez", premiando as mães pobres que alimentassem naturalmente seus nenês até o sexto mês.[19]

Em 1909, o dr. Graziano, em sua tese sobre a *Mortalidade Infantil em São Paulo,* reclamava que só existia um serviço de exames das nutrizes, instalado na Diretoria do Serviço Sanitário, e a Gota de Leite, instituída na Policlínica de São Paulo desde 1905. Queixava-se de que no Departamento do Serviço Sanitário eram raras as amas de leite que se apresentavam, apesar de todos os esforços de conscientização que faziam, a exemplo da publicação de um boletim de "Conselho de mães", ou, no Rio de Janeiro, das inúmeras palestras que a equipe do dr. Moncorvo Filho realizava para as mães pobres.

A valorização do papel materno difundido pelo saber médico desde meados do século XIX procurava persuadir as mulheres de que o amor materno é um sentimento inato, puro e sagrado e de que a maternidade e a educação da criança realizam sua "vocação natural":

---

19. A. Moncorvo Filho, *Histórico da proteção à infância no Brasil,* p. 56.

A mulher que contrai casamento deve ser convencida das leis naturais e morais que obrigam-na a exercer o círculo completo das funções de mãe. Se a isto recusar é que há uma falsificação dos sentimentos contrariando as manifestações naturais e sacrificando o dever que é sacrificar a si, a prole e a humanidade [...].[20]

Assim, aquela que não preenchesse os requisitos estipulados pela natureza inscrevia-se no campo sombrio da anormalidade, do pecado e do crime. Não amamentar e não ser esposa e mãe significavam desobedecer à ordem natural das coisas, ao mesmo tempo que se punha em risco o futuro da nação.[21]

De um lado, expunham-se as recompensas da carreira do casamento e da maternidade: uma relação mais sólida entre os membros da família, o amor do marido, a mulher elevada à condição de figura central do seu território. De outro, as punições: sentimento de culpa, frustração, os castigos da natureza contrariada, os perigos físicos da não procriação ou da retenção do leite, no caso das mães etc.

A "nova mãe" passa a desempenhar um papel fundamental no nascimento da família nuclear moderna. Vigilante, atenta, soberana no seu espaço de atuação, ela se torna a responsável pela saúde das crianças e do marido, pela felicidade da família e pela higiene do lar, num momento em que cresce a obsessão contra os micróbios, a poeira, o lixo e tudo o que facilita a propagação das doenças

---

20. Vitorino Assunção, *Garantia sanitária da prole*, pp. 35-6.

21. Era o que acontecia nos países decadentes como o Brasil, segundo a crítica de Godofredo Barnley e Rodolfo Teófilo. Nas sociedades perfeitas que imaginaram no começo do século, em *São Paulo no Ano 2000*, escrito em 1909, ou em *O Reino de Kiato*, de 1922, respectivamente, ambos opunham à mulher vaidosa que se "masculiniza", ao penetrar nos espaços públicos assistindo às sessões científicas e literárias, "a mulher no lar, cuidando da educação dos filhos, da formação do caráter deles nos moldes da sã moral, da sua educação física". Esta prestava maior serviço à pátria cumprindo sua função natural do que "no parlamento ditando leis", pois "o exercício de profissões liberais está em completo desacordo com seu organismo". *In*: Teresinha A. Del Fiorentino, *Utopia e Realidade*, p. 64.

contagiosas. A casa é considerada o lugar privilegiado onde se forma o caráter das crianças, onde se adquirem os traços que definirão a conduta da nova força de trabalho do país. Daí, a enorme responsabilidade moral atribuída à mulher para o engrandecimento da nação.

Assim, o discurso médico concede-lhe uma autoridade na esfera doméstica que pretende quebrar o poder do pai, enquanto aquela que trabalha fora do lar é incumbida da atividade de civilização da classe operária: ela deverá impedir que o marido frequente o bar, que se embebede, que tenha más companhias e que todos fiquem na rua até tarde.[22]

Ao mesmo tempo, o recurso a uma linguagem mística para definir a função da nova mãe eleva-a ao nível da Santa Maria, enquanto a comparação com os animais pretende provar que o amor materno pertence à natureza das fêmeas:

> Se a natureza, oh! mulher,
> De ser mãe deu-te o prazer
> Segue a lei da natureza
> Cumpre de mãe o dever.
> ....
> Se os animais que não pensam
> Cumprem de mãe a missão
> Só não saberá ser mãe
> Tu que possues a razão?
>
> (Dr. T. Vianna)[23]

Para fundamentar a divulgação do mito do amor materno, o poder médico busca respaldo no conceito da nova mulher, definido,

---

22. J. Donzelot, *A Polícia das Famílias*.
23. *Apud* A. A. Borba Júnior, *O aleitamento materno sob o ponto de vista médico-social*.

entre outros, pelo teórico iluminista francês Jean-Jacques Rousseau. Juvenal M. das Neves, em sua tese de doutoramento sobre o aleitamento natural, artificial e misto, recorria ao filósofo das Luzes para informar suas conclusões:

> Um inconveniente que deveria desencorajar qualquer mulher sensível de fazer seu filho ser alimentado por outra é o de partilhar o direito de ser mãe ou, antes, de aliená-lo.[24]

O pensamento de Rousseau tem enorme influência entre os homens cultos do período, tanto na Europa como no Brasil. Suas ideias pedagógicas são difundidas e aceitas como referências paradigmáticas pelos médicos sanitaristas preocupados com a medicalização da sociedade.

No *Émile*, ao descrever o que entende por natureza feminina, Rousseau reproduz e aprofunda a representação burguesa da mulher, seguindo literalmente a ordem descrita no Gênese: Sofia, a companheira de Émile, só entra em cena depois que Rousseau modelou o homem e que este precisa de uma companhia. Ele é definido como forte, corajoso, ativo, inteligente, pensante, enquanto ela é naturalmente fraca, submissa, passiva, complemento masculino. A mulher é definida por aquilo que o homem não tem, em oposição a ele, como sua sombra. Daí, ao estabelecer como deve ser a boa educação da futura esposa e mãe, Rousseau acredita que a mulher não deve desviar-se do caminho já traçado pela natureza. Sofia deve aprender aquilo que convém à sua natureza predeterminada: desenhar, bordar, cozinhar, mas "não se meter nos negócios públicos", como diz Rousseau.[25]

---

24. Juvenal M. das Neves, "Aleitamento artificial, natural e mixto e particularmente do mercenário em relação às condições em que ele se acha no Rio de Janeiro", p. 10.
25. *Apud* Elizabeth Badinter, *Um amor conquistado*, p. 240; ver ainda Edward Shorter, *Naissance de la Familie Moderne*, p. 238.

Para formar esta personalidade submissa e alienada recomendada pelo filósofo iluminista, ela deveria viver enclausurada em seu ambiente natural, o lar, assim como uma freira que sabe se restringir ao convento. Como esta, a boa esposa-mãe exemplar deveria saber dirigir a casa e entender de sacrifício, de devoção, de compreensão e ternura. A maternidade, portanto, é concebida como sacerdócio, e as responsabilidades maternas serão ampliadas à medida que se procura limitar sua participação no mundo exterior. A proximidade do moralismo do discurso médico com o do filósofo francês, pelo qual é inspirado, evidencia-se quando ele pretende qualificar a função da mãe na tarefa da educação da criança:

> Quão nobre esta missão que exige o devotamento no mais alto grau; a paixão pelo lar; o sacrifício contínuo do seu bem-estar e o esquecimento dos prazeres para só se ocupar dos cuidados íntimos da casa, do amor e da educação dos seus filhinhos,

pregava o dr. Amarante em "Atividade mental da criança e a educação", artigo publicado em 1927, em *A Folha Médica*.

Identificada à religiosa ou mesmo considerada como santa, à imagem de Maria, a mãe será totalmente dessexualizada e purificada, ainda mais que, ao contrário, a mulher sensual, pecadora, e principalmente a prostituta, será associada à figura do mal, do pecado e de Eva, razão da perdição do homem. Assim, serão contrapostas no discurso burguês duas figuras femininas polarizadas mas complementares: a santa assexuada mas mãe, que deu origem ao homem salvador da humanidade, que padece no paraíso do lar e esquece-se abnegadamente dos prazeres da vida mundana, e a pecadora diabólica, que atrai para as seduções infernais do submundo os jovens e os maridos insatisfeitos. A primeira, toda alma e sacrifício — símbolo do bem; a segunda, exclusivamente carnal e egoísta — encarnação do mal. Ambas, no entanto, submissas, dependentes, porcelanas do homem, incapazes de pensarem racionalmente e, consequentemente, de dirigirem suas próprias vidas.

Na linha de raciocínio exposta por Rousseau no *Émile*, o discurso médico, tanto aqui quanto em países europeus, definirá as características essenciais da personalidade do menino e da menina indicando, juntamente com a pedagogia, qual educação mais se ajusta a cada um, de modo a não contrariar os preceitos da natureza já determinados. Segundo o dr. João Amarante, em artigo publicado pela *Folha Médica*, de 1/7/1927, sobre "A atividade mental da criança e a educação":

> Da menina, em sua simplicidade cândida, o observador encontra feita uma análise completa da sua alma: grande sensibilidade, emotividade, facilidade de chorar e de rir, timidez e... faceirice desde os 5 anos. Como é bem diferente o menino. Sua fisionomia, seu olhar mais vivo, sua voz mais forte acusam já o *caráter de mando* que lhe domina os atos. Enquanto a menina em tudo manifesta sua aspiração a ser a *rainha de um lar*, o menino sonha visivelmente com sua liberdade [...].

À menina são atribuídos qualificativos como passividade, docilidade, desejo de poder no lar, seu território natural, instinto de maternidade, romantismo, enquanto ao sexo masculino correspondem a vocação do poder, a capacidade de tomar iniciativas, a tenacidade, o desejo de liberdade e a racionalidade. A partir da constatação destes traços "inatos" da personalidade, instituídos pela representação burguesa dos sexos, o poder médico define as tarefas do educador: incutir no menino "o dever de obediência, respeito e amor", ou seja, discipliná-lo para cumprir o papel social que a sociedade burguesa lhe reserva. Além disso, os filhos deveriam ser educados pela mãe, no lar, com o auxílio indispensável do médico da família, cuja presença assídua preveniria as doenças físicas e os desvios morais.

Vale atentar para a maneira pela qual o discurso burguês, ao estabelecer uma rígida linha de demarcação entre os sexos, dessexualiza a mulher. Assim, na representação santificada da mãe-esposa-dona-de-casa, ordeira e higiênica, o aspecto sexual só aparece se associado à ideia de procriação. O direito ao prazer no ato sexual é reservado ao homem, enquanto a mulher deve manter sua castidade mesmo depois de casada. A ascensão da figura da mãe pregada pelo discurso burguês inibe a sexualidade conjugal: a mulher, destinada à carreira da maternidade, não pode procurar o prazer do coito, e a ideia do orgasmo materno se torna algo escandaloso ou mesmo impensável. Na verdade, a ciência médica e a psiquiatria posteriormente procurarão mostrar que o homem tem um desejo sexual mais forte do que a mulher por sua própria constituição biológica, o que por sua vez justifica a busca da prostituta pelo marido que respeita a esposa, mas que precisa reafirmar cotidianamente sua virilidade. A influência do padre, multiplicando as interdições sobre o sexo conjugal, reforça este modelo de casal que permanece inquestionável até a década de 1960.[26]

Não é de se estranhar que, ao estudar *O Onanismo na Mulher e suas Influências Sobre o Físico e o Moral* (1886), o dr. A. D'Almeida Camilo apresente a masturbação feminina como um "terrível vício", e que encontre a causa desta prática condenável na ociosidade da mulher rica,

> que deixa a direção da casa entregue a seus fâmulos, ficando na inatividade, (e) revolve em seu espírito tudo que a imaginação pode oferecer de belo e fictício, dispondo assim de tempo supérfluo para a libertinagem solitária.

---

26. Michel Foucault discute o processo pelo qual o corpo e o sexo da mulher foram patologizados desde o século XVIII pelo saber médico e posteriormente pela psiquiatria. In: *História da Sexualidade. I.* Ver também Carl Degler, "What ought to be and what was: women's sexuality in the nineteenth century".

Evidentemente, as consequências da prática da masturbação feminina, clitoriana ou vulvovaginal, não poderiam ser menos destrutivas, tanto para o organismo quanto para o espírito: distúrbios digestivos, disfunções do aparelho circulatório e respiratório, rouquidão, tosse, ansiedade torácica, falta de desenvolvimento do tórax, até histeria, epilepsia, insônia, loucura, hipocondria eram apresentados como fantasmas físicos da "doença". Diagnosticado o problema, seguem-se as indicações de prevenção ou cura. No primeiro caso, desde pequena a criança deveria ser impedida de tocar em seus órgãos genitais ou de ser tocada, deveria evitar alimentos fortes e "bebidas espirituosas"; em compensação, deveria habituar-se aos esportes, como a natação, ginásticas etc., exercícios que não lhe deixariam muito tempo livre e, finalmente, deveria ser *vigiada* em todos os lugares por onde circulasse, assim como suas companhias, deitar exausta de cansaço e levantar bem cedo "de modo a combater a moleza".

Sequestro da sexualidade insubmissa

> [...] que possamos, de qualquer maneira, estar ao mesmo tempo em toda a parte [...].
>
> Parent-Duchâtelet

Mulheres de má vida, meretrizes insubmissas, impuras, insignificantes, o que fazer com essas loucas que recusam o aconchego do casamento, que negam a importância do lar e preferem circular enfeitadas pelas ruas, desnudando partes íntimas do corpo, exalando perfumes fortes e extravagantes, provocando tumultos e escândalos, subversivas que rejeitam o mundo edificante do trabalho, surdas aos discursos masculinos moralizadores e que perseguem a todo o custo a satisfação do prazer?

Assim como a masturbação, a prostituição é classificada pelo saber médico e criminológico como "vício", "fermento corrosivo lançado no grêmio social", que tende a alastrar-se e a corromper todo o corpo social. "A tendência natural do vício é de alastrar-se n'um *crescendo* que tudo levará de vencida, se não se lhe opuser uma barreira, que contenha os seus ímpetos", afirmava enfaticamente em São Paulo o secretário de polícia Cândido Motta, em 1897.[27]

Como energia natural e selvagem irrompendo das profundezas do social, a prostituição deveria ser represada para que não transbordasse em práticas condenáveis, desconhecidas e clandestinas.

Alexandre Parent-Duchâtelet é a influência predominante no meio médico-sanitarista e entre a polícia de costumes brasileira, preocupada em conhecer de forma minuciosa e controlar rigidamente a vida cotidiana das prostitutas.

Herdeiro da tradição agostiniana, este médico francês, especialista em esgotos e na higienização da cidade de Paris, identifica a prostituição às imundícies do submundo e reflete a nova obsessão com os miasmas e com o lixo, que apavoram as classes dominantes. Defensor ardente do projeto "regulamentarista" aplicado na França desde inícios do século XIX, realiza um minucioso estudo sobre as origens da prostituição, a vida cotidiana das meretrizes, faz um levantamento estatístico de sua proveniência, idade, estado civil, profissão, hábitos, clientela, e preconiza as formas de controle das condutas sexuais extraconjugais, confinadas nas casas de tolerância e nos bordéis registrados pela polícia. Em vários países da Europa, sua influência permanece incólume até o final do século XIX, quando os "abolicionistas", juntamente com outros grupos radicais, questionam o enclausuramento da "sexualidade vagabunda". Não obstante, também no Brasil, sua principal obra, *La Prostitution à*

---

27. Cândido Motta, *Prostituição, Polícia de Costumes, Lenocínio.*

Paris au XIXème Siècle, concluída em 1836, tem larga difusão entre os "especialistas" da prostituição e das práticas sexuais "perigosas", mesmo depois de criticada em seu país de origem.[28]

Seguindo seus passos, os médicos sanitaristas brasileiros invadem o submundo da prostituição, classificam as mulheres "degeneradas", investigam seus hábitos e gostos, diagnosticam suas doenças, procurando acumular todo um conhecimento sobre a mulher pública e difundir o estereótipo da puta, a partir do qual elas serão situadas para fora do campo da normalidade sexual e social. Nos laboratórios de estudo em que são transformados os bordéis, os hospitais e as prisões das "perdidas", elaboram-se simultaneamente técnicas de saber e estratégias de poder destinadas a enclausurar e a domesticar as práticas sexuais extraconjugais.

Recorrendo aos mesmos argumentos moralistas de Parent-Duchâtelet, o médico F. Ferraz de Macedo, em sua tese de doutoramento sobre a prostituição no Rio de Janeiro, de 1873, conclui que, entre as várias causas que favorecem a prostituição pública, destacam-se: a ociosidade, a preguiça, o desejo desmesurado de prazer, o amor ao luxo, a miséria financeira, que leva a mulher a buscar recursos próprios fora do lar, o desprezo pela religião, a falta de educação moral e principalmente o temperamento erótico da mulher. Além disso, acrescenta, os bailes populares e as folias carnavalescas criam condições especiais para a emergência de práticas devassas e pervertidas. Principalmente numa cidade quente e úmida, como o Rio de Janeiro, onde predomina "o temperamento nervoso de seus filhos", "cujo produto é nada menos do que uma imaginação ardente — são poetas, romancistas, phantasmagóricos etc."[29]

As inúmeras teses que, como esta, estudam o fenômeno da prostituição, tendo em vista combater a propagação da sífilis e das

---

28. A. Parent-Duchâtelet, *La Prostitution à Paris au XIXème siècle*; A. Corbin, *Les Filles de Noce*.
29. F. Ferraz de Macedo, *Da Prostituição*.

doenças venéreas, repetem os mesmos argumentos e a mesma metodologia dos regulamentaristas franceses.

Assim, é em nome da luta contra o "perigo venéreo", em defesa da saúde da população e da preservação da espécie, que se estuda e medicaliza a sexualidade da mulher, que se aborda o problema da prostituição e que se instituem os padrões de comportamento da mulher honesta e casta e da vagabunda. Através de estatísticas realizadas com o apoio da polícia, estes estudos procuram mostrar que a grande maioria das prostitutas provém das camadas mais pobres da população, especialmente das "não casadas das classes proletárias", na expressão de J. B. Leme, que exerciam anteriormente atividades de floristas, costureiras, operárias, domésticas, artistas de teatro, entre outras.[30]

Evidentemente, a mulher pobre que se prostitui é associada à imagem da criança ou do selvagem que necessita dos cuidados do Estado e das classes dominantes na condução de sua vida. Imatura, ela é uma pessoa desorientada que se perdeu na vida e que precisa dos socorros dos especialistas para reencontrar o bom caminho e reintegrar-se na sociedade. Conclusão paradoxal, já que a prostituta não é uma criminosa que deve arrepender-se e retornar à normalidade, pois "a prostituição numa cidade, numa vila, em qualquer lugar de certo movimento, é uma necessidade vital, torna-se uma válvula de segurança social, com especialidade, coibindo vícios no elemento púbere varonil e mantendo um certo e determinado equilíbrio na ação popular da localidade", como afirmava o dr. Simões da Silva em seu trabalho sobre a *Fiscalização da Prostituição no Brasil em Favor da Infância*, de 1924.

Já o dr. F. Ferraz de Macedo em sua tese chega mesmo a construir um "mapa classificativo" da prostituição na cidade do Rio de Janeiro,

---

30. J. B. Leme, *O Problema Venéreo*, p. 74.

segundo o qual as meretrizes são divididas e subdivididas em classes, gêneros e espécies, a exemplo das borboletas e mariposas:

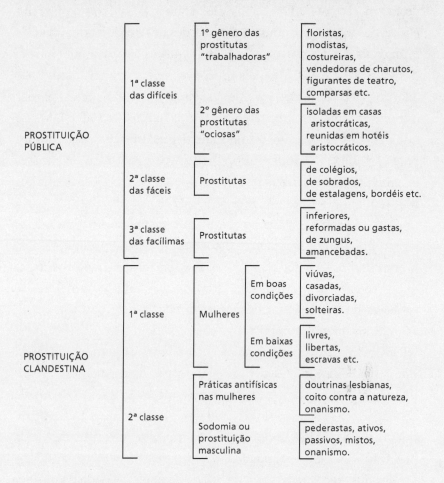

A partir deste quadro, o saber médico caracteriza as prostitutas catalogadas nos vários itens. Assim, as mulheres públicas do primeiro gênero da primeira classe, isto é, as putas trabalhadoras (floristas, modistas etc.) têm traços comuns como o tipo de roupa, a habitação, os costumes, as horas de trânsito, "o modo de se renderem, o modo de expressão (voz, estilo, termos, gestos etc.) [...]"; as do segundo gênero da primeira classe, as prostitutas "ociosas", vivem isoladas em casas aristocráticas, possuem "grande cópia de intimidades e relações escolhidas do sexo masculino. Bom número destas meretrizes é fornecido pelos teatros [...]". Já as da terceira classe, das facílimas, "cuidam das paredes dos quartos com quadros e imagens de diversos santos!", enquanto as prostitutas reformadas vivem em casas "de mais grosseiro aspecto e mais despida de adornos [...]. Geralmente as donas destas casas são pretas, pardas livres e libertas, mas todas gastas na idade e no vício [...]". Mas o que ele considera como o tipo mais degradante de habitação das putas é o *zungu*, "habitação sombria, verdadeiro antro de paredes enegrecidas pela fumaça de fogareiros e nauseabundos cachimbos dos frequentadores e habitantes [...]".

Os sanitaristas brasileiros retomam o perfil da prostituta desenhado por Parent-Duchâtelet e sucessivamente reproduzido pela literatura prostitucional. Este modelo imaginário de prostituta, que teve aceitação universal, determinou o comportamento das próprias mulheres identificadas com esta condição. Além disso, ao referenciar seu comportamento, o modelo da mundana construído pelo médico francês fortaleceu ao mesmo tempo o ideal da mulher honesta, mãe dedicada e submissa, na medida em que se diferenciava do contratipo repelente da meretriz. Afinal, a dona de casa agarrou-se ao modelo da mulher casta tanto mais firmemente quanto ele se distinguia do modelo da "mulher da vida", símbolo da perdição e da monstruosidade.

Um dos traços mais característicos da personalidade da mulher pública, na visão dos médicos, é a *preguiça*, a aversão ao trabalho e a perseguição desenfreada do prazer. A prostituta é aquela que, ao contrário da mulher honesta e pura, vive em função da satisfação de seus desejos libidinosos e devassos. Ela "tem um andar, um sorriso, um olhar, uma atitude que lhe são próprios; é preguiçosa, mentirosa, depravada, extremamente simpática ao álcool, despreocupada do futuro, e muitas vezes destituída de senso moral". Antítese da esposa honesta, a mulher da vida tem um "apetite sexual exaltado, [...] inato e incontido, que leva a precocidades, por vezes fantásticas, na prática de perversões ou mesmo do coito". É burra e ignorante: "Limitadíssimos são os seus recursos intelectuais, raríssimas mulheres poderiam sustentar uma conversação em que seja necessário o manejo do raciocínio ou pequena contribuição lógica [...]." Leviana, inconstante, volúvel, irregular, adora o movimento, a agitação e a turbulência: "poucas há que persistam num mesmo domicílio durante o espaço de um ano." Instável física e espiritualmente: "Variáveis de opiniões, incapazes de seguir um assunto até o fim, levianas, exaltadas, irritáveis, e muitas vezes insolentes." A puta é aquela que, gulosa e incontrolável, adora os excessos: de álcool, de fumo, de sexo.

Suas atividades, quando estão sozinhas, são fúteis e banais: "entregam-se à calaçaria [*sic*], ao sono, a conversações fúteis ou de um alcance limitado unicamente às virtudes, vícios, ou defeitos das colegas e de seus amantes ou frequentadores; outras vezes fumam, jogam, brincam, berram, cantam, dançam e concluem paramentando-se." As "aristocráticas" acordam tarde e passam o dia arrumando-se, embonecando-se, algumas vezes passeiam de carro ou ficam na janela. Sempre usam falsos nomes e adoram flores e animais. Mas chegam a ter boas qualidades: "O sentimento de caridade não só para as colegas como para o próximo é uma das virtudes mais salientes das prostitutas." Estão sempre dispostas a se socorrerem nas horas de infortúnio, são carinhosas quando encontram pessoas infelizes e carentes, mas "nunca essa virtude é fixa nelas".

Ao contrário do que afirma Parent-Duchâtelet a respeito da puta parisiense, para nossos médicos as prostitutas brasileiras não são "excelentes mães", pois preferem abortar a ter seu corpo deformado pela gravidez.

Quanto aos relacionamentos afetivos, as prostitutas sempre têm amantes, sejam fixos ou eventuais. Em geral, apaixonam-se por rapazes de famílias abastadas que buscam aventuras e querem dar vazão aos seus desejos libidinosos. Já os amantes "persistentes" podem ser do sexo masculino ou feminino. Frequentemente, estes "rufiões" são sustentados pelas mulheres da vida apenas para lhes fazerem companhia quando vão às compras, ao teatro, aos bares ou bailes. Costumam bater nas amantes, que, aliás, só exploram e não amam, e amontoam-se nos cafés, nos botequins e bilhares.

Assim, o retrato da mulher pública é construído em oposição ao da mulher honesta, casada e boa mãe, laboriosa, fiel e dessexualizada. A prostituta construída pelo discurso médico simboliza a negação dos valores dominantes, "pária da sociedade" que ameaça subverter a boa ordem do mundo masculino. Seu objetivo principal é a satisfação do prazer e, nesta lógica, prazer e trabalho são categorias antinômicas. Por isso, ela deve ser enclausurada nas casas de tolerância ou nos bordéis, espaços higiênicos de confinamento da sexualidade extraconjugal, regulamentados e vigiados pela polícia e pelas autoridades médicas e sanitárias.

Vale lembrar que primado do instinto natural se sobrepõe ao da miséria econômica na explicação das causas do fenômeno da prostituição. À medida que se elabora o conceito de higiene social, a teoria da prostituição inata e hereditária ganha cada vez maior número de adeptos e só é contestada pelos grupos anarquistas, no Brasil e na Europa. São também inúmeros os estudos que pretendem provar através da antropologia criminal que as prostitutas, assim com os criminosos e anarquistas, possuem uma configuração do cérebro diferente e alguns sinais orgânicos que as distinguem da maioria das pessoas normais.

Apoiando-se em Lombroso, para quem as prostitutas se caracterizam por sua fraca capacidade craniana e por mandíbulas bem mais pesadas que as das mulheres honestas, o delegado de polícia Cândido Motta procurava provar as semelhanças da constituição física dos criminosos natos e dos anarquistas, comparando os crânios de Ravachol, conhecido anarquista francês, e S. Anna Leão, assassino espanhol:

> Ravachol, diz Lombroso, apresenta o tipo mais completo do criminoso nato não só na face mas no hábito do crime, no prazer do mal, na ausência completa do senso ético, no ódio que ostenta pela família, na indiferença pela vida humana. O que dá logo na vista, ao contemplar-se a fisionomia de Ravachol, é a brutalidade. A face que apresenta uma assimetria pronunciadíssima distingue-se por uma enorme stenocrataphia, e exagero das arcadas superciliares, pelo nariz muito desviado para a direita, orelhas em asa e colocadas em nível diferente, enfim pela mandíbula inferior enorme, quadrada e saliente completando nesta cabeça os caracteres típicos do delinquente nato.
>
> É justamente o que se nota em S. Anna Leão. É o tipo genuíno de criminoso nato. As mesmas assimetrias notadas no primeiro encontram-se neste [...].[31]

A mesma tensão que percorre o discurso médico e criminológico sobre a prostituição reaparece quando se enfrentam os temas da criminalidade ou do "perigo" apresentado pela violência das classes trabalhadoras. Nesse sentido, a ameaça do perigo biológico é identificada à ameaça social representada por classes inferiores e incivilizadas, que os dominantes acreditam dever conter. Os programas de eugenia, que se desenvolvem na segunda metade do século XIX na Europa, e nas primeiras décadas do século XX no Brasil, visam gerir as relações sexuais e sociais que se estabelecem nas diversas classes sociais.

---

31. Cândido Motta, *Classificação dos Criminosos.*

DO CABARÉ AO LAR

Inspirados nos métodos da sociologia empirista e impulsionados pela ideia sanitarista, os médicos ligados aos órgãos públicos de controle da saúde da população preocupam-se com a vigilância e o controle da prostituição, necessária porém perigosa. Não só o sexo pode ser afetado por suas próprias doenças, como pode transmitir outras. Por isso, precisa ser administrado pelos especialistas autorizados. O sistema regulamentarista de domesticação das práticas sexuais criado na França aparece, num primeiro momento, como exemplo a ser seguido no Brasil.

Este projeto visa definir uma nova economia do sexo, disciplinando a prostituição de modo a impedir que se manifestem formas aberrantes de comportamento sexual. Pretende, então, estabelecer uma linha divisória nítida entre a prostituição institucionalizada e tolerada e a clandestina, que deveria ser eliminada. O ideal de puta para os regulamentaristas é a mulher recatada e dessexualizada, que cumpre seus deveres profissionais, mas sem sentir prazer e sem gostar de sua atividade sexual.

As casas de tolerância e os bordéis deveriam ser registrados na polícia, vigiados pela administração e pelas autoridades sanitárias. Estas estabeleceriam contatos estreitos com as donas dos bordéis, que, por sua vez, deveriam ser pessoas respeitadas e temidas por suas afilhadas. O bordel deveria ser o anticortiço, o oposto do que representava a casa de prostituição clandestina, refletindo à sua maneira *a intimidade conjugal burguesa*. A política de costumes proibia aí qualquer prática de sexo grupal ou homossexual, muito embora estas interdições não fossem muito respeitadas.

Além de confinar as prostitutas dentro de espaços especiais, vigiados e marginalizados, os regulamentaristas defendiam que estes estivessem localizados em bairros distantes das escolas, das igrejas, dos internatos e dos bairros residenciais. As meretrizes deveriam ter poucas permissões de saída e ainda deveriam receber as visitas sanitárias em domicílio várias vezes por semana. Obrigatoriamente registradas na polícia, deveriam ser portadoras de uma carteira sanitária de identificação pela qual seriam constrangidas a passar por um exame periódico, a exemplo do que se praticava na França e em outros países da Europa. Esta carteira conteria seus dados pessoais, nome real, idade, profissão atual ou anterior, naturalidade, estado civil. No caso de serem vítimas de alguma moléstia, receberiam tratamento adequado, e as que não se submetessem aos exames médicos obrigatórios seriam multadas. Os regulamentaristas defendiam ainda a marginalização e o tratamento obrigatório de todas as prostitutas que fossem encontradas doentes.

Sabe-se que o projeto regulamentarista, introduzido na França no século XIX, apesar dos adeptos veementes e de sua obsessão frente à ameaça da prostituição, fracassou e foi violentamente contestado pela campanha abolicionista levada a efeito no último quarto do século. No Brasil, o mesmo processo parece ocorrer se levarmos em conta o atual estado da prostituição no país e as frequentes denúncias de invasão das ruas e passeios pelas mulheres públicas, ou ainda as críticas de médicos que se insurgiam contra aquele sistema e defendiam o abolicionismo.

A prostituição pública suscitou desde o final do século XIX a intervenção das autoridades policiais, como forma de reprimir e de "prevenir toda ofensa à moral e aos bons costumes", como dizia o delegado Cândido Motta. Com esta intenção disciplinar, é estabelecido um regulamento provisório às meretrizes em 1897, destinado a controlar o exercício de sua profissão. Dizia este:

a) Que não são permitidos os hotéis ou conventilhos, podendo as mulheres públicas viver unicamente em domicílio particular, em número nunca excedente a três.

b) As janelas de suas casas deverão ser guarnecidas, por dentro de cortinas duplas e por fora de persianas.

c) Não é permitido chamar ou provocar os transeuntes por gestos e palavras e entabular conversação com os mesmos.

DO CABARÉ AO LAR | 125

d) Das 6 horas da tarde às 6 horas da manhã nos meses de abril a setembro, inclusive, e das 7 horas da tarde às 7 horas da manhã nos demais deverão ter as persianas fechadas, de modo aos transeuntes não devassarem o interior das casas, não lhes sendo permitido conservarem-se às portas.

e) Deverão guardar toda decência no trajar uma vez que se apresentem às janelas ou saiam à rua, para o que deverão usar de vestuários que resguardem completamente o corpo e o busto.

f) Nos teatros e divertimentos públicos que frequentarem deverão guardar todo recato, não lhes sendo permitido entabular conversação com homens nos corredores ou nos lugares em que possam ser observados pelo público.[32]

O medo obsessivo dos regulamentaristas diante do "aliciamento" dos transeuntes feito pelas prostitutas explica as interdições contidas nos itens *c* e *d*. Na verdade, tenta-se impor-lhes um modo de vida rígido e conventual, em que todos os horários, gestos, hábitos e maneiras de vestir sejam calculados e controlados. A prostituta e a casa de tolerância deveriam ser totalmente transparentes à vigilância panótica da polícia de costumes e da polícia médica. E, sobretudo, o modelo da intimidade burguesa deveria prevalecer no interior dos bordéis.

Muitas vezes, no entanto, a repressão policial utilizou-se da violência física contra as prostitutas e homossexuais. Jacob Penteado recorda que frequentemente a polícia prendia as prostitutas do Brás que, quando não levavam uma surra, recebiam uma ducha de água fria e tinham suas cabeças totalmente raspadas. As resistências também se faziam sentir:

---

32. Cândido Motta, *Classificação dos Criminosos*, pp. 8-9.

Vingavam-se, porém, do delegado Bandeira de Mello, cantando:
"O Dotô Bandaio de Merda é home muito canaia.
Pega cabeça de nega e manda rapá a navaia!"[33]

Procedimento que, aliás, prossegue nos dias de hoje. Apesar de os regulamentos da polícia de costumes visarem às prostitutas de todas as classes sociais, na prática eles incidem mais severamente sobre a prostituição clandestina popular.

As críticas que vários setores da sociedade dirigem ao sistema regulamentarista de controle da prostituição avolumam-se na década de 1920, no Brasil. Segundo a nova corrente que passa a predominar principalmente nos meios médicos — o abolicionismo —, tal como ocorrera anteriormente em outros países europeus, o antigo método de vigilância da prostituição comportava inúmeras falhas: em primeiro lugar, visava apenas à mulher, perseguindo-a por um tipo de relação em que o homem também estava envolvido. Ela era sequestrada e confinada em casas isoladas e especiais, fichada na polícia como prostituta profissional, vigiada severamente pela polícia e pelos médicos, acusada de ser transmissora de sífilis e de outras doenças venéreas, sofrendo sozinha toda a repressão de práticas intoleráveis para a sociedade, enquanto o homem ficava isento de qualquer responsabilidade. Além disso, o resultado do sistema regulamentarista então adotado foi o oposto do que se propusera: a prostituição clandestina aumentara a olhos vistos, tanto aqui quanto em outros países. As prostitutas inscritas fugiam quando estavam doentes em vez de se apresentarem às visitas sanitárias, tornando-se clandestinas.

Mas o ponto sobre o qual incidia mais vigorosamente a crítica abolicionista aos regulamentaristas era que o registro legal das

---

33. Jacob Penteado, *Memórias de um Postalista*, p. 56.

prostitutas prendia-as e impedia sua possível recuperação. A polícia de costumes era vista como uma máquina que transformava "putas ocasionais" em "putas eternas": a prostituta inscrita acaba se tornando uma prisioneira perpétua da polícia.[34]

Ao contrário dos regulamentaristas, os abolicionistas recusavam a legalização da prostituição, pois viam neste ato uma medida de repressão e de controle sobre as mulheres públicas. O objetivo dos abolicionistas não era, no entanto, a eliminação da prostituição, que também consideravam necessária, mas a libertação das prostitutas das garras da polícia, que exercia sobre elas um poder arbitrário e violento, e a destruição de um sistema que as marginalizava e violava o direito de liberdade individual. No entanto, se por um lado os abolicionistas defendiam pontos como a liberdade individual, os direitos do homem, o fim da intervenção do Estado nas relações pessoais, por outro a campanha abolicionista era levada em nome da decência da família, das ruas e da salvação do casamento. Evidentemente, não há nenhuma apologia do prazer.

Outros alvos de ataque dos médicos abolicionistas, como o dr. Flávio Goulart, referiam-se às visitas sanitárias forçadas e muito rápidas que não permitiam diagnosticar seguramente a sífilis; à brevidade dos tratamentos; ao medo do internamento nos hospitais, levando as prostitutas a fugirem ou a usarem de "diversos truques para dificultar o exame". Segundo eles, a administração pública deveria oferecer tratamento gratuito às meretrizes e aos indigentes nos dispensários estabelecidos pela saúde pública. No caso dos que abandonassem o tratamento, deveriam ser enviadas cartas que advertissem contra os possíveis perigos resultantes.

No entanto, apesar do discurso liberal dos abolicionistas, vale lembrar que é em nome da moralização das condutas, da repressão

---

34. Flávio Goulart, *Profilaxia da Sífilis*, p. 43.

dos instintos e do controle das pulsões que eles batalham e nisso distinguem-se radicalmente dos anarquistas.

OS ANARQUISTAS E O CAMPO DA MORAL

> "A vida não cabe dentro de um programa..."
>
> M. Lacerda de Moura

Creio que não se pode afirmar tranquilamente a existência de uma unidade absoluta de opiniões entre os anarquistas a respeito de questões como a nova família, a emancipação da mulher, o amor livre, o direito ao prazer, que constituem o campo da moral. No entanto, apesar da abundância de reflexões individuais sobre estes temas, entre outros, tento delinear os contornos de um projeto libertário relativo a uma nova moral. Enquanto crítica da ordem burguesa, as divergências se neutralizam e encontra-se uma unidade de problematizações e valores interligando os assuntos discutidos na imprensa anarquista em geral.

Fundamentalmente, a crítica endereça-se à sociedade burguesa que, assentada na exploração do trabalho e na dominação política, produz uma moral decadente, repressiva, opressora e que se funda em relações sociais autoritárias, injustas e corruptas. Assim, sem pretender definir absolutamente *um* projeto libertário de instituição da nova moral, tento perceber as intuições dominantes da reflexão anarquista relativas às relações afetivas, familiares, à moral sexual, a partir dos artigos colhidos nesta imprensa operária.

Três principais núcleos de problematização se evidenciam quando os anarquistas abordam questões que procuram definir uma nova economia do desejo: a emancipação da mulher; as relações afetivas e a moral sexual; e as práticas condenáveis.

A EMANCIPAÇÃO DA MULHER

Tema frequente na imprensa anarquista, a condição de opressão da mulher, não só da operária mas também da burguesa, é pensada e analisada por vários articulistas de tendência libertária. Contra o mito da mulher-passividade, sentimento, abnegação, sombra do homem, várias vozes se levantam: mulheres como a já conhecida Maria Lacerda de Moura (professora, jornalista e escritora), Matilde Magrassi, Maria de Oliveira, Tibi, Josefina Stefani Bertacchi, Maria S. Soares, que assinam artigos nos jornais anarquistas. Além destas publicações defendendo a causa feminina, elas promovem reuniões, conferências, palestras educativas em vários cantos do país e fundam uma Federação Internacional Feminina.

Se é possível perceber no conjunto dos textos libertários uma representação masculina da mulher, que a torna símbolo da maternidade, da passividade e da fragilidade, a esta se opõe uma outra construção contestadora dos valores dominantes. A partir de vozes femininas no interior dos anarquistas, propõe-se a emancipação da mulher de todas as classes sociais dos papéis que lhe são atribuídos socialmente. Ao lado da tradicional representação da mulher-submissão, emerge uma outra figura feminina, simbolizada pela combatividade, independência, força, figura que luta pela transformação de sua realidade cotidiana, tanto a partir da própria presença destas ativistas, quanto pelas suas projeções. Maria Lacerda de Moura, por exemplo, discutindo as concepções dos "especialistas" sobre a inferioridade biológica da mulher, afirmava criticamente:

> Eu não discuto com um homem apenas, com o Sr. Bombarda [médico português], com Lombroso ou com Ferri: protesto contra a opinião antifeminista de que a mulher nasceu exclusivamente para ser mãe, para o lar, para brincar com o homem, para diverti-lo.[35]

---

35. Maria Lacerda de Moura, *A Mulher é uma Degenerada?*, p. 62.

Não é ocasional, portanto, que encontremos nos jornais libertários artigos que, ao criticarem a situação social da mulher no sistema capitalista, apontem a instrução como arma privilegiada de libertação. Matilde Magrassi, por exemplo, propõe que a mulher operária não lute apenas por seus direitos no interior do espaço da fábrica, "a fim de melhorar um pouco a vossa crítica situação", obtendo uma jornada de trabalho mais curta e salários mais elevados, mas que procure instruir-se para poder defender-se melhor frente à exploração do capital. A educação da mulher trabalhadora aparece como instrumento de luta contra as classes dominantes, contra o poder da Igreja e contra o Estado, na medida em que ela se conscientize de seus direitos pessoais e, ainda, possibilitando a instrução dos próprios filhos, ajude a "impedir que sejam depois vítimas do injusto sistema social em que vivemos" (*O Amigo do Povo*, 17/1/1904). A instrução da operária será também fundamental para que ela desmistifique a religião e a figura imperiosa do padre, como conselheiro e guia espiritual:

> Compreendereis que é inteiramente inútil que confieis aos padres as vossas dores. Aconselhando-vos a resignação, o que eles fazem é impedir-vos de reagir contra quem vos oprime.

Revoltando-se, a mulher enquanto mãe e educadora servirá de exemplo aos filhos que, por sua vez, também se rebelarão. E poderá compreender ainda que a noção de pátria é uma ilusão,

> que os vossos filhos nenhum dever têm a cumprir para com ela; e que quando, em nome dessa pátria, os vierem arrancar aos vossos braços, deveis revoltar-vos contra semelhante lei [...].

A ideia de que a mulher não é apenas portadora de sentimentos e emoções, mas de que possui a mesma capacidade de pensar, de questionar e de brigar que o homem e para a qual a educação é uma arma importante de luta, revela a recusa do modelo de feminilidade instituído pelo imaginário social. Izabel Cerruti reafirma esta posição ao analisar as causas da situação alienante e opressiva em que se encontra a mulher na sociedade atual. Esta só poderá libertar-se se compreender os motivos da exploração social e desmistificar a mitologia justificadora de sua condição:

> Antes de tudo, e isso é o essencial, ela deve fazer uso do seu raciocínio para se despir dos vãos temores, dos tolos preconceitos e dos ridículos escrúpulos que lhe incutiu a falsa moral de *Deus e da Pátria*, para assim, obter o seu pensamento emancipado. (*A Plebe*, 20/11/1920.)

As barreiras à superação da alienação da mulher não se localizam em sua natureza ou em sua constituição física, como pretende o saber burguês, mas resultam da ação das classes dominantes juntamente com o Estado e a Igreja. O apelo à educação, à formação de uma consciência crítica como meio de desmistificar sua condição social e de derrubar as cadeias impostas pelo poder clerical reaparece em vários artigos, como o de Maria de Oliveira, "A emancipação da mulher", publicado em *O Amigo do Povo*, de 11/9/1902.

Aliás, a questão da libertação feminina não se limita à operária. De modo geral, o discurso anarquista procura revelar a condição de sujeição e de humilhação que sofrem as mulheres de todas as classes sociais, numa sociedade dominada pelo poder masculino. Por isso, elas devem preparar-se intelectualmente para poder enfrentar a concorrência masculina. Assim como a mulher trabalhadora, a burguesa é oprimida, teve sua vida decidida desde a infância, aprendeu a reprimir seus sentimentos e a dizer o que não sente, a "fingir dotes que não possui": também ela, que "não é livre nem feliz", deve participar da luta pela sua autoemancipação — afirma Maria Lacerda.

Estas anarquistas sugerem que as proletárias se organizem em sociedades de resistência, para que possam conquistar melhores condições de vida e de trabalho. Frequentes apelos na imprensa libertária sugerem a formação de grupos de estudo compostos por mulheres operárias, para discutirem sua situação social e as possíveis formas de resistência.

Os anarquistas defendem a libertação da mulher em todos os planos da vida social, desde as relações de trabalho até as familiares. Nesse ponto, a crítica que Izabel Cerruti endereça às feministas ligadas à *Revista Feminina* deixa clara a posição libertária com relação ao significado do conceito de emancipação. Segundo aquela revista, a mulher deveria lutar para conseguir independência política, o direito de voto e de participação no processo eleitoral. Para as anarquistas citadas, evidentemente, esta proposta não é libertadora, uma vez que se restringe a lutar por conquistas estritamente políticas e ainda porque aceita e justifica a própria moral burguesa. Em suas palavras:

> O programa anarquista é mais vasto neste terreno; é vastíssimo: quer fazer compreender à mulher, na sua inteira concepção, o papel grandioso que ela deve desempenhar, como fatora histórica, para a nossa inteira integralização na vida social. (*A Plebe*, 20/11/1920.)

A luta das mulheres, na concepção libertária, deve passar pelo questionamento das relações que se estabelecem no cotidiano, tanto no interior da família quanto na fábrica. Não se trata de conquistar o direito de participação no campo da política instituído pelas classes dominantes, mas de batalhar pelo crescimento pessoal, completo, integral:

Qualquer reforma nas leis vigentes que venha a conferir-lhe direitos políticos iguais aos homens não a põe a salvo das chacotas e humilhações, não a livra de ser espezinhada pelo sexo forte e prepotente, enquanto perdurar a moral social que constrange e protege a prostituição. (*A Plebe*, 20/11/1920.)

Na verdade, a transformação radical da condição da mulher só será possível numa outra organização da sociedade, mais justa, em que o amor livre assegure a integridade das relações familiares, em que os jovens possam escolher livremente seus companheiros e formar suas famílias, sem contar com os obstáculos econômicos aviltantes do mundo capitalista.

Assim, a luta pela emancipação da mulher não passa pela reivindicação de aceder à esfera pública simplesmente, mas é primeiramente uma questão de ordem moral: trata-se da necessidade de libertar-se do modelo burguês que lhe é imposto e de construir uma nova figura negadora daquela forjada pela representação burguesa e masculina. A mulher não é apenas sentimento e passividade, daí a necessidade de instruir-se, de utilizar seu potencial intelectual na crítica ideológica das instituições e das mitologias religiosas e de lutar pela própria independência.

Dentre as autoras que pesquisamos, a que nos parece mais inovadora e radical pelas suas indagações e propostas é Maria Lacerda de Moura. Além de vários livros publicados, dirige a revista *Renascença* em 1923 e, dois anos antes, funda a Federação Internacional Feminina, com o objetivo de "canalizar todas as energias femininas dispersas no sentido da cultura filosófica, sociológica, ética, estética — para o advento de uma sociedade melhor". (*A Plebe*, 15/4/1922.) Ela realiza conferências em vários centros culturais, nos círculos operários ou na Federação Filosófica e Espiritualista de São Paulo, contando sempre com numerosa assistência.

A condição feminina foi tema de reflexão contínua de Maria Lacerda, preocupada com a libertação da mulher da sujeição em que se encontra na sociedade capitalista. Ela pregava a luta pelos seus direitos, a necessidade da instrução, da educação sexual aos jovens, a liberdade de amar, a maternidade "livre e consciente" e a independência da mulher em relação à imposição social do casamento. Crítica ferrenha das relações de dominação que se estabelecem entre homens e mulheres, pretendia conscientizar as mulheres de sua situação opressiva e mostrar-lhes a possibilidade de uma participação social efetiva:

> Até aqui, temos vivido a civilização unissexual, a mulher não passou de espectador no cenário da vida,

afirma em *Han Ryner e o Amor Plural*.[36] Embora tentem libertar-se da dominação machista, as mulheres têm de enfrentar a oposição dos que não querem perder seus privilégios:

> E o homem continua a querer entravar-lhe os movimentos e, portanto, a cercear-lhe o progresso. A mulher só tem direito de sair, de se locomover se vai trabalhar, ganhar dinheiro.
> Continua dando conta ao homem de todos os seus passos e até do seu salário. É outra espécie de exploração.
> É o caftismo em família [...].[37]

Também para ela a questão da degradação das relações familiares só pode ser resolvida socialmente: apenas em uma nova organização da sociedade, em que homens e mulheres tenham os mesmos direitos e oportunidades, suas diferenças poderão ser respeitadas. Outros problemas sociais como a miséria, o alcoolismo, a tubercu-

---

36. Maria Lacerda de Moura, *Han Ryner e o Amor Plural*, p. 34.
37. *Ibidem*, p. 35.

lose, a sífilis, a prostituição, a exploração da mulher e da criança, "a exploração do fraco pelo forte, a voragem açambarcadora de tantas vidas na oficina, nos cortiços, na penúria — tudo, tudo nasce do atual regime social cuja máxima se resume nestas palavras: se eu não arrancar os olhos do próximo, ele arrancará os meus".[38]

Mas a transformação radical das relações sociais, em sua opinião, não deve passar pela ditadura do partido político. Posição que a aproxima totalmente dos anarquistas:

> A política de partidos é sinônimo de farsa, astúcia, ambição pessoal, de hipocrisia, de preconceitos.[39]

As relações sociais, tanto na esfera da produção quanto no interior da família, na escola, ou em outros espaços de sociabilidade, não podem ser organizadas pelo partido político, mesmo que este se considere representante dos interesses do proletariado: é o caso, por exemplo, do amor, impossível (segundo ela) de ser "organizado".

Em trabalho recente, Miriam Moreira Leite procura desvendar os caminhos de Maria Lacerda de Moura, cujo pioneirismo em sua opinião "se deu basicamente na área de estudos sobre a condição feminina".[40] Segundo Leite, ela não poderia ser considerada como uma anarquista propriamente dita, ou como comunista ou socialista, no sentido de afiliação política. Na verdade, se esta escritora mineira em muito se aproxima dos libertários, ao negar qualquer vínculo com o partido político, ou nas críticas que endereça ao governo e ao clero, ou ainda na defesa de uma nova moral, do amor livre, da libertação da mulher, ela mesma nega qualquer rotulação política, considerando-se uma pensadora independente.

Se nos atermos ao ideal feminino defendido em vários artigos

---

38. Maria Lacerda de Moura, *A Mulher é uma Degenerada?*, p. 257.
39. *Ibidem*, p. 177.
40. Miriam L. Moreira Leite, *Outra Face do Feminismo: Maria Lacerda de Moura*, p. 21.

anarquistas, principalmente os escritos por mulheres, como as já citadas, percebemos a negação da figura da mulher "rainha do lar", destinada exclusivamente à função de procriação. Por outro lado, não se trata de defender a feminista ultrarradical: a proposta da nova mulher de Josefina S. Bertacchi aponta para uma solução de equilíbrio. Em "o que deveria ser a mulher", ela explicita sua concepção de feminilidade:

> Entre a *feminista ultra*, forma híbrida, sexual e a *massaia* no sentido romano da palavra: *Stetti in casa e filò lana*, existe o justo meio: a verdadeira mulher. A mulher, nem patroa, nem escrava, nem *femina* nem *angelica*, nem asséptica nem messalina; mas a mulher amante e amada, que, recebendo no seu seio o novo gérmen, maturando-o na dor, consagrando-o com o seu sangue, dá à humanidade o milagre da vida para ela, nela e com ela, eternamente se renovando até ao infinito. [...]
> Se de um lado nós condenamos a *feminista ultra* [...] doutro lado não queremos tão pouco a mulher máquina, a mulher besta de carga, a chamada governadeira. (*A Terra Livre*, 15/6/1910.)

O ideal feminino que aparece nos textos anarquistas é delineado difusamente: não se pretende construir um modelo acabado, evidentemente. De qualquer forma, fica patente a crítica ao modelo burguês da esposa-mãe-dona-de-casa, vigilante, assexuada e ordeira, como defendiam os médicos e filantropos do começo do século XX. Critica-se mesmo a exigência que se faz do trabalho excessivo da mulher naquele modelo feminino, que contraditoriamente lhe atribui características de indolência, passividade, inércia:

> Qual foi até hoje a noiva ideal ou a admirável mãe de família nas classes pobre e média? Aquela que sabe fazer tudo, que trabalha sem tréguas, e que por conseguinte [...] acaba com a própria saúde e envelhece antes do tempo,

já que não se diverte e que não tem tempo para si própria. Imagina-se então a possibilidade do crescimento pessoal da mulher, livre da prisão dos afazeres domésticos ou da extensa jornada de trabalho fora de casa:

> Com a subdivisão do trabalho, pelo contrário, satisfeita a tarefa que lhe compete como costureira, tecedeira, lavadeira, cozinheira e educadora, artista ou talvez médica, [...] poderá depois dispor a seu bel-prazer das horas livres, quer dedicando-se ao estudo ou a exercícios artísticos, quer gozando as diversões a todos proporcionadas pela vida social. (*A Terra Livre*, 15/6/1910.)

A discussão sobre a necessidade da emancipação da mulher remete evidentemente à recusa do casamento monogâmico, da imposição dos cônjuges e leva à proposta de uma nova forma de relacionamento afetivo.

A MORAL SEXUAL

AMOR LIVRE

I

Virgens: erguei o olhar que as sombras do convento
Acostumou a andar cerrado para a luz.
Deixai um instante só os êxtases de cruz,
e enchei-vos deste sol que brilha turbulento.
[...]
Vinde gozar a vida em toda a plenitude
e não faneis assim a vossa juventude
com sonhos infantis duma banal pureza.

II

A virgindade é quase um crime. Cada seio
deve florir num ser tal como a terra em flores.
Vencer o preconceito e os falsos vãos pudores
em que vos abismais num subitâneo enleio.
[...]
Como na antiga Grécia esteta, rediviva,
ó virgens, desnudai a vossa carne altiva
e fecundai, após, num sopro de energia.
E vós, homens do amor e vós que a desejais,
Arrancai-lhes da fronte as coroas virginais,
beijai-as livremente à grande luz do dia.

C. Leite (*A Plebe*, 21/10/1917).

Em um de seus livros, Maria Lacerda de Moura revela que o tema do amor livre "é hoje muito discutido e necessário nas rodas de intelectuais e proletários".[41] Afirmação intrigante para quem acreditava que esta questão fosse colocada recentemente. A crítica à virgindade, exigência "ridícula para o homem" e "profundamente humilhante para a mulher", segundo esta mesma autora, remete efetivamente à negação do casamento como relação monogâmica eterna, legitimada pelo clero e pelo Estado. Os libertários questionam a institucionalização das relações afetivas e a forma pela qual as relações sexuais se manifestam numa sociedade autoritária e repressiva de ponta a ponta. Por que esta necessidade obsessiva de enquadramento dos comportamentos sexuais, principalmente em rótulos prontos, acabados, aceitáveis ou condenáveis? A despeito de toda acusação atual do moralismo dos anarquistas, não se pode deixar de considerar avançadas suas propostas de relacionamento afetivo entre homens e mulheres.

---

41. Maria Lacerda de Moura, *Religião do Amor e da Beleza*, p. 110.

Somente é válida uma união conjugal que se estabelece livremente, independente dos interesses econômicos ou das obrigações sociais. Vários artigos publicados na imprensa anarquista discutem a questão do amor livre, procurando diferenciá-lo de uma valoração burguesa:

> Amor livre não é, como alguns pretendem e outros julgam, as relações sexuais havidas de momento em praça pública, ou num andar registrado sob um número de polícia. [...] É um todo formado pelo homem e pela mulher que se completam. [...]
>
> Vivem juntos porque se querem, se estimam no mais puro, belo e desinteressado sentimento de amor; vivem juntos porque é essa a sua vontade e não estão ligados por determinação alheia nem por interesses que a um digam respeito. [...] Amor livre é a plena liberdade de amar e não a forma hipócrita do casamento em que o homem e a mulher ligados indissoluvelmente pelo casamento civil ou religioso são obrigados pelo preconceito a suportarem-se com enjoo. [...]
>
> Antonio Altavila (*A Voz do Trabalhador*, 1/2/1915).

Oreste Ristori, também preocupado em desfazer qualquer identificação entre amor livre e prostituição, comum na representação imaginária do sexo na sociedade burguesa, afirma que "Amor livre e livre união" não devem ser tomados como sinônimos, um podendo existir sem o outro, e define sua concepção de amor livre:

> O amor livre não significa a apropriação comum da mulher, mas quer dizer: *a liberdade ilimitada para a mulher, como para o homem, de amar quem quiser, a liberdade de concentrar sobre uma pessoa, antes que sobre outra, todos os afetos.* Quer dizer noutros termos: subtrair-se à terrível tirania dos pais, dos parentes e dos seus substitutos, que querem impor-lhe um marido do gosto deles, para amar livremente o objeto dos seus sonhos. (*A Terra Livre*, 2/4/1907.)

Na sociedade atual, as relações afetivas entre o homem e a mulher são falsas e imorais, porque se fundam em interesses econômicos e consagram uma situação de dominação: a mulher se torna escrava do homem, a quem deve obedecer servilmente. Isto, por sua vez, significa sua total anulação social, refletindo a hipocrisia dos sentimentos:

> O matrimônio apenas serve para abreviar a duração do amor, tornar odiosa a união. No lar, a mulher é a escrava, o homem é o senhor; este tem o direito de mandar, aquela o direito de... obedecer. [...]
> Como pode existir o amor entre uma escrava e um senhor? [...] Por isso se diz: o casamento é a morte do amor... (*O Amigo do Povo*, 2/8/1902.)

A anarquista Tibi, autora deste artigo, continua suas reflexões mostrando que a organização familiar que se forma a partir do casamento monogâmico legal gera seu oposto: a prostituição. Aliás, pergunta, no casamento, ou na prostituição, o amor não é objeto de um comércio?

> Ao menos, a prostituta não precisa fingir. Todos sabem que o seu amor é vendido, a ninguém engana.

Finalmente, conclui incitando as mulheres a se revoltarem contra os papéis humilhantes que devem representar, já que não podem esperar que sua libertação seja fruto da providência divina:

> A emancipação da mulher há de ser obra dela própria.

Embora acreditem na possibilidade da constituição de uma nova família na sociedade anárquica, como os marxistas, os libertários não se aprofundam no exame da natureza do laço conjugal futuro. No regime capitalista, a família se funda sobre relações de interesse e pretende manter unidas pessoas cujos desejos são divergentes, cujas ligações são artificiais, que se ofendem, que se violentam, ou que se odeiam, pois umas oprimem as outras. Trata-se, portanto, de desmistificar os dois pilares de sustentação da ordem burguesa: tanto o *contrato* de trabalho quanto o *contrato* de casamento. Ao contrário, no "comunismo anárquico" a base única da família é o amor, e não uma relação mercantil: livres de preocupações econômicas, seus membros se respeitam e se aproximam por amizade. Se acaso estas relações se alterarem e tornarem-se insuportáveis, dissolve-se a família e a comunidade ampara seus filhos. Não há nada a temer (*A Plebe*, 12/10/1919). Condenando o casamento indissolúvel, portanto, os anarquistas defendem o divórcio que, ao contrário do que se afirma, não virá trazer a discórdia no interior da família, mas

> oferecer um abrigo seguro, um porto de salvação àqueles para os quais não mais sorria na terra a esperança de um clarão de ventura. [...]
>
> O divórcio não facultará a separação completa dos casais, senão em casos perfeitamente definidos e quando a separação dos cônjuges redundar em felicidade relativa para ambos. (*A Lanterna*, 10/8/1912.)

O divórcio é uma necessidade fundamental numa sociedade que não sabe amar, que não tem tempo para isto, que consome as energias dos indivíduos explorando-os até os limites de suas forças. Preocupadas com a sobrevivência material, como podem as pessoas neste sistema social relacionarem-se de outro modo que não competitiva e autoritariamente, ameaçadas o tempo todo de perderem seu ganha-pão, humilhadas pelos dominantes, ou nas classes privilegiadas, lutando para se autoafirmarem continuamente? Quem tem "O direito de amar?", pergunta A. Vizzotto no artigo que *A Plebe*, de 18/7/1917, publica:

> Quando o proletário, [...] após uma jornada de 10 a 12 horas de trabalho, volta exausto de forças para sua casa, poderá, se é só e quer uma família, procurar tranquila e serenamente aquela que terá de ser a sua companheira [...]? Terá tempo, vontade, disposição para orientar-lhe o caráter, conhecer-lhe os sentimentos e as aspirações? Terá, ao menos, força para exprimir-lhe o seu carinho? A resposta tem de ser forçosamente negativa.

Portanto, o amor entre duas pessoas deve ser livre, porque não comporta regras, não pode ser enquadrado nas formas já definidas pelo imaginário social, deve fluir sem imposições. A liberdade de amar, explica Maria Lacerda, refere-se à liberdade interior de cada um "aprender a amar", sem regras, livremente, sem qualquer interferência externa sobre as opções individuais, sem imposições sociais ou ainda sem a orientação do partido:

> [...] sonhar com o domínio de um partido ou de uma ideologia para todo o orbe e "organizar" o amor segundo os interesses desse partido ou dessa classe ou ideologia — é sufocar a liberdade, desprezar as experiências do passado [...].[42]

Maria Lacerda diverge de Alexandra Kollontai, membro da Oposição Operária do Partido Bolchevique, em relação ao enquadramento do amor pela moral proletária, questionando o fato de que este possa ser "organizado" segundo os interesses do partido.

Ora, diz ela, quando se esquece do partido, Kollontai afirma coi-

---

42. Maria Lacerda de Moura, *Han Ryner e o Amor Plural*, p. 128.

sas muito interessantes, mas o amor deve ser livre e plural, isto é, não institucionalizado. Não se trata, evidentemente, da "cooperativa amorosa sujeita à lei da oferta e da procura", como a ideologia burguesa quer fazer crer, mas da possibilidade de se criarem novas formas efetivas de relacionamento:

> Deixem o amor livre, absolutamente livre. Homens e mulheres encontrarão, nas leis biológicas e nas necessidades afetivas e espirituais, o seu caminho, a sua verdade e a sua vida... A solução só pode ser individual. Cada qual ama como pode...[43]

O casamento monogâmico, afirma Maria Lacerda, produz "anomalias sexuais", porque nele os dois sexos estão em absoluta desigualdade de direitos: é impossível o amor entre pessoas que se oprimem, que têm medo de se perderem, que vivem uma relação de dependência e de posse; o amor-plural, o amor-camaradagem, que é o oposto do amor exclusivista e possessivo que conhecemos, libertará a mulher e o homem, acabará com a exploração feminina, com o infanticídio, com as figuras humilhantes criadas pela representação burguesa dos papéis atribuídos à mulher, a exemplo da "solteirona" e da prostituta. A mulher poderá então unir-se a quem amar e ser mãe quando quiser:

> Por que só divinizar a Maternidade dentro do casamento legal? [...] Aceitar um senhor imposto pela religião, pela lei ou pelas conveniências é que é imoralidade.[44]

Apesar da radicalidade e da novidade de suas posições, a crítica libertária desta pensadora mineira à organização burguesa das relações sociais esbarra com os limites da assimilação de ideias que

---

43. Maria Lacerda de Moura, *Han Ryner e o Amor Plural*, p. 132.
44. *Idem, Religião do Amor e da Beleza*, p. 45.

dominavam o pensamento cultural do momento: é o caso da ideia de eugenia, do aperfeiçoamento da raça, da influência do positivismo e do evolucionismo em seus escritos e, ao mesmo tempo, a explicitação de uma postura moralista diante de certos temas, como a condenação dos "tangos e [...] da fanfarra louca do *jazz-band* infernal — meio seguro de abafar vozes interiores".

No entanto, diante da prostituição, Maria Lacerda se sente indignada com a marginalização e com a infantilização de mulheres a quem se qualifica como "perdidas", como "a peste das pestes", refletindo uma posição novamente muito próxima da dos anarquistas. Para estes, o fenômeno da prostituição é visto como mal necessário observável em todo tipo de sociedade desde os tempos antigos. No sistema capitalista, a sobrevivência da família burguesa, forma de prostituição não oficial, pois fundada a partir de um contrato comercial, exige o funcionamento deste comércio sexual ignóbil. As jovens privilegiadas não podem participar da iniciação de seus namorados, enquanto uma série de interdições sexuais recai sobre a casada. Além do que, muitas vezes, a mulher se casa com um homem escolhido pelos pais e não por ela própria.

Fundamentalmente, a prostituição é denunciada no discurso anarquista em relação à dominação de classe: o burguês é um sedutor que explora operárias inocentes; a fábrica é um antro da perdição e a miséria financeira leva as mulheres pobres a venderem o próprio corpo para garantirem o sustento da família. A origem do problema é essencialmente econômica:

> Sabemos, e temos consciência de estar com a verdade, que a mulher de nossa época que recorre à vida ignominiosa e antinatural da prostituição a ela foi levada principalmente por motivos econômicos. (*A Plebe*, 19/1/1935.)

Nisto, este discurso segue um caminho diametralmente oposto ao burguês, que apresenta o estado de prostituição como antinômico ao de trabalho. A prostituta trabalha, se cansa, é usada e explorada tanto quanto a operária. Por isso ela não deve ser desprezada nem marginalizada, dizem os libertários, já que é mais uma vítima da exploração do capital. Basta observar a origem social de grande parte das mulheres públicas para se dar conta de que o proletariado fornece o contingente principal. O burguês sedutor, eternamente insatisfeito, vai buscar a satisfação de seus caprichos libidinosos nas jovens de classe social inferior, iludidas com promessas de luxo, de ascensão ou de conforto, e não entre as mulheres de sua própria classe, embora isto também possa ocorrer.

Ao contrário do que dizem os médicos burgueses, a "vocação para a prostituição" não nasce de um instinto natural, mas provém de um problema econômico. A imprensa libertária se insurge contra a teoria da prostituta nata e, nesse sentido, são os únicos a reintegrarem a puta na sociedade. Os médicos e os sociólogos, "esses falsos homens de ciência que folheiam os livros e reviram bibliotecas, com o intuito de, por todos os meios, mesmo os mais repugnantes, fazerem a defesa do atual regime", afirma *A Plebe* (19/1/1935), querem explicar a existência da prostituição por outros motivos que não os econômicos:

> Esses médicos e sociólogos, que sempre viveram confortavelmente, vão descobrir em todas as prostitutas supostas taras hereditárias no sistema nervoso ou, então, pronunciada preguiça e incapacidade para a luta [...]. Dessas supostas taras hereditárias [...] eles, os "homens de ciência", procuram fazer todo o fundamento da prostituição.

Na verdade, dizem os anarquistas, o saber burguês não pode explicar devidamente o problema prostitucional porque teria de fazer a crítica do sistema capitalista, do governo e da família existente, teria de encarar a questão social e econômica e desejar sua superação:

> Tocar, também nos motivos verdadeiros da prostituição, seria mostrar uma das calamidades do atual sistema capitalista e, assim, desprestigiar um pouco a tão celebrada organização econômico-política em que nos encontramos.

A eliminação da prostituição, portanto, só poderá ocorrer com a revolução social e a mudança radical das estruturas econômicas, com o fim do Estado e sobretudo com a reversão da moral burguesa.

Na nova ordem social, a mulher terá condições de decidir livremente a sua sorte, independente tanto do marido que sustenta a casa quanto do sedutor que a obriga a frequentar bordéis. Então existirá uma nova moral, elaborada para os homens e para as mulheres, que determinará uma nova forma de comportamento entre os sexos. Ambos se aproximarão naturalmente, impelidos por uma simpatia e atração mútuas e não pela imposição da miséria ou das frustrações inerentes ao casamento burguês. A prostituição deixará de ser necessária.

O "direito ao prazer" que os libertários reivindicam para as mulheres e para os homens só poderá ser concretizado na nova sociedade, em que todos estarão livres da sujeição às necessidades materiais imediatas e também dos preconceitos e fanatismos impostos pela religião. Os jovens não precisarão buscar as prostitutas para se iniciarem na vida sexual, nem as moças manterem-se virgens até o dia do casamento:

> A virgindade é quase um crime. Cada seio deve florir num ser tal como a terra em flores.

Muitas vezes, os anarquistas têm sido qualificados de moralistas e acusados de não terem praticado o amor livre que tanto exaltaram e de condenarem práticas como dança, carnaval, fumo, bebida, como veremos no próximo item. Na verdade, uma certa moralização da classe operária se evidencia no discurso libertário: o vício é encarnado pelo burguês, o patrão é censurado por só pensar nos prazeres materiais. Ele é apresentado como um *bon vivant*, cercado de luxo e refestelando-se em orgias, *dom-juan* infatigável, enquanto o operário honesto e sem defeitos trabalha ininterruptamente. Ao mesmo tempo, uma certa defesa dos padrões familiares e do modelo sexual burguês pode ser percebida no discurso anarquista. Em alguns momentos, a luta contra a prostituição se move em defesa da moralidade de uma família operária cujos valores se assemelham em vários aspectos àqueles que fundam a família burguesa: castidade pré-conjugal, fidelidade, exaltação da maternidade. Como pensar esta ambiguidade?

AS PRÁTICAS CONDENÁVEIS

Já se tornou conhecida a crítica ao moralismo dos anarquistas quando condenam o carnaval, o baile, o álcool, o fumo e mesmo o futebol como vícios, sinais da degeneração da sociedade instituída. De fato, uma certa assimilação das representações burguesas do lar, do sexo, do alcoolismo ou do fumo pode ser constatada no discurso libertário, que revela a nítida intenção pedagógica de controlar as formas de lazer do proletariado. Por outro lado, é insuficiente constatar a contradição que permeia este discurso que, ao mesmo tempo que prega o amor livre e o direito do prazer para homens e mulheres, condena a dança, o bar, a bebida ou o esporte. Talvez se possa enveredar por uma outra direção e perguntar sobre os objetivos e os adversários visados pela doutrina anarquista.

O que dizer a respeito das necessidades que poderiam estar por trás destas interdições?

Num primeiro momento, todas as formas de lazer promovidas pelas classes dominantes, do baile ao futebol, são censuradas como práticas imorais que visam enfraquecer e entorpecer a classe operária, desviando-a do cumprimento de sua função histórica revolucionária. O carnaval é associado à ideia de degradação do indivíduo, é visto como ato de imoralidade, representando o momento em que o trabalhador perde sua dignidade, abandona a família, gasta suas energias e seu salário em atividades nocivas e inúteis. *A Voz do Trabalhador*, em artigo publicado em 15/2/1914, ilustra esta concepção:

ABAIXO O CARNAVAL

[...] O que é o carnaval? Uma tradição popular das mais tolas que por toda a parte existem. [...] Quantos operários perdem seus empregos, deixam os lares sem pão, entes que lhes são caros, enfermos, atirados, desprezados, sobre o leito; quando adoecem, e morrem, vitimados pela sua própria culpa, perdendo noites de sono, ingerindo refrescos gelados, tendo o corpo a suar por todos os poros, caminhando horas inteiras, sob um sol causticante, rufando caixas, tocando bombos, empunhando estandartes. [...]

O carnaval é uma imoralidade!

A mesma imagem do trabalhador que abandona o aconchego do lar em troca do bar, deixando seus filhos doentes e famintos chorando, enquanto a mulher se desespera e a filha se prostitui, tal como aparece nos romances naturalistas do século XIX, a exemplo do *Germinal*, de Émile Zola, é sugerida no discurso anarquista ao criticar o bar:

> [...] *se em lugar de as passar* (as poucas horas de descanso) *na taverna ou em outros antros do vício*, se as passásseis nas associações discutindo e trocando ideias uns com os outros sobre os assuntos que vos interessam mais de perto [...] chegareis à conclusão de que é melhor, mais digno e mais humano exigir do patrão um ordenado suficiente para sustentar a família do que trabalharem mulheres e filhos para o próprio sustento [...]
>
> Albino Moreira (*A Voz do Trabalhador*, 19/3/1913).

Recrimina-se o operário que, em vez de lutar pelos interesses de sua classe, aliena-se nos "antros do vício", bebendo, jogando, fumando, desperdiçando tanto seu dinheiro quanto suas energias, enfim, fazendo exatamente o jogo do inimigo. O trabalhador politizado é aquele que se mantém lúcido, consciente da guerra cotidiana que se trava entre as classes, que acumula energias para empregá-las no momento certo e que, portanto, sabe quão importante é reforçar os laços de solidariedade que o une aos seus familiares e a seus companheiros de luta. A taberna deve ser evitada porque é um espaço privilegiado da alienação política, lugar onde se contraem os grandes vícios e se perdem as grandes ideias. É interessante observar que exatamente pelo motivo oposto o bar é condenado no discurso burguês, ou seja, porque é o lugar da germinação e propagação de ideias subversivas, entre outros vícios.

A Terra Livre, de 23/10/1906, publica um artigo endereçado "Aos jovens":

> A vós que só pensais em vos divertir, que para nada vos ocupais da vida social, que, ao sair da oficina, correis à taberna ou ao lupanar, a vós me dirijo, como muitos outros têm feito pedindo-vos que sejais homens verdadeiros, que deixeis de ser bestas como tendes sido, embora penseis ao contrário, que estudeis trocando a venda e o lupanar pelo centro de estudos alcançando a dignidade e a força de ser pensante e consciente dos seus direitos e do seu valor.

O centro de estudos *versus* o bar ou o bordel; o estudo, a conscientização *versus* os prazeres da bebida, do sexo, do fumo; a razão *versus* os sentidos; o espaço ventilado e higiênico *versus* o salão abafado, escuro, aglomerado de corpos. Além do que, a taberna é o lugar onde o operário aprenderá a beber, se tornará um alcoólatra e será perdido para a revolução social. Dupla arma dos capitalistas, o álcool deve ser combatido: àqueles interessa o aumento de seu consumo pela classe operária, tanto economicamente quanto por mantê-la num estado de ignorância e de alienação política. Assim, o álcool é condenado no discurso anarquista como flagelo das classes trabalhadoras porque degrada o operário, transforma-o num ser embrutecido, arrasta-o para o submundo, entorpece seu raciocínio, retira-lhe as forças, a perspectiva e a iniciativa para a luta de emancipação social.

Na medida em que condena a bebida e o fumo por enfraquecerem física e moralmente o trabalhador, o discurso anarquista se aproxima do burguês, segundo o qual são necessários homens fortes e sadios para "construírem a riqueza da nação". Num e noutro, o bordel, o bar, a bebida, o fumo e o jogo são condenáveis porque destroem a saúde e o caráter do trabalhador: para os libertários, o operário aliena-se, despolitiza-se e degenera-se; para os dominantes, ele se perde como força produtiva e se corrompe porque adquire ideias e hábitos subversivos. Não existe no pensamento burguês uma linha divisória entre vícios morais e ideias políticas: ambos são nefastos para o espírito do trabalhador e para o crescimento da nação. Evidentemente, no discurso anarquista ou operário em geral, a causa do alcoolismo nos meios populares encontra-se no tipo de sociedade em que vivemos, onde a bebida, o fumo, o jogo surgem como válvulas de escape diante de um cotidiano massacrante. No discurso do poder, por seu lado, a questão remete à falta de cultura, de educação e de civilização dos pobres, ainda em estado pré-civilizado.

O baile, por sua vez, é censurado como prática imoral, alienante e corrompida, pelas tentações que desperta ao aproximar os corpos de sexos diferentes.

Os anarquistas concordam com a moral burguesa, que condena a dança diante da ameaça que representa o contato físico dos jovens e por alienar o trabalhador de sua missão histórica:

> Quando começa o baile, assiste-se à cena mais repugnante deste mundo, capaz de nausear as próprias meretrizes. A orquestra entoa as primeiras notas para saltar, e todos aqueles espasmados mancebos correm como loucos em busca da mais *bem feita*, para satisfazer a ânsia de a apertar nos braços, de lhe revelar — sob forma de amor — todo o seu desejo de posse, pois que daquele [...] enlace libidinoso [...], daquelas cócegas, não pode resultar senão a excitação dos sentidos de ambos. (*A Terra Livre*, 5/2/1907.)

Até mesmo o futebol não escapa à crítica veemente dos anarquistas como prática degradante que embrutece o trabalhador e desperdiça suas energias, que deveriam ser canalizadas para a militância política.

Não obstante a frequência destes artigos na imprensa anarquista, reprimindo estas práticas festivas, devemos lembrar que também eram comuns os anúncios ou comentários de festas libertárias incluindo bailes após as sessões de conferência ou de outra manifestação política. A título de ilustração, um cartaz de *A Plebe*, 22/7/1922, convidava:

GRANDE FESTIVAL PRÓ-A PLEBE

Organizado pelo Centro Libertário "Terra Livre" realizar-se-á no dia 12 de agosto, às 20 horas, no Salão Celso Garcia, sito à rua do Carmo, 23. Este festival obedecerá ao seguinte:

PROGRAMA

I. "A Internacional", pela orquestra;

II. Conferência;

III. Será levado à cena o belo drama histórico e social, em quatro

atos: OS CONSPIRADORES;

IV. Baile Familiar.

Nos intervalos haverá quermesse e venda de flores.

Fica evidente a intenção pedagógica que permeia o discurso anarquista, preocupado em formar o militante político consciente, combativo e produtivo. Nessa medida, entende-se o moralismo desta doutrina que visa a atingir um número cada vez maior de trabalhadores e trazê-los para a causa da revolução, fazê-los manter uma constância relativa na participação nos centros de estudo, na leitura dos jornais operários, nas discussões com seus companheiros e nas manifestações públicas. Uma maneira de viver, pode-se dizer, está comprometida com este discurso: não se trata apenas de introduzir uma série de interdições, impedindo que os operários joguem, dancem ou bebam nas horas de lazer, mas de interferir positivamente, fazendo com que se engajem politicamente e que abram mão de uma atividade em benefício de outras.

Além disso, pode estar em jogo uma questão mais profunda. A condenação veemente das atividades festivas, de bebedeiras, farras, frequências a bares e bordéis, fumo, nesta perspectiva, visaria menos à repressão e à vigilância efetivas, isto é, teria menos uma função negativa do que visaria funcionar como *mecanismo de autodefesa e de proteção da classe trabalhadora* frente à violência da dominação classista. Como outros tantos grupos políticos que se consideram representantes do proletariado, os anarquistas se veem na obrigação de defender os representados contra a ação punitiva dos dominantes. Reprimir o alcoolismo, a embriaguez, o fumo, e condenar o boteco e o bordel significam proibir tudo o que possa dar margem ou pretexto para que o poder ataque. O reforço da sanção moral poderia ser uma maneira de escapar da penalidade do Estado e da violenta repressão policial que recaíam sobre o trabalhador e os pobres em geral.[45] Além disso, essa tentativa de regulamentar a moralidade cotidiana da vida social seria uma maneira que os trabalhadores teriam de assegurar sua própria ordem e, desse modo, destruir a imagem operária fabricada pelo adversário, segundo a qual os elementos das classes sociais inferiores são seres pré-civilizados, irresponsáveis, de vida desregrada e de hábitos perniciosos. O que, por sua vez, justificaria a mobilização de um enorme aparato policial e judicial repressivo. O que estaria em jogo na condenação das práticas referidas seria, então, a luta para desmistificar no plano do real a imagem imoral do trabalhador construída pelo discurso do poder e para convencer a opinião pública de que o imigrante poderia comportar-se de acordo com a ética moral dominante, negando assim a necessidade do aparato policial constantemente mobilizado pelos patrões e pelo Estado para conter os impulsos populares. Ao anarquista perigoso, subversivo, corruptor de menores, assassino, ladrão, promíscuo e grevista, que a lei Adolfo Gordo expulsou do país, contrapor-se-ia o operário produtivo, honesto, virtuoso, educado, comportado, disciplinado, cumpridor de seus deveres, mas consciente de seus direitos. Trata-se, portanto, de demarcar nitidamente as fronteiras que separam o vagabundo, o desordeiro, o imoral, de um lado, e o trabalhador pobre, sério, produtivo, disciplinado e civilizado, de outro.

---

45. E. P. Thompson, "Lucha de clases sin clases?", p. 31. Neste excelente artigo, o autor mostra como a cultura dos dominantes pode ser reapropriada no interior das práticas dos trabalhadores. Para Thompson, o conceito de hegemonia está intimamente ligado à ideia de encenação e de teatro. Neste, a construção de um *contrateatro* por parte dos dominados marca a possibilidade da imprevisibilidade da ação. Ver Michel Foucault, *La Verdad y Las Formas Jurídicas*, 4ª Conferência.

A condenação moral de certas práticas sociais visaria consequentemente garantir o controle sobre a organização do lazer operário, proteger o proletariado contra a violência do exercício da dominação burguesa, e formar o militante combativo, dedicado, laborioso, figura com a qual deveriam identificar-se os trabalhadores urbanos do período. A construção deste modelo normativo de comportamento militante refletiria como num espelho a imagem do trabalhador que, inúmeras vezes, aparece desenhado nas páginas do jornal operário: jovem, forte, saudável, símbolo do crescimento econômico e do progresso da nação, garantia da possibilidade do novo mundo, contraimagem da projeção burguesa. A representação imaginária do operário bêbado, fumante, decaído, selvagem e arruaceiro, o trabalhador sóbrio, sério e produtivo; à operária prostituta, debochada, ameaçadora para os casamentos monogâmicos das classes privilegiadas, a trabalhadora esposa-dona-de-casa-mãe-de-família, austera e asseada. Aos jovens que levam "uma vida inútil e venenosa", os militantes estudiosos, combativos, enérgicos e higienizados. À imagem de um mundo operário confundido com o submundo da marginalidade e da criminalidade, contrapor-se-ia o mundo do trabalho e da luta, associado à noção de produtividade e de progresso.

III. A PRESERVAÇÃO DA INFÂNCIA

APROPRIAÇÃO MÉDICA DA INFÂNCIA

> De hoje em diante ficais sabendo que a higiene é a parte da medicina que cuida da saúde de pessoas, estabelecendo as regras do modo de viver com cuidados imprescindíveis, sobre a habitação, a alimentação, o vestir, o dormir, a educação etc.
>
> Dr. Moncorvo Filho, 1901.

Na empresa de constituição da família nuclear moderna, higiênica e privativa, a redefinição do estatuto da criança pelo poder médico desempenhou um papel fundamental. De uma posição secundária e indiferenciada em relação ao mundo dos adultos, a criança foi paulatinamente separada e elevada à condição de figura central no interior da família, demandando um espaço próprio e atenção especial: tratamento e alimentação específicos, vestuário, brinquedos e horários especiais, cuidados fundamentados nos novos saberes racionais da pediatria, da puericultura, da pedagogia e da psicologia.[1]

Se, até o final do século XVIII, a medicina não se interessava particularmente pela infância nem pelas mulheres, o século XIX assiste à ascensão da figura do "reizinho da família" e da "rainha

---

1. Phillipe Ariès, *História Social da Criança e da Família*; J. Donzelot, *A Política das Famílias*.

do lar", cercados pelas lentes dos especialistas deslumbrados diante do desconhecido universo infantil e do território inexplorado da sexualidade feminina.

A conquista deste novo domínio de saber, o objeto-infância, abriu as portas da casa para a interferência deste corpo de especialistas, os médicos higienistas, no interior da família. Através de três eixos privilegiados de preocupação — a elevada taxa de mortalidade infantil, o problema do menor abandonado e a necessidade da figura do médico na medicalização da família, considerada como célula básica do corpo social desde o século XVIII —, o poder médico defendeu a higienização da cultura popular, isto é, a transformação dos hábitos cotidianos do trabalhador e de sua família e a supressão de crenças e práticas qualificadas como primitivas, irracionais e nocivas. Sobretudo em relação aos cuidados com a criança e o recém-nascido, domínio até então reservado às mulheres, as práticas tradicionais transmitidas oralmente, sem a intervenção dos médicos, foram desautorizadas como supersticiosas, selvagens e infundadas. Assim, a criança foi percebida pelo olhar disciplinar, atento e intransigente, como elemento de integração, de socialização e de fixação indireta das famílias pobres, e isto antes mesmo de se afirmar como necessidade econômica e produtiva da nação.[2]

Constituindo a infância em objeto privilegiado da convergência de suas práticas, o poder médico procurou legitimar-se como tal, demonstrando para toda a sociedade a necessidade insubstituível de sua intervenção como orientador das famílias e como conselheiro da ação governamental. O recorte e a circunscrição daquilo que se configurou como o tempo da infância e sua objetivação pela medicina atenderam, então, ao objetivo maior de legitimação das práticas de regulamentação e controle da vida cotidiana. Os médi-

---

2. Luc Boltanski, *Prime Éducation et Morale de Classe*; Michel Foucault, *Microfísica do Poder*, p. 198.

cos procuraram apresentar-se como a autoridade mais competente para prescrever normas racionais de conduta e medidas preventivas, pessoais e coletivas, visando produzir a nova família e o futuro cidadão.

A preocupação médica com a preservação da infância, no Brasil, esteve presente desde meados do século XIX e intensificou-se nas primeiras décadas do século XX, momento de constituição do mercado de trabalho livre. Uma ampla literatura procura dar conta da infância, explicar suas fases, entender suas necessidades e definir seus contornos; dizer o que é a criança, como se caracteriza, como deve ser tratada e educada, impondo portanto uma infantilização exterior a ela. Desta nova aquisição emerge toda uma produção de saberes científicos voltados para a condição da infância e que fornecem categorias para sua percepção social: a pediatria é introduzida na Faculdade de Medicina do Rio de Janeiro no final do século e progressivamente os ensinamentos científicos da puericultura, inexistente até 1890 enquanto corpo teórico, vão reger os primeiros cuidados com a criança.[3]

É também neste momento que surgem as primeiras instituições de assistência e proteção à infância desamparada e os primeiros institutos profissionalizantes: em 1901, o dr. Moncorvo Filho funda o Instituto de Proteção e Assistência à Infância no Rio de Janeiro, destinado a "abrigar todas as crianças pobres, doentes, desamparadas e moralmente abandonadas da capital"; em 1902, surge o

---

3. Kathleen Jones nota que também nos Estados Unidos entre 1881 e 1901 "a pediatria emergiu como um ramo distinto da profissão médica. Nestas décadas, médicos interessados pelas doenças da infância e dos recém-nascidos formaram uma rede de sustentação de organizações e canais para trocarem informações; a afiliação a estas instituições, por sua vez, definia-os como membros da nova especialidade". A. Jacob, "pai" da pediatria americana, fez com que a American Medical Association criasse em 1881 uma seção especial para discutir doenças infantis. Em 1887, é organizada a American Pediatric Society, dedicada ao "avanço da Psicologia, da Patologia e da Terapêutica da Infância e dos Recém-Nascidos", *in*: "Sentiment and science: the late nineteenth century pediatrician as mother's advisor", *Journal of social History*, 1983, p. 80.

Instituto Disciplinar de São Paulo, destinado a "incutir hábitos de trabalho" e educar profissionalmente os "pequenos mendigos, vadios, viciosos e abandonados"; em 1909, são criados os institutos profissionais para menores pobres e, em 1911, as escolas profissionais masculina e feminina. Ou, ainda, são reorganizados antigos institutos como a Escola Propagadora de Instrução, criada em 1873, que se transforma posteriormente no Liceu de Artes e Ofícios de São Paulo, uma das primeiras instituições destinadas a formar operários especializados na cidade. A partir de 1890, fundam-se as primeiras escolas primárias do Estado, totalizando 4.417 até o ano de 1919. Em 1909, é criado um outro tipo de escola isolada, além das existentes nas zonas rurais: as destinadas a crianças operárias, nas proximidades das fábricas onde trabalhassem. Na capital, estabelecem-se junto à Fábrica Nacional de Fósforos Segurança, Fábrica de Vidros Santa Marina, Indústrias Reunidas Francisco Matarazzo, Fábrica de Calçados Melilo, Cia. Ítalo-Brasileira de Chapéus, Cia. Cerâmica S. Caetano.[4]

O interesse pela educação dos operários desde a infância reflete a intenção disciplinadora de formar "cidadãos" adaptados que internalizassem a ética puritana do trabalho comportando-se de modo a não ameaçar a ordem social. Além disso, a educação funcionava como arma de pressão diante das manifestações grevistas dos operários. Sabe-se que durante uma greve na Vidraria Santa Marina, em 1909, os patrões demitiram os grevistas, fecharam a escola e o armazém, e "ordenaram o despejo do mestre e dos escolares", de acordo com o jornal *La Battaglia*, de 19/9/1909.

Assim, desde o final do século XIX, a preocupação com os destinos da criança, rica ou pobre, ocupa cada vez mais os horizontes dos médicos higienistas, pedagogos e governantes. Através da apropriação da infância, o poder médico procura projetar-se no mundo da política, outorgando-se um papel de importância vital para a

---

4. Ana M. Infantosi, *A Escola na República Velha*, p. 96.

sobrevivência física e moral dos habitantes, das crianças aos adultos, de todas as classes sociais. De fato, os médicos adquirem uma crescente participação no aparato governamental, seja dirigindo o Serviço Sanitário, seja definindo dispositivos estratégicos de regulação dos comportamentos e da vida íntima dos diversos setores da sociedade. A tarefa de recuperação da infância abandonada, nesse contexto, cumpre a função de justificar a crescente intervenção da medicina no campo da política e sua interferência no domínio privado da família.

O PROBLEMA DO MENOR ABANDONADO

Empenhados na tarefa social de regeneração física e moral das crianças desamparadas e alarmados com os elevados índices de mortalidade infantil registrados no país, os médicos sanitaristas discutem a situação da infância carente, refletem sobre as causas do fenômeno e, tendo em vista "os interesses do Estado", tentam encontrar soluções para evitar o despovoamento da nação e para formar os futuros cidadãos. Como dizia o dr. Moncorvo Filho, resumindo a posição dos especialistas:

> Os pequeninos de hoje serão os grandes de amanhã; é nela (infância) que ponho as esperanças da grandeza atual do regime pela regeneração da pátria.[5]

Percebendo a criança como corpo produtivo, futura riqueza das nações, esse discurso econômico procurava alertar os governantes para o deprimente quadro da infância desamparada e para a elevada taxa de mortalidade infantil do país, indicando que só com o apoio da medicina o Brasil poderia fazer frente a estes problemas e

---

5. A. Moncorvo Filho, *Histórico da proteção à infância no Brasil*, p. 127.

suprir a necessidade de produzir um maior número de trabalhadores sadios no futuro. Mas era, ao mesmo tempo, um discurso político: dar assistência médica e proteção à infância significava também evitar a formação de espíritos descontentes, desajustados e rebeldes. Confinando o menor abandonado, os pequenos mendigos, os órfãos, que perambulavam às soltas pelas ruas, fumando, jogando, fazendo Deus sabe o quê!, nas instituições assistenciais, a nação estaria salvando-os do perigo das ruas, espaço onde estavam sujeitos a contraírem todos os vícios e onde acabariam "aparelhando-se para todos os crimes".

No discurso do poder médico, a rua era representada como "a grande escola do mal", espaço público por excelência onde se gerariam os futuros delinquentes e criminosos irrecuperáveis. O dr. Moncorvo relembrava ainda o discurso de Lopes Trovão, proferido no Senado no final do século XIX:

> não preciso declarar, senhores, que me refiro à rua, à "nossa rua" [...]. Pois bem, senhores [...] é nesse meio, peçonhento para o corpo e para a alma, que boa parte de nossa infância vive às soltas, em liberdade incondicional, em abandono, imbuindo-se de todos os desrespeitos, saturando-se de todos os vícios, aparelhando-se para todos os crimes.[6]

Matéria facilmente moldável, o Estado deveria preocupar-se em formar o caráter da criança, incutindo-lhe o amor ao trabalho, o respeito pelos superiores em geral, as noções de bem e mal, de ordem e desordem, de civilização e barbárie; enfim, os princípios da moral burguesa.

Ora, interiorizar novos comportamentos significaria desenraizar hábitos tradicionais adquiridos em casa e incompatíveis com a industrialização:

---

6. *Ibidem*, p. 112.

Temos uma pátria a reconstruir, uma nação a firmar, *um povo a fazer*, e para empreender esta tarefa, que elemento *mais dúctil e moldável a trabalhar do que a infância?!* [...] a necessidade se impõe ao Estado de lançar olhos protetores, de empregar cuidados corretivos para a salvação dos pobres menores que vagueiam por não terem família ou que, se a têm, esta não lhes edifica o coração com os princípios e os exemplos da moral.[7]

Na representação imaginária que os dominantes fazem da infância, esta é percebida como superfície chata e plana, facilmente "moldável", mas ao mesmo tempo como ser dotado de características e vícios latentes, que deveriam ser corrigidos por técnicas pedagógicas para constituir-se em sujeito produtivo da nação. Enclausurar a criança pobre nos espaços disciplinares dos institutos profissionais ou das escolas públicas apareceu como a maneira mais eficaz de adestrar e controlar um contingente potencialmente rebelde e selvagem da população, aos olhos dos médicos, filantropos e da classe dominante como um todo. Na verdade, a preocupação policial de luta contra a vagabundagem e a pequena criminalidade urbana esteve na origem da criação das instituições de sequestro da infância, antes mesmo da preocupação econômica de formação de novos trabalhadores para a indústria. Além do internamento das crianças pobres nos orfanatos, o poder médico defendia o aprendizado de uma atividade profissionalizante muito mais em função do aspecto moral — manter a criança ocupada, "incutir hábitos de trabalho", reprimir a vadiagem — do que com a intenção econômica de prover braços para o mercado de trabalho em constituição. Alvo que por sua vez também era visado. Por isso, não era qualquer atividade que se valorizava para os menores. No discurso de um criminologista, Noé Azevedo, a profissão de jornaleiro, por exemplo, era

---

7. A. Moncorvo Filho, *Histórico da proteção à infância no Brasil*, p. 132.

considerada como altamente perigosa, justamente por se efetuar na rua, espaço público contaminado moralmente. Ao contrário, as meninas, mesmo que ociosas no lar, preservavam-se de um possível "contágio corruptor".[8]

Estratégia disciplinar suave e sutil de adestramento dos corpos e do espírito, a terapia do trabalho visava manter os menores ocupados o tempo todo: no interior das escolas particulares ou na esfera do lar, para os ricos; nas instituições assistenciais ou nos patronatos e orfanatos, no caso dos pobres. Tratava-se de fixar as crianças e, consequentemente, toda a família no interior da habitação e impedir que se organizassem atividades fora da intimidade doméstica, no espaço público e incontrolável das ruas. A preocupação em retirar os menores da rua, internando-os em instituições disciplinares ou dentro de casa, recai inicialmente sobre a criança pobre das cidades, sobre os órfãos, mendigos, pequenos vagabundos, que apareciam para os médicos e especialistas em geral como possíveis criminosos do futuro.

Ainda segundo Noé Azevedo, a profissão de vendedor de jornais, ocupada por grande número de meninos, estava na raiz do fenômeno da delinquência infantil e constituía uma porta aberta para o crime:

> Mas que outra profissão lhe convém mais que a de vender jornais? Correr e gritar pelas ruas, querem coisa mais conforme ao temperamento irrequieto dos menores? Subir nos veículos, saltar com agilidade, disputar o freguês aos companheiros, tudo serve de diversão. Entretanto [...] os trabalhos feitos na rua são os que fornecem a mais avultada porcentagem de delinquentes [...].[9]

---

8. Noé Azevedo, *Dos Tribunais especiais de menores delinquentes*, p. 30.
9. *Ibidem*, p. 30.

E perguntava: "Não podemos estender a *todas as profissões da rua* essa mesma evolução, que da vida honesta à delinquência realiza o menor?"[10]

Com relação às crianças das famílias abastadas, o poder médico recomendava o preenchimento das horas vagas com leituras selecionadas e ginástica, medida preventiva contra os voos da imaginação e a prática onanista, característica dos jovens indolentes e fracos. A moralização do corpo pela educação física e a higienização da alma por atividades cientificamente orientadas e selecionadas afastariam, sobretudo nos adolescentes, o perigo das deformações físicas e da corrupção moral. Esse controle, no entanto, deveria se exercer de forma sutil.

Nas escolas privadas e instituições disciplinares da infância desamparada, à antiga disciplina "quase militar", punitiva e violenta, que recorria aos castigos corporais, os médicos, higienistas, pedagogos e assistentes sociais do começo do século XX contrapunham as vantagens da educação voltada para a alma: a disciplina "inteligente", imperceptível, sedutora, preocupada em constituir cidadãos modernos, à semelhança do que pregava Roberto Simonsen em relação à taylorização do processo de produção, no final da década de 1910. Este *outro regime disciplinar* proposto tanto na esfera produtiva quanto na educação e assistência à infância aparece no discurso de vários especialistas, referenciados pelos modelos pedagógicos dos países europeus "mais civilizados".

Assim, a educação punitiva e repressiva era substituída pela ideia de uma educação preventiva. No Seminário Sant'Ana, criado com o objetivo de "sustentar, vestir e educar" meninos órfãos e pobres, em 1825, em São Paulo, o regulamento interno proibia, décadas depois, os castigos corporais, substituídos por tecnologias morali-

---

10. *Ibidem*, p. 33. (Grifos meus.)

zadoras de humilhação e de exclusão: em casos graves, "reclusão solitária por uma hora em local escuro; ficar sentado no 'banco de desprezo' em que esteja pintada a figura de um burro", durante o período das aulas, "trazer sobre o ventre e atado à cintura com barbante um papel com o letreiro em maiúscula — VADIO — DES-CUIDADO — DESORDEIRO — COMILÃO, ou outra palavra que publique o vício, defeito ou culpa".[11]

Também para as crianças ricas, a função da nova escola era educar, moldar o caráter e não apenas o físico. O Colégio Caetano de Campos, por exemplo, abolia os castigos corporais e substituía-os por uma rígida disciplina que deveria incidir sobre a alma, de acordo com os preceitos da nova pedagogia. Da mesma forma, a Escola Americana (Mackenzie College), reformulada pelo casal Lane, educadores norte-americanos, adotava "os métodos intuitivos e objetivos", abandonando os castigos corporais tradicionais, já no começo do século XX. O corpo do aluno, nesta concepção pedagógica, deveria ser adestrado, mas não supliciado.

Mesmo assim, a violência física exercida contra as crianças permanece constante. Descrevendo o cotidiano no interior do Instituto Disciplinar de São Paulo, Jacob Penteado afirma que as crianças levavam uma vida bastante difícil. Os horários eram rigidamente estabelecidos:

> Levantavam às quatro horas no verão, e às cinco, no inverno. Após o banho no Tietê, tomavam café e iam, sem mais demora, para o guatambu, cultivar a imensa área, aos dois lados do rio.

O Instituto vendia legumes, frutas e verduras à população. Muitas crianças fugiam "devido aos maus-tratos dos feitores, que lhes

---

11. Tolstói de Paula Ferreira, "Subsídios para a história da assistência social em S. Paulo", p. 57.

batiam com rabo de tatu [...]. Quando apanhados, eram açoitados e metidos em banho de salmoura".[12]

A MORTALIDADE INFANTIL

Ao lado do abandono em que viviam as crianças pobres, os médicos começavam a se alarmar com os índices crescentes de mortalidade infantil no país. Refletindo sobre o tema, a literatura médica procura detectar as causas do fenômeno, elabora estatísticas e quadros comparativos referentes à situação em outros Estados ou mesmo entre países. Certamente, o problema não era novo, mas neste momento histórico adquire dimensões inusitadas no discurso médico, criminologista, dos industriais, principalmente pela ameaça de despovoamento que representava para a nação.

Um dos médicos mais influentes e voltados para a questão do menor abandonado, o dr. Moncorvo Filho, fazendo um histórico da assistência à infância carente no Brasil, apresentava dados alarmantes. Segundo ele, até 1874, a higiene infantil jamais fora objeto de preocupação dos médicos, a não ser em raríssimas ocasiões. Ele lançava críticas contundentes aos raros asilos existentes no país, que mais abandonavam do que protegiam os pobres pequenos. Criticava o Estado negligente, desinteressado e responsável pela situação de desamparo em que se encontravam as crianças, desde os recém-nascidos, entregues nas rodas dos enjeitados, por sua vez, em péssimas condições de higiene e sem recursos, até os mendigos e órfãos que ficavam nos orfanatos até atingirem determinada faixa etária, sendo depois novamente abandonados.

Tolstói Ferreira completava esta denúncia revelando que grande número destas crianças morria devido às precárias condições de vida das instituições assistenciais. Desde a instalação da Roda da

---

12. Jacob Penteado, *Belenzinho, 1910*, p. 80.

Santa Casa de Misericórdia, em São Paulo, no ano de 1825 até 1831, haviam entrado 109 crianças das quais sessenta tinham morrido.[13] No Rio de Janeiro, a média percentual de morte dos nenês entregues na Casa dos Expostos, situada na Glória, atingia a taxa de 82%.

Inúmeros estudos e análises médicas discutem o tema da mortalidade infantil no Brasil, entre o final do século XIX e início do XX, contabilizando as vítimas, elaborando gráficos e estatísticas; enfim, utilizando métodos futuramente reclamados pelo saber sociológico. Não devemos supor, no entanto, que esta preocupação se explique mecanicamente pelo interesse de grande parte dos industriais do período em utilizar a mão de obra infantil nas primeiras fábricas instaladas no país. Ao contrário, os médicos procuravam persuadi-los dos efeitos nefastos que o emprego fabril desde tenra idade acarretava, e muitos, como o dr. Moncorvo, procuravam garantir que o Estado impedisse a absorção do trabalho infantil nas fábricas, criando condições para sua formação profissional até a idade adulta. Além do mais, a preocupação com a saúde das crianças e dos nenês não se limitava aos pobres. Muito pelo contrário, se as crianças se tornaram objeto privilegiado de atenção dos adultos, tal processo se inicia nas camadas ricas da população, na Europa ou no Brasil.

Levantando as causas gerais da mortalidade infantil, o discurso médico apontava a hereditariedade, a ignorância e a pobreza como os mais importantes. Entre os motivos particulares, destacava: os transtornos digestivos, os distúrbios respiratórios e as causas natais e pré-natais. Evidentemente, também a amamentação mercenária era colocada num dos primeiros lugares na hierarquia das origens das doenças infantis.

A hereditariedade patológica abrangia moléstias como a *sífilis*, "maior responsável pela mortalidade infantil", pois debilita o or-

---

13. Tolstói de Paula Ferreira, "Subsídios para a história da assistência social em São Paulo", p. 70.

ganismo da criança, e o *alcoolismo*, já que as substâncias tóxicas alteram a vitalidade das células, diminuindo o poder de defesa das pessoas e principalmente das crianças.

A ideia de que a ingestão excessiva de bebidas alcoólicas destruiria o organismo do indivíduo e que teria sequelas drásticas nos filhos reaparece não apenas na literatura médica. Os criminologistas, os pedagogos, assistentes sociais, industriais e mesmo os operários reafirmavam a mesma convicção. Na origem da morte ou do desvio do caráter das crianças, estava a família mal constituída, desequilibrada, formada por pais bêbados e moralmente decaídos, como mostrava Noé Azevedo:

> Ao alcoolismo do homem junta-se em breve o alcoolismo da mulher, e sobrevirá fatalmente o dos filhos. Uma das mais tristes consequências do alcoolismo está em que ele estraga não somente o organismo do bebedor, mas atinge também sua descendência, segundo a lei inflexível da hereditariedade. O alcoolismo ameaça a própria raça.[14]

Do mesmo modo, a ignorância das mulheres era responsabilizada pela alta taxa de mortalidade das crianças, uma vez que as mães desinformadas e ignorantes das classes pobres não sabiam cuidar da higiene dos recém-nascidos. O problema da ignorância era identificado, neste registro, ao da miséria e, portanto, considerado específico das camadas populares. Esta situação justificava por si mesma a interferência da medicina no agenciamento do cotidiano dos pobres, na conformação de seus atos às regras científicas elaboradas pelo saber competente.

O discurso médico, partindo das classes dominantes, condenava autoritariamente quase todas as práticas populares de cuidados

---

14. Noé Azevedo, *Dos Tribunais Especiais de Menores Delinquentes*, p. 26.

com a infância, transmitidas oralmente de geração a geração e que expressavam o saber autônomo das mulheres: uso de remédios caseiros no tratamento das doenças, utilização da chupeta, alimentação dos recém-nascidos com farinhas diversas em substituição ou em reforço ao leite, uso da faixa etc. O saber médico não admitia a existência de uma pluralidade de saberes sobre o corpo, procurando reinar soberana e exclusivamente. A inobservância das prescrições higiênicas, transmitidas como regras morais, era ameaçada com o perigo da morte dos nenês ou com o risco da deformidade física, culpabilizando-se a mãe. Assim, visitar as mulheres pobres, convencê-las da importância dos ensinamentos científicos da puericultura, eliminar hábitos atrasados e irracionais não seria um meio de proteger a infância, de diminuir o índice de mortalidade infantil, de construir uma família mais sadia e, finalmente, de contribuir para o crescimento da nação?

Com esta intenção, o dr. Moncorvo Filho e sua equipe partem para um trabalho de esclarecimento gratuito às mães pobres já nos primeiros anos do século XX, realizando conferências mensais sobre os vários temas da higiene infantil. Ensinam-lhes um novo modo de alimentação do nenê, a importância do aleitamento natural, os casos em que poderiam recorrer à amamentação artificial, como combater as moléstias infantis, o perigo do emprego das "panaceias", como o chá de laranja ou o sabugueiro, a seleção dos jogos infantis, a higiene bucal, entre outros temas. Os médicos se lançam numa verdadeira guerra contra práticas que consideravam fundadas em superstições deploráveis e em crendices arraigadas, como o uso de figas e amuletos, "o uso de colocar nas crianças bugigangas as mais esdrúxulas", que eram "um traço do selvagem, uma demonstração de ignorância, própria dos espíritos pouco cultivados", contra o hábito preconceituoso das mães que ingeriam vinho para se fortalecerem no período em que amamentavam, contra "o conselho da vizinha, do barbeiro, da comadre", contra

DO CABARÉ AO LAR | 169

"o clássico xarope de chicória", contra a resistência daquelas que se recusavam a vacinar seus filhos em tempo de epidemia de varíola. Os exemplos se sucedem e penso que podem nos interessar por revelarem algumas das práticas populares da época. Ainda a título de ilustração, os médicos insurgem-se contra o costume "absurdo" de se levar as crianças ao Gasômetro para receber os vapores do gás de iluminação para curar a coqueluche; contra os banhos ou mesmo a ingestão de sangue no matadouro para se vencerem as anemias; contra a prática do uso do camarão cru esfregado na gengiva da criancinha para facilitar a dentição, sem falar nos amuletos feitos de fragmentos de sabugo de milho, os colares de caroços de feijão, os caroços de azeitona, a cabeça da casca de abóbora, os búzios ou os colares de dentes de animais, pendurados no pescoço dos nenês.[15]

As conferências se estendem por dois anos e abrangem temas que se referem à vida privada dos pais, conselhos às esposas para que mantivessem a casa sempre muito limpa e para que impedissem os maridos, trabalhadores braçais que se esgotavam em pesadas atividades físicas, de ingerirem bebidas alcoólicas, de fumarem demasiadamente, de frequentarem botequins e bordéis etc. Na verdade, em nenhum momento procura-se pensar positivamente as práticas tradicionais das mães no cuidado com os filhos e explicá-las em função de uma outra racionalidade. Ao contrário, o poder médico visa impor-se como o único competente para determinar regras universais de conduta da população não apenas em relação ao corpo, desautorizando todos os saberes antigos fortemente enraizados nos meios populares. Batalha que certamente não foi vencida.

A pobreza, na medida em que se refletia na má alimentação das mães e dos filhos, no trabalho excessivo das mulheres, especialmente das gestantes, influía diretamente na constituição orgânica

---

15. A. Moncorvo Filho, *Higiene Infantil*, p. 170.

da criança ou resultava mesmo em sua morte, segundo a lógica do discurso médico. A criança pobre, malvestida, malnutrida, sem resistências imunológicas orgânicas, vivendo agrupada com muitas pessoas em cubículos estreitos, sombrios, insalubres, estaria muito mais sujeita às enfermidades do que as mais favorecidas. O dr. Amarante completava este quadro dramático:

> É bastante conhecida a chamada *casa de cômodos*, onde vivem em um só quarto, sem ar e luz, três e quatro criancinhas juntamente com seus pais. Se além do alimento tira-se à criança luz e ar, como esperar sua criação?[16]

Segundo o dr. Vicente Graziano, a maior taxa de mortalidade infantil encontrava-se entre as crianças pobres "que vivem aboletadas em grande número numa mesma casa". Daí a necessidade de os poderes públicos examinarem o problema da habitação popular, principalmente a da classe operária.[17]

Ao mesmo tempo, a crítica à amamentação artificial e mercenária encontrava na alta taxa de mortalidade infantil seu argumento mais convincente. Segundo o dr. João Amarante, escrevendo em 1927, as estatísticas mostravam que, em cem crianças alimentadas no seio, apenas três morriam por transtornos digestivos; enquanto, entre as que eram alimentadas artificialmente, a taxa subia para 30 ou 40 por cento.

Quase duas décadas antes, o dr. Moncorvo Filho também apelava para o instinto materno frente ao abandono das crianças, à amamentação mercenária e à consequente taxa elevada de mortalidade infantil:

---

16. João Amarante, "Cuidados com o lactante normal", p. 12.
17. Vicente Graziano, *Mortalidade infantil em São Paulo*, p. 101.

Aludindo à grande mortalidade infantil no Brasil, não posso deixar de reportar-me à questão do aleitamento entre nós, tantas vezes causa da miséria da infância que a totalidade dos que vivem à farta desconhecem, imaginando que, nesta terra, jamais se sentiu a penúria.[18]

Este médico, que dedica sua vida à proteção das crianças desamparadas, fundando o Instituto de Proteção e Assistência à Infância no Rio de Janeiro em 1901, ocupa-se com a tutelagem da família pobre por todo o país durante mais de duas décadas. Seu instituto incluía serviços como proteção à mulher grávida pobre, inclusive com assistência do parto em casa; distribuição de roupas, alimentos e remédios às mães e filhos carentes; criação da Gota de Leite, do serviço de regulamentação das nutrizes; propaganda da higiene infantil via conferências e, posteriormente, com a edição de uma revista, de folhetos e até mesmo de filmes e a criação do Dispensário Moncorvo para atender às crianças doentes.

Em 1907, o dr. Moncorvo quer entrar nas escolas públicas para trazer os pequenos doentes ao seu Dispensário, mas é barrado pelos poderes estatais, segundo seu próprio depoimento. No entanto, ele consegue fazer uma inspeção entre os aprendizes da Imprensa Nacional e também na Casa da Moeda, onde conclui que, das 88 crianças examinadas, 63 eram tuberculosas. Nos institutos profissionais municipais, registra uma taxa de 65% de menores tuberculosos.

Seu Instituto de Proteção à Infância estabelece filiais em vários Estados do país: em Minas Gerais, em 1904; em Curitiba, no Rio Grande do Sul; em Pernambuco, em 1906; em 1911, no Maranhão cria-se um Dispensário, o Hospital Infantil Moncorvo Filho e uma creche, enquanto em São Paulo seu discípulo, o pediatra Clemente Ferreira, funda como dependência do Serviço Sanitário do Estado

---

18. A. Moncorvo Filho, *Higiene infantil*, p. 318.

uma Consulta de Lactantes e um Gabinete de Exame de Nutrizes Mercenárias. Em 1914, é criada outra filial do instituto em Santos. Graças aos seus esforços, em 1916 funda-se a Sociedade Eugênica e em 1919 o Departamento de Criança no Brasil, visando proteger as crianças desamparadas de todos os modos possíveis. Em 1922, realiza-se por sua iniciativa o Primeiro Congresso Brasileiro de Proteção à Infância.

Realizando estatísticas sobre o índice de mortalidade infantil em função do aleitamento mercenário em vários Estados do Brasil, o dr. Moncorvo conclui que, dado o elevado índice de crianças entregues a esta prática, seria necessário instituir um serviço de regulamentação do serviço das nutrizes, ao lado das campanhas para convencer as mulheres analfabetas e ignorantes da importância do aleitamento natural. Em 1907, é aprovado o projeto que regulamenta o serviço de amas de leite, estabelecendo-se, entre as inúmeras cláusulas, a obrigatoriedade do exame médico das nutrizes, o pagamento de multas em caso de infração da cláusula e a de apresentar uma caderneta com informações dos diferentes patrões em cujas casas haviam trabalhado. Em 1914, é instituída a obrigatoriedade do porte da caderneta da ama de leite, liberado pelo instituto, e a submissão das nutrizes aos regulamentos internos deste.

Assim, diagnosticados os motivos responsáveis pela crescente mortalidade infantil, o poder médico propõe toda uma série de medidas preventivas de contenção do problema e que se referem fundamentalmente à redefinição dos hábitos cotidianos das famílias pobres: evitar o nascimento de crianças débeis, prematuras ou doentes, medida que se inscreve na perspectiva eugênica de preservação da raça; favorecer o aleitamento natural, principalmente entre as mulheres pobres; dar assistência à infância desamparada, aos órfãos, mendigos, ou mesmo aos pequenos operários das fábricas.

No primeiro caso, para impedir o nascimento de crianças defeituosas, os médicos propunham um cuidado especial com as gestantes, determinando sua alimentação, higiene corporal, atividades físicas e mentais e aconselhavam o estabelecimento de centros de ensino e de educação para elas. Desse modo, o poder médico pretende orientar o comportamento da mulher visando produzir a nova figura da mãe-dona-de-casa, determinando as normas que ela deveria observar para parir e criar crianças fortes e saudáveis. Na higiene da gestante, recomenda-se uma alimentação leve, evitando-se qualquer tipo de bebida alcoólica; exercícios matinais leves e passeios a pé, de bonde, mas nunca de carro, devido aos seus "solavancos"; evitar "a dor moral" que divertimentos tensos como o cinema poderiam causar; muito repouso e, no caso das operárias, os médicos apelavam para que o Estado zelasse pela maternidade, criando maternidades e creches e regulamentando as condições do trabalho feminino nas fábricas.

Com relação ao aleitamento natural, já mostramos como um dispositivo estratégico de construção e de difusão do mito do amor materno, correlato à construção de uma nova representação da mulher como "guardiã do lar", responsável pela tarefa social de constituir "uma raça forte, preparada no físico para os escolhos da vida e disposta às conquistas e vitórias para felicidade desta pátria" ("Conferências do Moncorvo às mães pobres"), procura convencer a mulher de sua nova identidade. Ora, a partir das práticas de criação e de educação do nenê, a relação pais-filhos é totalmente disciplinada. A pedagogização da maternidade aparece, então, como meio privilegiado de vencer as resistências e as opacidades dos meios populares. Resistências que, em vista dos esforços empreendidos e dos resultados alcançados, segundo a avaliação do próprio discurso médico, não deveriam ser das mais brandas. É sintomática a inquietação do dr. Jaime Americano que, ao estudar a condição do filho da mulher trabalhadora em sua tese *Da Proteção ao Lactante em Nosso Meio Operário*, de 1924, apontava a organização de um serviço de assistência à infância e à mulher grávida na fábrica Maria

Zélia como empreendimento modelar. Mas lamentava, perplexo, que esta tentativa também fracassara, dado o número muito reduzido de mulheres que o procuravam:

> Essas mulheres fecham os ouvidos à propaganda feita no estabelecimento sobre as vantagens da creche e só vão bater à sua porta quando os filhos, com os constantes desvios dietéticos a que se acham sujeitos, apresentam a saúde em estado muito precário.

Por isso, diante de tamanha incompreensão dos benefícios prestados pelos serviços criados pelo industrial Jorge Street, aquele médico sugeria a instituição de matrículas e frequências obrigatórias "sob pena de multas às mães que fugissem a esse dever", isto é, o de levar seus filhos às creches ali instaladas para serem amamentadas por elas durante os intervalos do trabalho e receberem os cuidados das enfermeiras encarregadas.

Em suma, a discussão sobre o problema da elevada taxa de mortalidade das crianças pobres permitia colocar a questão da necessidade da reestruturação dos hábitos e costumes da família operária, cujo modo de vida ainda não fora racionalizado, desodorizado e sujeitado aos padrões das classes dominantes. Num mesmo movimento introduzia-se uma política de proteção às crianças pobres, abandonadas ou não, e uma política de fixação e de tutelagem da família popular. Fundamentadas na teoria biológica do meio, as prescrições médicas pretendiam circunscrever os espaços onde deveriam se desdobrar as relações intrafamiliares, a começar pela relação mãe-filho. Nesta direção, um dos alvos privilegiados de ataque do poder será a aglomeração da família no quarto do casal e "o sistema do leito único". Aos olhos moralistas dos médicos, filantropos, pedagogos e criminologistas, o amontoamento de pessoas de idades e sobretudo de sexos diferentes, mesmo que vinculadas por laços de parentesco, só poderia produzir comportamentos promíscuos e provocar a desintegração da unidade familiar. Em defesa da intimidade privada, Noé Azevedo advertia:

> São muitos os escritores que estudam a influência da promiscuidade em habitações exíguas sobre a degradação dos costumes e, consequentemente, a erosão da criminalidade. [...] Não há palavras capazes de exprimir o que de nefasto o compartimento único produz, quer sob o aspecto físico, quer sob o ponto de vista moral. Conduz sempre, como observado, ao sistema do leito único. [...] Casos há em que, nos mesmos quartos em que dormem os filhos adultos, são recebidos estranhos, desenvolvendo-se naturalmente a imoralidade. [...] uma grande quantidade de incestos e de casos de prostituição da infância origina-se da aglomeração excessiva.[19]

A preocupação com a mortalidade infantil e com as moléstias e fatores que a originam remete então a uma questão de ordem moral e política: trata-se de eliminar as práticas selvagens e promíscuas de uma população ainda não devidamente civilizada, de regenerar o trabalhador e sua família, ensinando-lhes uma pedagogia das virtudes. Por isso, neste discurso moralista, político, econômico e filantrópico, ignorância, pobreza, alcoolismo, sífilis, tuberculose e criminalidade são tratados como doenças da mesma ordem, focos infecciosos que atuam e se alastram no interior do corpo social, provocando sua decomposição e degenerescência.

A NECESSIDADE DO MÉDICO

Todos estes males causadores da degeneração dos pobres, segundo o discurso médico, deveriam ser sanados pela atuação imprescindível dos médicos, higienistas e sanitaristas, que se apresentam desde meados do século XIX como as autoridades responsáveis

---

19. Noé Azevedo, *Dos tribunais especiais de menores delinquentes*, p. 26.

pela saúde e pela higiene da cidade, pelo crescimento econômico do país e pela formação de uma "raça de trabalhadores" saudáveis física e moralmente. A figura do médico sanitarista era apresentada no discurso do poder médico como indispensável para a tarefa de melhorar as condições de vida da população. O novo médico não deveria, assim, preocupar-se tão somente com a cura da doença individual, mas deveria realizar uma obra de caráter social, prevenindo o mal onde quer que ele se manifestasse. Recorrendo a uma linguagem militar, o trabalho dos médicos sanitaristas e enfermeiros é comparado à luta travada por um exército, no qual o primeiro figura como o general que deveria assumir o posto de comando e dirigir seus subordinados na guerra patológica. Sua função seria social e militar acima de tudo: vigilância e controle da vida social nos mínimos detalhes:

> Na moderna obra de saúde pública, o sanitarista é o *general* que tem de coordenar os esforços parciais para o resultado total, utilizando principalmente os práticos de várias especialidades médicas.[20]

A medicina redefinia sua relação com o Estado, colocando-se como condição de possibilidade da normalização da sociedade, no que concerne à questão da saúde. Nesse sentido, os médicos sanitaristas pertencentes ao aparelho do Estado, como o dr. Paula Souza, que dirige o Serviço Sanitário do Estado de São Paulo de 1922 a 1927, formulam todo um projeto médico de recuperação do organismo social. Sua função não é mais meramente curativa, mas deve ser preventiva.

Tendo estudado nos Estados Unidos e sido influenciado pela medicina preventiva norte-americana, este médico de renome ilustrava esta mentalidade:

---

20. G. Paula Souza, "A moderna saúde pública", in: *A folha médica*, 15/5/1927.

A medicina curativa começa onde falha a preventiva; pois cuida aquela da doença que é objetivo desta evitar e, como antes prevenir que reprimir, é predominante a função do higienista.[21]

A atuação do médico sanitarista apresentava-se como mais importante e vital que a do médico clínico, nesta perspectiva, por se dirigir para a população em geral:

> Não é demais que se insista sobre a importância do sanitarista na obra de saúde pública. O obstetra, o pediatra, o fisiologista, como o microbiologista e o químico, nenhum deles, por mais sábio, por mais prático, pode tomar a si a direção de um trabalho de saúde pública. Ao sanitarista, médico especializado em higiene e administração sanitária, que à sua instrução médica acrescentou um curso, de aperfeiçoamento de saúde pública, cumpre exercer, em cada coletividade, a função de coordenar as técnicas diversas que utiliza a *moderna* organização sanitária.[22]

No entanto, a despeito de todos os esforços médicos, pedagógicos e assistenciais dirigidos para a conservação da infância, em especial do menor abandonado e das crianças das famílias operárias, o trabalhador infantil continuou a ser massivamente empregado nas indústrias instaladas nas primeiras décadas do século XX, não raro sofrendo uma exploração muito mais violenta que a que enfrentavam os adultos. Na fábrica, a criança vivenciava não apenas uma pesada carga de trabalho físico, mas todas as implicações decorrentes de uma relação que se estabelece entre desiguais, social e fisicamente.

---

21. G. Paula Souza, "Organização da higiene pública", in: *A folha médica*, 1/11/1927.
22. *Idem*, "A moderna saúde pública", in: *A folha médica*, 15/5/1927.

O TRABALHADOR INFANTIL NO IMAGINÁRIO OPERÁRIO

Mas é suficiente dizer que chocam as notícias calamitosas, flagrantes impiedosos colhidos pela imprensa operária retratando pobres criancinhas espancadas, humilhadas, exploradas por este mundo adulto vil, ignóbil, desumano, que desrespeita os pequenos, suga-lhes todas as energias, transforma-os em seres franzinos, raquíticos, sem vida? Maltrapilhos trabalhando ininterruptamente dez, doze, catorze horas seguidas, caindo de sono diante do ritmo alucinante das máquinas, exaustos de cansaço, vigiados continuamente por contramestres sem escrúpulos, vilões, carrascos, em benefício do capitalista voraz, cuja ambição desmesurada cega os próprios atos, eliminando qualquer vestígio de um gesto de ternura e delicadeza? Pobres criaturas engolidas por máquinas infernais... É suficiente querer colocá-las nas fábricas e destruir a tão querida época de brincar, de poder viver livremente, de preparar-se para o futuro? Por uns poucos réis! Não deveriam as crianças serem retiradas dos presídios industriais e enviadas para o lugar que merecem, o mais apropriado para elas, seu espaço natural: a escola?

A preocupação com a recuperação da infância também está presente na imprensa operária. Em sua defesa, vários artigos são publicados denunciando as condições desumanas do trabalho infantil nesses "antros infernais de corrupção", as unidades fabris. Se uma representação simbólica da mulher sustenta o discurso masculino que a redireciona de volta ao lar, a noção de que na infância deve formar-se o caráter e incutirem-se virtudes essenciais remeterá a criança em direção à escola. Cada um em seu espaço próprio. Por caminhos divergentes, também o discurso operário se apropria da questão da infância e participa deste movimento de redefinição do estatuto da criança e de reestruturação das relações intrafamiliares, nas primeiras décadas do século XX no Brasil.

É basicamente reforçando as noções da inocência e da fraqueza da criança que a imprensa operária denuncia a ampla utilização da força de trabalho infantil no processo de industrialização do país, contra-argumentando as principais justificativas levantadas pelo patronato. Ser frágil, indefeso, tímido, a criança pobre deve ser protegida, assim como a mulher, contra as garras afiadas dos capitalistas, e enviada para a escola, lugar de formação do novo homem. A fim de evitar a degeneração social e moral dos menores, o movimento operário coloca-se na obrigação de defender os direitos da infância e de evitar a desintegração familiar.

Aos olhos do patronato, a função moralizadora do trabalho justifica a introdução de um vasto contingente de menores nas indústrias, especialmente nas têxteis. O trabalho nesta perspectiva aparece como uma maneira salutar de impedir a vagabundagem e o desperdício das energias das crianças. Não raro, os pais participam da ética puritana do trabalho, coniventes com a representação imaginária do trabalho como atividade redentora e enobrecedora, formadora do bom caráter do cidadão, ou seja, como uma virtude. Segundo o industrial Jorge Street, proprietário da fábrica Maria Zélia, que empregava em suas empresas grande quantidade de trabalhadores infantis, sem a atividade fabril as crianças ficariam abandonadas nas ruas, à mercê de todas as seduções e vícios, transformando-se em futuros delinquentes. Ele se vangloriava de dirigir em suas fábricas "um grande número de crianças entre doze e quinze anos, cerca de trezentas, de ambos os sexos", que trabalhavam cerca de dez horas diárias, como todos os adultos. Seu depoimento já se tornou famoso:

> Na sua grande maioria, eles são filhos, irmãos ou parentes dos meus próprio operários, que trabalham, portanto, na mesma fábrica [...]. Elas só prestam serviços leves e compatíveis com a sua idade e forças; além disso é-lhes permitido levarem consigo certos alimentos, como pão, frutas etc., e, quando querem, a qualquer

hora, comer o que consigo levam. [...] É de surpreender ver-se essa pequenada trabalhar e sempre tenho a impressão que eles o fazem sem grande esforço, impressão esta confirmada pelo modo como é feita a saída, depois do trabalho terminado. É uma verdadeira revoada alegre e gritante que sai à frente dos maiores, correndo e brincando [...].[23]

Afinal, como a mãe que trabalha o dia todo numa indústria poderia cuidar devidamente de seu filho, impedindo-o de decidir seus próprios atos e certamente de cair nas malhas fatais da delinquência e da criminalidade? Não era preferível uma disciplina branda e suave exercida sobre as crianças pelo contramestre à vigilância irritante e obsessiva da mãe, dividida entre um sem-número de atividades? Não fazia um benefício o patrão que aceitava em sua propriedade pais e filhos, permitindo que trabalhassem lado a lado, aprendendo juntos nesta escola das virtudes que é a fábrica?

Antonio F. Bandeira Júnior, que realiza um dos primeiros levantamentos sobre a situação da indústria no estado de São Paulo, também defendia ardorosamente a participação das crianças no trabalho fabril, representado como atividade positiva e vantajosa tanto por evitar a emergência de marginais e ociosos na cidade, quanto por formar o caráter e propiciar a aprendizagem de uma profissão aos futuros homens da nação:

> É considerável o número de menores, *a contar de cinco anos*, que se ocupam em serviços fabris percebendo salários que começam por duzentos réis diários; mas, mais do que isso, têm esses menores a vantagem de *adquirir hábitos de trabalho*, aprendendo um ofício que lhes garante o futuro, ao passo que não aumentam a falange dos menores vagabundos que infestam a cidade.[24]

---

23. Evaristo Moraes Filho (Org.), *Ideias sociais de Jorge Street*, pp. 379-80.
24. *In*: Michael Hall e Paulo Sérgio Pinheiro, *A classe operária no Brasil*, vol. 2, p. 31.

Ele sugeria que, em vez de colônias correcionais, as crianças fossem entregues aos cuidados dos industriais, almas generosas que aceitavam empregar benevolamente crianças de até mesmo cinco anos de idade, garantindo-lhes com um ofício a sobrevivência futura, ao mesmo tempo em que auxiliavam os pais na árdua tarefa de educação dos filhos.

A resposta dos anarquistas foi taxativa, inúmeros artigos denunciam uma outra realidade do trabalho infantil nas fábricas: maus-tratos, bofetadas, safanões, espancamentos, insultos, multas, toda sorte de castigos corporais. Nem sorrisos e nem lanchinhos...

> Na fábrica de fósforos Brilhante, do sr. M. M. Ferreira [...] além de uma correia enorme que o mestre Octávio faz cantar todos os dias nos lombos de desgraçadas crianças que ali enriquecem o capitalista e se arruina por toda a vida o filho do patrão [...] não se farta de seduzir e corromper as raparigas que pode nas fábricas [...] (*A Terra Livre*, 22/6/1907.)

A Voz do Trabalhador, em 1/7/1908, também se insurgia, recomendando aos "jornalistas burgueses" que deixassem as belas confeitarias e fossem visitar as fábricas, onde poderiam constatar que ali trabalhavam crianças de seis a doze anos "em trabalhos superiores às suas forças e que, muitas vezes inexperientes devido à sua idade, deixam-se fatalmente apanhar pelas máquinas", ou que com medo dos castigos dos contramestres limpavam as máquinas "com elas em movimento, do que resulta ficarem despedaçados nas engrenagens".

A vida cotidiana do trabalhador infantil nas fábricas, retratada pela imprensa operária, dissipa qualquer ilusão rósea de um ambiente educativo, descontraído e saudável. Nada disso. As energias infantis se atrofiam, a falta de iluminação, a péssima ventilação, o odor fétido exalado pelos gases, óleos, vapores das máquinas e materiais industriais, a impossibilidade de uma boa alimentação, as longas horas de trabalho ininterrupto, tudo favorece a propagação de moléstias perigosas na fábrica, ameaçando dizimar esta geração de pequenos proletários. Onde buscar os trabalhadores do futuro? A degeneração física e moral da infância operária — primeira preocupação do movimento libertário na luta pela preservação da criança. É possível evitar as consequências sociais e morais desastrosas da exploração do trabalho infantil nessas galeras?

Segundo as notícias veiculadas, poucas crianças não apresentavam o organismo definhado tanto por causa da rudeza do serviço quanto devido à deficiência alimentar. Sua saúde se consumia no trabalho fabril, alertava *A Terra Livre* em 18/8/1907, comentando os resultados do relatório do dr. Moncorvo Filho:

> A tuberculose opera livremente e o seu campo de ação é dos mais propícios. [...] Verificou o diretor do Instituto de Assistência à Infância, no exame que fez nos trabalhadores menores da Imprensa Nacional, que todas as crianças que trabalhavam no serviço de impressão acham-se tuberculosas [...].

Ora, afirmavam os industriais, os próprios pais operários desejavam que seus filhos trabalhassem em seus estabelecimentos, pois isso representaria um alívio no orçamento doméstico. Os dois lados sairiam beneficiados deste contrato: os patrões economizariam ao empregar uma força de trabalho não especializada e mais econômica; os pais lucrariam, completando seu rendimento financeiro. O emprego de uma mão de obra tão jovem não deveria então chocar, apelava o discurso patronal, pois atendia aos interesses dos próprios operários.

O argumento moralista utilizado pelo discurso patronal procura eximir-se de qualquer acusação de desumanidade, legitimando-se perante a opinião pública. Afinal, quantas crianças não haviam sido retiradas dos orfanatos, das casas de caridade, dos juizados de menores, onde viviam abandonadas em condições muito mais precárias, para serem empregadas nas primeiras fábricas instaladas no país? Como na Inglaterra ou na França, muitos empresários das indústrias têxteis algodoeiras recrutavam sua força de trabalho não especializada nestas instituições de (des)proteção à infância ou, ainda, entre os mendigos, órfãos e desempregados das cidades do litoral.[25] A ideia de que o trabalho viria regenerar e moralizar esta população desocupada e abandonada assumia a forma do exercício da caridade. Os pobres, segundo o imaginário social, eram figuras culpadas porque se recusavam a pertencer ao mundo da produção, colocando-se à margem da sociedade; por isso deveriam ser reintegrados a todo custo.

O trabalho assalariado de "centenas de órfãos e crianças abandonadas" nos asilos, nas instituições de irmãs de caridade e nas sociedades beneficentes reduziria os encargos da sociedade para com esta população miserável. Um grupo de industriais afirmava, em 1870, que "não há empreendimento mais humanitário e filantrópico do que proporcionar emprego apropriado para essa grande e crescente parcela da comunidade".[26]

Não forneciam os patrões moradia, vestimenta, alimentação e instrução para essas crianças abandonadas que se tornariam no futuro hábeis operários e cidadãos "bons, inteligentes e habilidosos"? No discurso patronal, o industrial beneficiava econômica e moralmente os pequenos que contratava, pois, trabalhando nas fábricas, as crianças estariam "dando alguns anos de sua vida útil numa idade em que seu caráter está em formação e os hábitos regulares da diligência podem ser adquiridos". Em 1883, a tecelagem União

---

25. Boris Fausto, *Trabalho urbano e conflito social*; Stanley Stein, *Origens e evolução da indústria têxtil*.

26. Stanley Stein, *Origens e evolução da indústria têxtil*, p. 64.

Itabirana, no interior de Minas Gerais, propunha que o governo subvencionasse as fábricas de algodão que empregassem "órfãos pobres e sem instrução" e os formassem profissionalmente. "Cinquenta anos depois do aparecimento das primeiras fábricas têxteis", informa ainda Stein, a tecelagem carioca América Fabril empregava quinze "enjeitados" de um hospital de caridade do Rio de Janeiro. Ainda um outro industrial sugeria ao governo que construísse um asilo para "veteranos mutilados de guerra" junto à sua fábrica, em terreno cedido por ele mesmo, prometendo em troca empregar os que estivessem em condições de trabalhar na fiação ou tecelagem.

A estratégia disciplinar de confinamento das crianças no interior das unidades produtivas, retirando-as das ruas ameaçadoras ou do abandono dos asilos e dando-lhes uma ocupação profissional justificava-se como meio de formar o novo trabalhador, modelando seu caráter desde cedo. Num campo oposto, o discurso operário denunciava a exploração do trabalho infantil, economicamente mais barato e politicamente mais submisso, desmistificando as vantagens do tipo de adestramento que a atividade fabril poderia propiciar à infância: exaurir suas forças, enfraquecê-las, embotar sua inteligência, atrofiar seus músculos, impedir seu crescimento físico e espiritual.

> Hodiernamente, as condições de trabalho para os menores pouco se modificaram. A jornada está, é certo, reduzida a 8 horas para muitas fábricas; os salários aumentaram [...] em muitos centros de trabalho, uns tristes reaes [sic]. Mas que importa isso? Os mestres, os encarregados, os diretores das fábricas, que para os filhos são todos blandícias e carinhos, para as crianças proletárias mostram-se uns verdadeiros carrascos. Há por aí muita bastilha de trabalho onde impera a maior das iniquidades, o pior dos despotismos. Maltratam-se crianças com mais insensibilidade do que se espanca um animal.
>
> Edificante, não acham? (*A Plebe*, 10/9/1919.)

Evidentemente, a utilização do trabalho infantil, como a do feminino, permite um acréscimo do lucro do capitalista, já que os salários pagos a essa força de trabalho são muito mais baixos e a exploração é maior. Esse motivo econômico da preferência pelo emprego das crianças e mulheres no trabalho fabril no começo do século XX não foi poucas vezes denunciado pela imprensa operária. *A Plebe*, de 18/9/1919, reclamava que os proprietários de uma fábrica de tecidos haviam despedido dezessete antigos operários para contratar menores em seu lugar, "porque as crianças são exploradas mais facilmente e contentam-se com pequena remuneração".

A absorção das crianças no processo de industrialização das primeiras décadas do século XX atinge cifras elevadas, que estudos consagrados já analisaram. E, a despeito de algumas medidas legislativas de proteção ao menor, como a regulamentação do trabalho infantil incluída no Código Sanitário de 1894, que proibia o emprego de menores de doze anos nas fábricas, ou o regulamento do Serviço Sanitário de 1911, que proibia o trabalho noturno de menores de dezoito anos e o emprego de menores de dez anos nas unidades produtivas, poucos industriais respeitavam essas disposições, conforme os inquéritos estatais denunciavam.

Contra esta situação, é criado em 1917, alguns meses antes da greve geral que paralisaria São Paulo, um Comitê Popular de Agitação Contra a Exploração dos Menores nas Fábricas, pela iniciativa do Centro Libertário de São Paulo. Propunha-se a luta pela libertação das crianças da "escravidão dos ergástulos do trabalho". (*A Plebe*, 9/6/1917.) As notícias sobre a movimentação promovida pelo comitê não duram muitos meses. De qualquer forma, os líderes anarquistas insurgiam-se contra o abandono em que se encontravam as crianças entregues à livre exploração do capital, arruinando sua saúde, vítimas de doenças contraídas em função da miséria e do trabalho extenuante. Em vários manifestos, o comitê procura

"Vendedores de jornais", *Impressões do Brasil no século XX*, 1913.
Arquivo Edgard Leuenroth, Unicamp.

Revista *Eu sei tudo*, 1920.
Arquivo Edgard Leuenroth, Unicamp.

Revista *Eu sei tudo*, 1920.
Arquivo Edgard Leuenroth, Unicamp.

Revista *Eu sei tudo*, 1920.
Arquivo Edgard Leuenroth, Unicamp.

Revista *Eu sei tudo*, 1920.
Arquivo Edgard Leuenroth, Unicamp.

A feminista Maria Lacerda de Moura, referência importante no movimento anarquista, com inúmeros livros publicados.
Centro de Documentação e Memória da Unesp–Cedem / Coleção Miriam Moreira Leite.

Passaporte de criança imigrante, São Paulo.
Arquivo Edgard Leuenroth, Unicamp.

Carteira de identidade de imigrante espanhola, 1921, São Paulo.
Arquivo Edgard Leuenroth, Unicamp.

Passaporte de imigrante portuguesa, São Paulo, 1920.
Arquivo Edgard Leuenroth, Unicamp.

Distribuição de alimentos durante a gripe espanhola de 1918.
Arquivo Edgard Leuenroth, Unicamp.

Crianças brincando no interior da Vila Operária Maria Zélia, São Paulo.
Arquivo Edgard Leuenroth, Unicamp.

Inauguração da nova linha de bonde da época, São Paulo.
Arquivo Edgard Leuenroth, Unicamp.

ganhar a adesão da opinião pública, dos médicos, educadores e autoridades sanitárias e políticas, além evidentemente do próprio movimento operário, em vista de "preservar as novas gerações dos danos morais e materiais que podem resultar de seu trabalho precoce". (*Fanjulla*, 12/3/1917.)

Colocando-se absolutamente contra a exploração do trabalho infantil nas indústrias, o movimento procurava convencer os pais de que deveriam poupar seus filhos de tamanho sofrimento, em favor do futuro da criança. Assim, em vez de empregar seus filhos nas "bastilhas industriais", por que não reivindicar, através de um movimento organizado, melhores condições de trabalho e salários mais elevados?

> Reclamem dos patrões a redução das horas de trabalho, a fim de diminuir o número dos operários desocupados; exijam aumento de salário; promovam movimentos tendentes a fazer reduzir os preços dos aluguéis, dos gêneros de primeira necessidade; protestem contra os exorbitantes impostos federais, estatais e municipais, a fim de que a classe operária possa alimentar honestamente os seus filhos e fornecer-lhes uma instrução intelectual e profissional [,]

incitava o jornal *Fanfulla*, de 17/3/1917.

Além de toda a agitação em prol da preservação da infância operária, o movimento liderado pelo Comitê Popular parece também preocupado em redirecionar a criança à escola para garantir o espaço masculino do trabalho frente à concorrência desta força de trabalho mais barata. Trata-se também de um movimento de defesa do emprego do trabalhador adulto frente à concorrência do trabalho infantil e das mulheres. Vários artigos evidenciam esta preocupação mesmo antes da constituição do comitê. Em 1904, *O*

Do cabaré ao lar | 187

Trabalhador Gráfico lamentava-se da substituição do trabalho masculino adulto pelo da criança ou da mulher:

> Aos encadernadores:
>
> [...] Por conveniência própria, em prejuízo de honrados pais de família, exploram vergonhosamente meninos aprendizes, usurpando os suores dessas pobres crianças pela miserável quantia de 500, 1$000 e 1$500 por dia, enquanto deixam de lado criminosamente aqueles que têm certa responsabilidade social, que têm grande prática do ofício. Mas como reclamar, se os patrões no seu egoísmo feroz preferem o serviço malfeito ao bem feito e correto, desde que corra em seu proveito?[27]

No discurso operário, a questão do trabalho infantil assumia a dimensão de luta pela preservação do campo de trabalho do homem adulto, mas, ao mesmo tempo, refletia a preocupação de proteger as crianças contra a degeneração física e moral advinda da atividade fabril. Nesse sentido, também o movimento operário atuava para enviar a criança à escola, como a mulher ao lar, refletindo uma representação imaginária da criança como ser frágil, irracional, inocente, que deveria ser moldado e preparado gradualmente para a vida adulta.

A RESISTÊNCIA DOS PEQUENOS TRABALHADORES

Mas como pensar esta realidade desumana e massacrante, ou edificante e saudável do mundo do trabalho na perspectiva das crianças mesmas, cujas vozes nunca podem ser ouvidas? Suposições, inferências, deduções... alguns registros de atos de revolta.

---

27. *In*: Esmeralda Blanco B. Moura, *Mulheres e menores no trabalho industrial*, p. 114.

Os constantes castigos, surras, bofetadas, espancamentos que os contramestres infligiam aos pequenos poderiam revelar uma resistência surda e abafada das crianças às imposições disciplinares na produção. Jacob Penteado, em seu livro de memórias *Belenzinho, 1910*, relembra o episódio de resistência dos pequenos trabalhadores que, na saída da fábrica, escondem-se nos morros, cavam trincheiras e esperam com estilingues de borracha a passagem do contramestre sobre o qual lançam chuvas de pedras:

> Os maus-tratos foram tantos e tão frequentes que, certa noite, as vítimas resolveram vingar-se. Reuniram-se em grupo e acoitaram-se num terreno baldio, localizado no trajeto que Casanova costumava percorrer [...]. Local ótimo para o fim que almejavam: um campo ermo, com as trevas bastante densas, [...].
>
> Quando perceberam que Casanova se aproximava, cambaleando, sob a ação do álcool, levantaram-se e descarregaram tamanha saraivada de pedras, pedregulhos e cacos de tijolos no gringo, que este se viu impotente e, aturdido e ferido, caiu gemendo com a cabeça rachada [...].[28]

Dificilmente encontram-se relatos sobre a resistência infantil à organização capitalista do trabalho mesmo na imprensa operária. No entanto, as frequentes denúncias dos maus-tratos e repressões sofridos pelas crianças fazem supor a existência, frente à violência do mundo adulto, da sua evasão no ato de brincar, de correr, de conversar por entre as máquinas durante o período do trabalho. Impossível deixar de imaginar como a fábrica deve ter representado para elas um mundo tedioso, repetitivo, monótono, severo e rígido, como um internato de religiosos onde se tornavam prisioneiras. *A Terra Livre*, de 1/6/1907, registra um episódio ilustrativo:

---

28. Jacob Penteado, *Belenzinho, 1910*, pp. 122-3.

Tecelagem — [...] Presenciei, porém, há dias um fato que pode ser referido como amostra do que ali se passa. Um pequeno, que o mais que podia ter era 8 anos, andava na sala do pano a apanhar canelas vazias para levar à fiação; de repente, porém, levado por impulsos próprios da sua idade, pôs-se a brincar com um boneco que ali improvisara, não sei como.

Estava o pobre menino nisso quando o mestre do pano o surpreendeu por trás com um tremendo sopapo na cabeça, deixando-o estendido no chão.

As fugas dos locais de trabalho também requeriam esta vigilância física, atenta, constante sobre as crianças operárias. Jacob Penteado descreve esta forma de resistência infantil no interior de uma fábrica de vidros, em São Paulo:

Não havia instalações sanitárias, apenas fossas ou o... mato. Onde houvesse latrinas, os meninos, à hora da saída, eram obrigados a limpá-las, isto é, a fazer faxina, como nos quartéis. Para isso, os porteiros não os deixavam sair, antes de cumprida tal obrigação. Muitas vezes os meninos atacavam o porteiro a pedradas e pulavam o muro, fugindo pelos capinzais que circundavam as fábricas.[29]

A resistência das crianças no interior do processo de trabalho não se manifesta apenas na forma de deserção ou fuga ao trabalho, no "freio" à produção nas prováveis brincadeiras não contadas que tornavam os contramestres tão furiosos e violentos sobre os menores. *A Plebe*, de 1/5/1927, discorrendo sobre a greve dos tecelões de Sorocaba, nos dá um importante testemunho da participação infantil na deflagração e na sustentação do movimento paredista, na fábrica Votorantim, contra a extensão da jornada de trabalho:

---

29. Jacob Penteado, *Belenzinho, 1910*, pp. 142-3.

190 | MARGARETH RAGO

[...] O INÍCIO DA GREVE

No dia imediato, à hora de começar o trabalho, (os trabalhadores paralisam a fábrica). Ao mesmo tempo que os mais conscientes os chamavam (aos inconscientes) ao cumprimento do seu dever, a criançada (vítimas prediletas da exploração burguesa), com a irreverência e rebeldia espontâneas próprias da infância, fê-los recuar a pau e a pedrada num gesto animador de consciência nascente, ao grito de — Viva a jornada de 8 horas!

Quinze anos antes, o Comitê de Greve da fábrica publicava um panfleto explicando os motivos que haviam levado ao movimento paredista naquela indústria:

> [...] Centenares de crianças que ali se estiolam na seção de fiação, cansadas de serem exploradas miseravelmente e, ultimamente coagidas a trabalhar 9 horas por dia, *resolveram abandonar o trabalho*, para fazerem respeitar a jornada de 8 horas. Foi quanto bastou para que os janízaros [...] trancassem todas as portas e janelas da fábrica, querendo, assim, evitar que os pequenos mártires do trabalho pudessem regressar a seus lares. (Grifos meus.)

O texto terminava lembrando aos operários que

> neste instante estão reunidos todos os industriais de Sorocaba, para estudarem os meios mais práticos de *submeterem os pequenos grevistas*. Se o vosso apoio não chegar a tempo, as crianças serão vítimas de seus algozes, que algozes nossos são.

E, em 30/10/1909, *A Voz do Trabalhador* noticia a luta dos operários infantis pela elevação de seus salários:

A 9 do mês de setembro findo, os portadores (meninos de 10 a 15 anos de idade) da fábrica de vidro Santa Marina pediram à diretoria da fábrica 500 réis de aumento nos seus salários. O gerente Basílio Monteiro da Silva recebeu-os com insultos e modos grosseiros, próprios dum escravocrata, motivando, assim, a greve dos portadores.

Os operários da fábrica aderiram totalmente ao movimento grevista e lançaram uma campanha de boicote a todas as marcas de cerveja da fábrica Antártica para pressionar a companhia a ceder às suas reivindicações. Para intimidar os grevistas, a companhia intimava-os a abandonarem as casas da empresa. Todos se mudaram, instalando-se em casas de amigos ou arranjando-se de outro modo.

A industrialização no Brasil foi realizada em grande parte por esse pequeno produtor, que trabalhava tanto quanto os adultos, senão mais, mas que recebia menos por ser menor. Nas fábricas de vidro, seu trabalho era indispensável, assim como em outras indústrias. O industrial Matarazzo, por exemplo, chegou a adquirir máquinas pequenas, adequadas ao tamanho das crianças, para aumentar a produtividade do trabalho na fábrica Mariângela. Jacob Penteado descreve ainda o trabalho infantil no interior da Cristaleria Itália, ou Fabriquinha, onde as crianças acabavam sendo exploradas também pelos operários adultos. Os pequenos deviam chegar antes que os oficiais para encher de água os latões e tinas, "onde as peças eram reaquecidas para o acabamento". Com isso, as crianças operárias acabavam trabalhando ainda mais que os mais velhos e "quando a fusão do vidro retardava, aumentavam para onze, doze e até quinze horas de trabalho".[30]

---

30. Jacob Penteado, *Belenzinho, 1910*, p. 117.

Se o retrato da exploração infantil foi tema constante nas páginas da imprensa anarquista e operária em geral, a problematização da relação com a infância para os libertários certamente enveredou por outras direções. Não apenas uma atitude defensiva de denúncia da violência fabril, mas um pensar sobre a formação do homem novo, desde a mais tenra idade.

A PEDAGOGIA LIBERTÁRIA E A FORMAÇÃO DO HOMEM NOVO

Como então formar este novo personagem capacitando-o a conviver com as mais variadas diferenças, de idade, sexo, cor, nacionalidades, sem todos estes preconceitos que nos atravessam, criando tantos desencontros, tantas dificuldades de comunicação e entendimento? Seremos capazes de quebrar tantas molduras, de desfazermo-nos de nossas máscaras? A infância é uma esperança. Uma educação especial, capaz de respeitar sua individualidade, de deixá-la falar em sua linguagem, sem ter de suportar obrigações, deveres, punições. Por que não deixá-la encontrar seus rumos, expressar sua diferença, sem recriminações? Suportaremos não nos ver refletidos em suas pulsões infantis, como diante de um grande espelho cujas formas projetassem nossas imagens reduzidas?

As experiências de Ferrer abrem perspectivas sedutoras. Afinal, em Barcelona, 1901, põe em prática suas ideias, seu projeto educativo e funda a "escola moderna". Por vários anos, a imprensa anarquista homenageia Francisco Ferrer y Guardia, na data de sua morte: fotos, artigos, poesias, manifestações públicas. O fuzilamento em 1909 pelo governo autoritário espanhol é rememorado na poesia publicada em *A Plebe*:

À MEMÓRIA DE FERRER

Educar para a vida a mocidade.
Para uma vida forte e sem mentira?
Horror! Isto é a anarquia, isto conspira
Contra o céu, mais o trono, mais o abade!

Morte ao infiel, ao que à loucura aspira!
A Terra é muito nossa propriedade,
Não deixemos morrer a autoridade,
Como se esvai o fumo duma pira!

Morte ao infiel — E a terra horrorizada
Viu a ressurreição de Torquemada
Dum mar de sangue, horrível e iracundo;
Num renascer da inquisitoria sanha,
Viu Ferrer sucumbir dentro da Espanha,
— Para viver no coração do mundo!

Beato da Silva

O que se pode esperar da educação tradicional, senão que constitua indivíduos padronizados, dóceis e profundamente autoritários? É para isso que serve a escola burguesa: para fazer as pessoas aceitarem cegamente as normas estabelecidas, para incutir valores sociais e morais da classe dominante, para produzir e reproduzir indivíduos concebidos à sua imagem. E isso através de relações autoritárias, punitivas, coercitivas, estabelecidas entre professores, de um lado, e alunos, de outro. A escola não nasceu para disciplinar, como afirma Ariès?

O eixo da crítica formulada pela pedagogia libertária dirige-se contra o exercício do poder nas relações que se produzem em todos os espaços de sociabilidade: na escola, na casa, no trabalho, nos lugares de lazer. Ferrer propõe um tipo de escola que não incentive o espírito de competição entre as crianças, como ocorre nos institutos disciplinares burgueses, mas que crie condições para a descoberta de novas formas de convivência baseadas na cooperação, na confiança e no respeito mútuo. A escola racional ou moderna não pretende realizar uma grande obra de ortopedia social, nem segrega as pessoas segundo as suas diferenças. Ela pode ser frequentada por indivíduos de meios sociais diferentes, de idades variadas, de ambos os sexos. As escolas mistas facilitam o convívio e o conhecimento entre homens e mulheres, colocando-os numa relação de igualdade desde cedo.

A educação anarquista deve fazer da criança um "animal selvagem", na expressão da pedagoga sueca Ellen Key (1894-1926), colaboradora do Boletim da Escola Moderna publicado por Ferrer entre 1901 e 1909 e admirada por Maria Lacerda de Moura: porque ela deve ter iniciativa, vontade firme, tornar-se um conquistador, um ser observador, cheio de imaginação, forte o suficiente para poder resistir e afirmar-se na vida contra esta educação cotidiana que se faz pelas condições circundantes, ensinando-a a acomodar-se, a não se rebelar, a obedecer às inúmeras interdições: "é proibido..." O novo homem deve ser capaz de andar sobre as próprias pernas, voar com asas seguras para espaços novos e desconhecidos, aventurar-se, mergulhar profundamente. Nada disso é possível com uma educação que exige obediência e submissão: aos pais, aos mestres, aos chefes, aos governantes, aos preconceitos, a toda sorte de imposições. E que cobra um alto preço aos que se recusam e preferem escolher um caminho próprio.

A concepção libertária da formação do homem novo se choca frontalmente com o preconceito burguês de que os castigos e a repressão são instrumentos necessários e fundamentais para a formação do caráter desde a mais tenra idade. Na representação burguesa, a criança se assemelha a um selvagem em que prevalecem os instintos que, por natureza, são perigosos, maléficos e que devem ser domesticados pela razão. Essa oposição entre natureza e cultura aparece nitidamente numa comunicação apresentada no I Congresso Brasileiro de Proteção à Infância por Taciano Basílio, em 1922, cujo eixo é a defesa do Castigo às Crianças:

> Com essa orientação racional, só há vantagens em reprimir com firmeza as más inclinações, infligindo-se gradativamente os castigos em geral, para que a criança perceba obter maior lucro para si na abstenção da prática de determinados atos. Ligará então a ideia de bem ao que lhe é permitido e de mal ao que lhe é vedado ou na linguagem familiar será *bonita* se não desagradar aos pais e *feia* no caso contrário.[31]

A repressão das tendências naturais da criança deverá ser, segundo ele, tanto física, através dos castigos corporais, safanões, palmadas e bofetadas, quanto passar de modo sutil pelo gesto, pelo jogo do olhar, pelo tom da voz, ou pelo silêncio pesado. A concepção libertária da educação propõe exatamente o oposto desta forma de relacionamento opressivo com a criança: busca formar pessoas críticas, desenvolver a espontaneidade criadora, libertar o homem das superstições e preconceitos que inibem seu crescimento pessoal, através de um outro procedimento pedagógico. Partindo de uma outra representação da criança, os anarquistas não aceitam que ela seja esta "cera mole", na expressão do dr. Moncorvo Filho, na qual devem ser inscritos os preceitos de uma moral puritana, ou um perigoso selvagem em que predominam instintos perversos. Ao contrário, para os libertários, a criança possui aptidões naturais positivas que as práticas pedagógicas devem ajudar a desenvolver. A educação deve respeitar a personalidade infantil, atribuindo importância às suas necessidades reais e profundas. Recuperando a fé

---

31. Basílio Tácano, *Castigo às crianças*, p. 11.

rousseauniana na bondade natural do homem, os anarquistas consideram que não há por que se reprimirem as tendências naturais da infância por uma educação autoritária e vitoriana.

Ferrer criticava os métodos de ensino da escola tradicional, instrumento da dominação de classe: a escola racionalista não deveria ser esta "espécie de aparelho para exame ininterrupto que acompanha em todo o seu cumprimento a operação de ensino", como diz Foucault.[32] Nada de exames codificando, registrando, anotando, informando sobre cada gesto do aluno. Nem prêmios, nem punições, nem castigos físicos ou morais, hierarquizando os indivíduos, distribuindo-os nas escolas do melhor ao pior, do mais bem comportado ao preguiçoso, estimulando as rivalidades, e catalogando... Contra o sufoco da educação burguesa, Ferrer pretende que a escola moderna consiga fazer de cada aluno seu próprio professor. E *si un dia, con el ardor y la libertad que nos deberán, combaten los dogmas de nuestra imperfecta sabiduria, tanto mejor!*[33]

A escola racionalista é laica e privada, pois, sendo a religião e o Estado sustentáculos dos privilégios sociais, só podem oferecer um ensino autoritário e dogmático, a serviço dos dominantes. A cultura deve ser democratizada, seu *acesso facilitado às camadas desfavorecidas da população e deve estar adaptada* às suas necessidades, sem a parafernália dos conhecimentos livrescos e inúteis. Nenhuma classe ou grupo social tem o direito de deter o monopólio da cultura: na sociedade burguesa, o saber torna-se uma arma nas mãos dos poderosos; a verdade sempre lhes pertence. Mas não se trata simplesmente da apropriação do saber. É também a própria ciência, que se constitui para legitimar a dominação, que deve ser questionada. Com Bakunin, Ferrer compartilha da desconfiança em relação ao cientificismo, considerando a ciência não como um

---

32. Michel Foucault, *Vigiar e punir*, p. 166.
33. H. Hoorda Van Eysinga, "Le pedagogue n'aime pas les enfants", p. 15.

saber neutro mas como "instituição de classe". Não é à toa, afirma ele, que aqueles que detêm o poder "esforçando-se por conservar as crenças sobre as que antes se baseava a disciplina social, trataram de dar às concepções resultantes do esforço científico uma significação que não poderia prejudicar às instituições estabelecidas".[34] Bakunin, por sua vez, opunha à ciência oficial, posta a serviço da burguesia, a ciência popular, que deveria estudar e aprofundar os pensamentos e as esperanças do povo.

Segundo a doutrina anarquista, o conhecimento deveria basear-se na experiência, na observação direta, na descoberta individual e não nas "longas e fatigantes preleções e recitações fastidiosas e sem sentido". (*A Terra Livre*, 23/2/1907.) Assim,

> O que é verificável pelo próprio aluno, o que é demonstrável, o que é acessível, claro, lógico para a criança, o que ela pode por si mesma descobrir ou desenvolver — isso será preferido a todas as divagações metafísicas ou filosóficas, a todas as afirmações impostas pela autoridade do pedante, que não podem senão habituar à preguiça intelectual.

Ao contrário da concepção originária de educar — do latim *educare*, que significa endireitar o que está torto, concepção que justifica a adoção de métodos autoritários de enquadramento da infância e da adolescência —, a escola racionalista pretende favorecer o desenvolvimento das tendências positivas da criança. O professor tem pouco que ensinar, mas deve observar muito, aproveitar as circunstâncias para que seu aluno descubra por si mesmo os inúmeros fatos de todo gênero, as múltiplas relações que mantêm entre si. Ferrer explica: na escola moderna,

---

34. *Albert Mayol (Org.), Boletin de la Escuela Moderna, p. 14.*

toda imposição dogmática era rechaçada, qualquer incursão na área metafísica abandonada e, pouco a pouco, a experiência formava a nova ciência pedagógica, não só por meu empenho, mas pela ação dos primeiros professores e, em ocasiões, até pelas dúvidas e manifestações dos alunos.[35]

O processo de aprendizagem deveria realizar-se de maneira prazerosa e as práticas lúdicas, como os jogos, eram valorizadas visando

> arrancar o aluno das salas de aula com mutismo e quietude insuportável, características da morte, substituindo-as pela alegria e bem-estar infantil.

Afinal, continuava *A Terra Livre* em 23/2/1907, a escola não deveria ser um lugar de tortura, rígido e assustador para as crianças, mas um lugar de prazer, onde elas se sentissem à vontade e o ensino fosse oferecido como uma diversão,

> procurando aproveitar a sua natureza irrequieta e alegre, as suas faculdades e sentimentos, falando mais ao olhar que ao ouvido, dedicando-se mais à inteligência do que à memória, esforçando-se por desenvolver harmônica e integralmente os seus órgãos.

A experiência e os ensinamentos de Ferrer y Guardia, que na década de 1880 viajara para a França, onde entrara em contato com pedagogos e com instituições educativas inovadoras, são discutidos na imprensa anarquista em inúmeros artigos, ao lado de outros teóricos libertários, como Sebastian Faure e Eliseu Réclus. Seu projeto educativo é propagandeado desde antes de sua morte, embora as primeiras escolas modernas no Brasil surjam em 1920. Os comi-

---

35. Maurício Tragtenberg, "Francisco Ferrer e a pedagogia libertária", p. 30.

tês pró-escola racionalista debatem as ideias pedagógicas daquele espanhol por vários anos antes da sua fundação. Em *A Terra Livre* (1/1/1910), eram expostos os objetivos deste projeto educacional:

> A Escola Moderna propõe-se libertar a criança do progressivo envenenamento moral que, por meio de um ensino baseado no misticismo e na bajulação política, lhe comunica hoje a escola religiosa ou do governo; provocar junto com o desenvolvimento da inteligência a formação do caráter, apoiando toda concepção moral sobre a lei de solidariedade; fazer do mestre um vulgarizador de verdades adquiridas e livrá-lo das peias das congregações ou do Estado, para que sem medo e sem restrições lhe seja possível ensinar honestamente, não falseando a história e não escondendo as descobertas científicas.

Assim, como Proudhon e Bakunin, Ferrer propunha a superação da divisão entre trabalho manual e intelectual, de modo que a humanidade pudesse recuperar sua unidade originária perdida. A sociedade cindida entre aqueles que detêm o saber e aqueles que executam as tarefas braçais só pode comportar relações de dominação; assim, a superação da divisão social do trabalho só poderia ser conseguida na medida em que todos pudessem exercer simultaneamente atividades manuais e intelectuais, sem privilégio da instrução a uns e todo trabalho físico e alienante a outros. Portanto, desde a própria escola, o aluno deveria participar da fabricação dos instrumentos didáticos, da manutenção das salas, do cuidado com jardins e bibliotecas, tornando-se um sujeito ativo no processo pedagógico em todos os sentidos. O que seria, também, uma maneira de quebrar a hierarquia e a distância dos papéis atribuídos a professores, alunos e funcionários, evitando que cada um se especializasse rigidamente em uma atividade limitada. Além disso, defendia-se a aprendizagem de um ofício manual na escola, que habilitasse os alunos pobres a enfrentarem as contingências da vida.

A preocupação com a valorização da criança em todos os sentidos, com o respeito à sua particularidade, como ser que tem vontade própria e diferente da dos adultos constitui um dos principais pontos da proposta de educação libertária. A denúncia do abandono dos pequenos a uma educação embolorada, tradicional e alienante, "em que a vontade individual era tida como um defeito, que a todo transe era necessário expurgar" (*A Terra Livre*, 2/4/1907), remete à questão do direito das crianças:

> Pois à pergunta: a quem pertence a criança? respondo resolutamente: nem à família nem ao Estado, mas a si própria. E, ao suposto direito da Família e do Estado cujas entidades não têm respeito pela criança débil, ignorante e desarmada mais que deveres, oponho o direito Criança [*sic*].
> A criança tem direito ao pão do corpo, desenvolvimento físico; ao pão da inteligência, desenvolvimento intelectual, e ao pão do coração, desenvolvimento do seu ser afetivo [...] (*A Terra Livre*, 1/1/1910.)

A educação anarquista pretende ser "integral", eliminando as fronteiras que opõem o trabalho manual e o intelectual e as relações de dominação decorrentes. Meio de superar a alienação do homem, a "instrução integral" impediria que o saber estivesse nas mãos de uns poucos que ditariam a todos os demais os caminhos a serem percorridos, permitiria o desenvolvimento harmonioso de todas as potencialidades humanas. Assim, a criança trabalhadora, que na sociedade burguesa é marginalizada, transformada desde cedo em "burro de carga", porque muito nova precisa entrar na fábrica e submeter-se às vontades dos patrões, dos contramestres, dos próprios operários e ainda às exigências da máquina, poderia emancipar-se, aprendendo a autogovernar-se e a fazer valer seus próprios desejos. Afinal, mesmo que na sociedade burguesa a criança pudesse frequentar a escola e o trabalho infantil nas fábricas fosse proibido, analisa Eliseu Réclus, que tipo de instrução receberia? Um saber incompreensível, absurdo, decorativo, que lhe seria passado à força, como obrigação.

O absurdo da educação e do saber burgueses: obrigam-se as crianças a assimilarem todo um conjunto de informações desnecessárias para sua vida prática, no interior de espaços celulares, fechados, onde se exerce uma vigilância ininterrupta sobre todos. Crianças: vocês não devem brincar, nem fazer algazarras, gritar ou agitar, nem devem colar nas provas, nem virar para o lado. As cadeiras já estão fixas nos devidos lugares, todos perfeitamente enfileirados. Tudo o que importa é garantir a ordem aqui dentro, lá fora e em toda a parte, literalmente. Sem turbulências, sem agitação, sem risinhos e cochichos. Crianças-operárias, crianças-estudantes, o controle disciplinar não faz distinções de alvos: incide sobre todas. Elas devem aprender a respeitar, isto é, a temer, a submeter-se aos superiores hierárquicos, aos horários, aos regulamentos, às instruções, responder devidamente aos estímulos, na instituição escolar ou no processo de trabalho. A própria materialidade dos edifícios, com grades e cercas por todos os lados, deve servir para instruí-las quanto ao código ético aprovado.

Certamente, mais que em outras doutrinas, o interesse pela educação ocupa posição de relevo no pensamento anarquista. A preocupação em alfabetizar e instruir um número cada vez maior de possíveis leitores da imprensa libertária e de suas publicações doutrinárias e propagandísticas justifica também seu interesse pelo projeto educativo.

Os jornais desempenharam papel de destaque no processo de conscientização do proletariado e atuaram como centro de organização da classe. Os inúmeros jornais libertários existentes no começo do século XIX no Brasil, como *A Lanterna*, *A Terra Livre*, *A Voz do Trabalhador*, *O Amigo do Povo*, *La Battaglia* e *A Plebe*, entre outros, tiveram uma tiragem relativamente expressiva em São Paulo e no Rio de Janeiro durante sua existência. Alguns possuíam uma biblioteca, como *A Terra Livre*, *O Amigo do Povo* e *A Plebe*, cujo acervo era constituído por obras de teóricos do anarquismo: Malatesta, Kropotkin, Bakunin, Neno Vasco, José Oiticica, Gigi Damiani; por romances de autores nacionais e estrangeiros, entre os quais figuram Eça de Queirós, Fábio Luz, Afonso Schmidt, Émile Zola, Alexandre Dumas, Tolstoi.[36] *A Lanterna*, cujo primeiro número aparece em março de 1901, dirigido por Benjamin Mota, tem inicialmente a expressiva tiragem de 10 mil exemplares, aumentando depois para 26 mil, embora posteriormente se estabilize em cerca de 6 mil números. *A Voz do Trabalhador*, refundado em 1913, atinge uma tiragem de 3 mil exemplares iniciais e em oito meses passa para 4 mil, segundo informa o 3º Congresso Operário Brasileiro (COB). Portanto, como o próprio COB afirmava, a imprensa aparecia para os anarquistas como "o meio mais eficaz para orientar as massas populares".[37]

Esta valorização especial do projeto educacional libertário também pode ser explicada pela não aceitação de uma necessidade objetiva inelutável inscrita no desenvolvimento histórico. Os libertários não acreditam em um progresso teleológico, que estaria "cientificamente assegurado" no curso da história, levando à criação da nova sociedade. Para eles, qualquer mudança radical dependeria do esforço pessoal de cada um no sentido de sua autoemancipação, e aí caberia um papel fundamental à educação enquanto formadora do homem novo. O esforço educativo, nesse sentido, figura como uma ação moral e como um dos meios da ação direta: tanto quanto o boicote, a sabotagem ou a greve, a educação, meio de superar a alienação a que o homem está destinado na sociedade burguesa, é

---

36. Ver a respeito E. Rodrigues, *Nacionalismo e cultura social*. Nem prática nem patrão, Boris Fausto, *Trabalho urbano e conflito social*, Francisco Foot Hardman, *Nem pátria nem patrão*.
37. Extraído de Michael Hall e Paulo S. Pinheiro, *A classe operária no Brasil*, pp. 198 e 217.

uma arma de luta do proletariado por sua autoemancipação, sem depender das falsas mediações representadas pelas escolas públicas autoritárias ou pelo parlamentarismo.

Aprofundando esta discussão, creio que o que torna a educação um valor social para os anarquistas é sua própria *concepção da revolução social*. A transformação radical da sociedade, ao contrário do que pregam os marxistas, não exige primeiramente o assalto ao poder do aparato estatal para posteriormente serem reestruturadas todas as relações sociais, a partir daquelas que se constituem no âmbito da produção. Na doutrina anarquista, a recriação da sociedade não é obtida pelo jogo político; a tomada do Estado não se constitui numa preocupação primeira. O poder deve ser destruído. O Estado, que impede a livre organização da sociedade, deve ser suprimido e não apropriado para possibilitar a transformação da estrutura econômica e social. Por isso mesmo, os anarquistas recusam a participação na luta política parlamentar, ou, então, a constituição de um partido político centralizado, que deveria dirigir o movimento revolucionário de transformação social. Recusa que a historiografia tradicional considerou como índice da fragilidade de sua capacidade organizacional e não enquanto produto de uma outra lógica, que revela uma *concepção diferenciada da política*.

Ao contrário do marxismo, o anarquismo não se afirma como ciência, nem pretende obter um conhecimento totalizante, científico e objetivo da realidade social como fundamento para a atuação política. Nem mesmo se coloca como uma teoria completa ou como um sistema acabado, único capaz de conhecer cientificamente a história e, portanto, de elaborar as estratégias e táticas de luta "verdadeiras e corretas" para a ação revolucionária. Bakunin afirmava explicitamente: "não temos de ensinar o povo, mas de incitá-lo à revolta."[38] Criticando o cientificismo dos marxistas, Bakunin

---

38. Extraído de James Joll, *anarquistas e anarquismo*. p. 105.

considerava que, sendo a teoria e a ciência "patrimônios de uns poucos", esta postura acabaria levando à ideia de que "estes poucos devem dirigir a vida social; não apenas fomentar e estimular, mas reger todos os movimentos do povo". E completava:

> Segundo eles, no dia seguinte da revolução, a nova organização social não tratará de estabelecer-se sobre a livre integração das associações de trabalhadores, povos, comunas e regiões, de baixo para cima ou conforme às necessidades e ao instinto do povo, mas sobre o poder ditatorial desta minoria ilustrada, que supostamente expressa a vontade geral do povo.
>
> [...] As palavras "socialista instruído" e "socialismo científico", que se encontram constantemente nos trabalhos e discursos de Lassalle e dos marxistas, apenas provam que o pretendido Estado popular não será senão *o governo despótico* das massas trabalhadoras por *uma nova aristocracia*, numericamente pequena, de verdadeiros ou falsos científicos.[39]

O anarquismo apresenta-se como uma doutrina política que comporta variações em seu interior. Não opera com os pressupostos do marxismo, muito embora autores como Pierre Ansart procurem mostrar uma proximidade no pensamento de Proudhon e de Marx, herdeiros da tradição saint-simoniana, muito maior do que a memória histórica, construída a partir de uma luta política pelo controle do movimento operário internacional — afirmou.[40] No entanto, para os anarquistas, a instituição da sociedade igualitária decorre da criatividade dos sujeitos históricos reais, de acordo com suas experiências vivenciais, e não do desenvolvimento inelutável das forças produtivas. Diferentemente do marxismo, o anarquismo não atribui um papel essencial ao proletariado industrial, classe

---

39. M. Bakunin, *Escritos de filosofia política*. Vol. II, pp. 37 e 42.
40. P. Ansart, *Marx y el Anarquismo*.

portadora do universal para Marx e seus discípulos. Nem mesmo o conceito de classe é fundamental para o pensamento anarquista, como o é para os marxistas. Os libertários não reconhecem este ser do proletariado revolucionário determinado por sua inserção no processo de produção. Bakunin apostava muito mais nos "deserdados do sistema" em geral, em todos os tipos de trabalhadores e de pobres, naqueles que "nada têm a perder", inclusive no lumpemproletariado tão marginalizado e desprezado pelos marxistas. Bakunin chega mesmo a defender o banditismo na Rússia, não obstante ter criado discípulos tanto entre operários franceses como entre os artesãos especializados e letrados do tipo dos relojoeiros do Jura suíço. Considerava o proletariado vulnerável aos apelos da ideologia dominante por sua situação privilegiada em relação aos demais trabalhadores ou desempregados. Como a revolução social não decorreria, segundo eles, do desenvolvimento necessário e positivo das forças produtivas, não acreditavam que a transformação radical da sociedade começasse nos países mais industrializados, onde os operários seriam mais conscientes, como dizem os marxistas. Segundo Bakunin:

> O advento da revolução social não está mais próximo em nenhum outro país do que na Itália. Na Itália não existe, como nos outros países europeus, uma classe privilegiada de operários, que, graças aos seus salários consideráveis, se orgulham das habilitações literárias que adquiriram; são dominados pelos princípios dos burgueses, pela sua ambição e vaidade, de tal modo que diferem apenas dos burgueses pela sua situação e não pela sua maneira de pensar.[41]

---

41. Extraído de James Joll, *Anarquistas e anarquismo*, p. 103.

Embora anarquistas e comunistas sonhem com a instituição da sociedade igualitária, sem Estado e sem classes, em que os meios de produção pertençam à coletividade, diferem quanto *às suas concepções da política e da sociedade*. Para os primeiros, a mudança social se trava no interior de um outro campo que, de certa forma, abrange as múltiplas formas das relações sociais. Trata-se da redefinição do conteúdo destas relações que, na sociedade burguesa, se caracterizam por serem coercitivas e autoritárias, dado que se fundam sobre a exploração do homem pelo homem. A sociedade anárquica, ao contrário, deve evidenciar a ausência desta exploração e de toda forma de dominação: entre classes sociais, entre sexos, entre idades, entre pessoas de cores diferentes, no interior da família, da escola, do trabalho ou em qualquer outro espaço de sociabilidade. Não se pretende instituir um outro regime político em que as relações que se estabelecem no cotidiano permaneçam inalteradas, mesmo que provisoriamente. A transformação revolucionária da sociedade passa pelo questionamento prático e imediato das relações de poder, onde quer que se constituam, o que evidentemente inclui todo um sistema ético e um conjunto de valores estabelecidos pela cultura burguesa num longo e lento processo. Mas esta revolucionarização da maneira de viver depende fundamentalmente da atuação dos sujeitos históricos em busca de uma nova forma social e não do amadurecimento das "condições objetivas", independentes da ação subjetiva voluntária.

Assim sendo, todos devem estar empenhados na mudança revolucionária da sociedade, porque ela parte de uma vontade pessoal. Nesse sentido, os anarquistas afirmam uma *concepção da história* que a torna um processo de criação permanente dos sujeitos históricos e não o resultado de determinações econômicas independentes da intervenção humana. Se a história é criação, a pedagogia, visando formar um homem novo, constitui o valor social mais seguro e indispensável para a construção do novo mundo. A questão se coloca, portanto, em um campo de luta que podemos definir como sendo o da *moral* e não o da *política* propriamente dito.

O tipo de sociedade que os libertários pretendem instituir deve construir-se a partir da cooperação natural e da "ajuda mútua", como diz Kropotkin, entre indivíduos que se solidarizam. No lugar do Estado, "fonte de todos os males", a federação livre, a livre organização das associações de produtores em comunas locais que, por sua vez, se agrupariam livremente em federações das comunas. O Estado, para os anarquistas, pretende estabelecer uma unidade artificial que violenta as tradições, os costumes e os interesses dos diversos grupos sociais, na tentativa de anular a diversidade do social e de criar aquilo que Lefort, comentando La Boétie, definia como a "ficção do Um". Por isso, deve ser destruído e não apropriado, assim como todas as suas instituições: os bancos, as universidades, a política, o exército etc.

Tendo como horizonte a instituição de uma organização social formada por comunas autônomas livremente federadas, os anarquistas recusam a construção de um partido político revolucionário que deveria liderar a classe operária enquanto sua "vanguarda revolucionária". Acreditam que esta instituição acabaria por reproduzir em seu interior a divisão social entre os que concebem e mandam e os que executam e obedecem, recriando assim relações hierárquicas entre seus próprios membros, tanto quanto entre a "vanguarda" esclarecida e a massa inconsciente. Para os anarquistas, os instrumentos utilizados para a instituição da sociedade libertária devem desde já refletir a natureza da sociedade projetada. A revolução, como processo de transformação das relações sociais, começa aqui e agora e não depois do salto que "um dia" será dado, salto revolucionário, depois que a ditadura do proletariado, momento transitório segundo Marx, for extinta.

Bakunin, em seus *Escritos de Filosofia Política*, criticava a social-democracia alemã, que afirmava a anterioridade da revolução política sobre a revolução social, duvidando de que a extrema concentração do poder nas mãos de um grupo dirigente — "a nova classe científico-política privilegiada" — não significaria um prolongamento da dominação sobre o trabalhador. Para ele a ideia de um Estado popular é uma contradição em termos: o povo não pode nunca ser amigo do soberano, mesmo que este se diga seu representante legítimo, porque o Estado encarna a divisão social do trabalho e, enquanto existir, haverá "governantes e governados, amos e escravos, exploradores e explorados".

A revolução deveria resultar do "acordo voluntário e considerado dos esforços individuais para o fim comum". Se admite alguma organização no processo revolucionário, Bakunin afirma que nenhuma função deve ser permanente e todos os cargos devem ser temporários e revogáveis:

> A ordem hierárquica e a promoção não existirão, de modo que o comandante de ontem pode tornar-se o subordinado de amanhã. Ninguém está acima dos outros, e se por momentos o estiver é só para não estar daí a momentos, como as ondas do mar, que vão e vêm segundo um salutar nível de igualdade.[42]

O ENRAIZAMENTO DO DISCURSO ANARQUISTA NO CAMPO DA EDUCAÇÃO

Segundo dados fornecidos por Edgard Rodrigues e registrados pela imprensa anarquista, os libertários tiveram intensa participação em atividades culturais e, especificamente preocupados com a educação popular, fundaram pelo menos 25 escolas livres ou modernas, centros de ensino profissional, grupos de estudo, centros

---

42. M. Bakunin, *Escritos de filosofia política*, vol. II, p. 45-56.

de cultura proletária, centros de educação artística, grupos dramáticos e musicais.[43]

Em São Paulo, em 1909, fundou-se a Escola Moderna dirigida por João Penteado e situada na avenida Celso Garcia, nº 262, com aulas diurnas e noturnas para crianças de ambos os sexos e também frequentadas por adultos. Logo depois, surge a Escola Moderna nº 2, localizada na rua Maria Joaquina, nº 13, no Brás, sob a direção de Adelino de Pinho, e, em São Caetano, a escola operária dirigida por José Alves. No Rio de Janeiro, surge a Escola 1º de Maio, em Vila Isabel, situada na rua do Senado, nº 63, e a Associação Escola Moderna. Em 1912, *A Lanterna* (31/5/1912) noticiava a fundação de uma outra escola livre dirigida por João Penteado em São Paulo, localizada na rua Cotegipe, nº 26, no Belenzinho, onde as aulas eram ministradas nos períodos diurno e noturno para meninos e meninas:

> As suas aulas tanto diurnas quanto noturnas já estão funcionando com regular frequência de alunos e a inscrição para a matrícula se acha aberta, mediante a contribuição mensal de 3$ para as aulas diurnas e 4$ para as noturnas.
>
> *O fornecimento de livros e materiais é feito gratuitamente aos alunos da escola* a fim de facilitar aos operários a educação e a instrução de seus filhos segundo o método racionalista.

Seu diretor informa ainda que constam do programa as seguintes matérias: português, aritmética, história do Brasil, geografia e princípios de ciências naturais, devendo esta programação ser alterada posteriormente.

A Liga Operária de Campinas também cria nesta cidade uma escola livre principalmente para crianças, em 1907. (A *Lanterna*, 23/2/1907.) Em Sorocaba, Santos, no Rio de Janeiro, em Belém,

---

43. E. Rodrigues, *Nacionalismo e cultura social*, Boris Fausto, *Trabalho urbano e conflito social*.

Recife, Porto Alegre, em Niterói e Petrópolis, também foram fundadas escolas racionalistas, referenciadas pelos ensinamentos do pedagogo espanhol. Em Belém, funcionava a Escola Racional Francisco Ferrer, até 1927 pelo menos, segundo noticia *A Plebe* em 26/2/1927. No entanto, 1919 marca o momento em que a repressão estatal aniquila as mais importantes experiências educativas libertárias, as escolas modernas de São Paulo, situadas no Brás e no Belenzinho. João Pinheiro e Adelino de Pinho recebem ofícios da polícia estadual informando que

> tendo sido verificado pela Secretaria da Justiça que as suas escolas, "visando a propaganda das ideias anárquicas e a implantação do regime comunista, ferem de modo ineludível a organização política e social do país". Por isso foi decretado o seu fechamento. (*A Plebe,* 13/12/1919).

A ausência de informações sobre o funcionamento das escolas racionalistas, sobre o número de alunos inscritos, sobre as atividades realizadas, com raríssimas exceções, como as fiéis comemorações do aniversário da morte do pedagogo Ferrer, impossibilita qualquer afirmação ou conhecimento mais aprofundado destas práticas pedagógicas. Seus limites, portanto, ficam para ser determinados. Alguns poucos artigos informam sobre os cursos introduzidos na Escola Moderna do Belenzinho, divididos em: curso primário, médio e adiantado. No primeiro, ofereciam-se noções de português, aritmética, caligrafia e desenho; no médio, gramática, aritmética, geografia, princípios de ciências, caligrafia e desenho; e, no adiantado, gramática, aritmética, geografia, noções de ciências físicas e naturais, história, geometria, caligrafia, desenho e datilografia. Mas nada além disso. De qualquer maneira, os artigos e apelos propagandísticos recorrentes na imprensa anarquista sugerem que o desejo de criar estes centros de cultura operária, organizar os

DO CABARÉ AO LAR | 211

proletários alfabetizando-os, conscientizando-os e mobilizando-os, enfim, criando condições para o florescimento de uma cultura operária, foi imenso e teve de enfrentar não poucas barreiras. Sua prática efetiva, entretanto, deve ter sido de alcance limitado, principalmente na década de 1920, em que os artigos sobre a tão fascinante e otimista pedagogia libertária vão progressivamente escasseando na imprensa anarquista.

Ainda um outro sonho deste primeiro movimento operário no país merece ser registrado: a fundação da Universidade Popular de Ensino Livre, no Rio de Janeiro, em 1904. Organizada nos moldes preconizados por Ferrer y Guardia, este centro intelectual tinha por objetivo a "instrução superior e a educação social do proletariado". (O *Amigo do Povo*, 2/4/1904.)

Além dos cursos, a universidade deveria organizar conferências sobre assuntos variados, em especial os de interesse dos trabalhadores, fundar um museu social e uma biblioteca, promover saraus musicais, festas libertárias, excursões científicas, artísticas, publicar um boletim informativo, "estabelecer, enfim, um centro popular tendo por fim às vezes o prazer e a instrução — e a união moral entre os cooperadores".

A universidade era dirigida por um conselho administrativo do qual faziam parte Elísio de Carvalho, Vitor Schobnel, Tito de Miranda, Mota Assunção, entre outros, e deveria ministrar cursos em todas as áreas: Psicologia, Biologia, História, Literatura, Direito, Antropologia, Matemática, Sociologia etc., contando com a adesão de vários intelectuais de formação positivista. Segundo *O Amigo do Povo*, de 9/4/1904, a ideia da criação de uma universidade popular tivera um precursor em Georges Deherme, operário tipógrafo francês, em 1898 — informava Elísio de Carvalho em conferência pronunciada no Centro das Classes Operárias. A instituição era paga e contava também com consultório médico e jurídico. A duração de tal empreendimento foi muito breve e encontramos apenas sucintas referências à sua existência.

A atividade das Bolsas de Trabalho francesas, movimento criado pelo anarcossindicalista F. Pelloutier, também referenciou as práticas culturais de cunho pedagógico desenvolvidas pelos sindicatos brasileiros. Várias atividades culturais, como conferências, representações de peças dramáticas, apresentação de grupos musicais, formação de círculos de discussão e estudo, foram organizadas pelos sindicatos de orientação anarcossindicalista no Brasil. Em 1/6/1907, *A Terra Livre* convidava os operários para participarem das palestras organizadas pelo Sindicato dos Pedreiros e Carpinteiros, "com o intuito de alargar a propaganda entre o elemento operário" dos ideais do anarquismo.

Noticiava ainda a realização de conferências na sede da Associação dos Carroceiros e Anexos, assim como de sessões públicas de propaganda organizadas aos domingos no Sindicato dos Pedreiros e Carpinteiros. Os operários têxteis também possuíam seus grupos de cultura proletária, através dos quais pretendiam lançar

> mão do meio mais urgente — a difusão da cultura entre as massas proletárias das fábricas de tecidos, fazendo com que em breve tempo os trabalhadores fiquem compenetrados do valor da organização e compreendam qual deve ser a sua conduta perante a associação. (*A Plebe*, 22/7/1922.)

IV. A DESODORIZAÇÃO DO ESPAÇO URBANO

GESTÃO HIGIÊNICA DA MISÉRIA

A habitação do pobre não escapará ao desejo de disciplinarização do proletariado manifestado pelos dominantes. Na moradia operária, a burguesia industrial, os higienistas e os poderes públicos visualizam a possibilidade de instaurar uma nova gestão da vida do trabalhador pobre e controlar a totalidade de seus atos, ao reorganizar a fina rede das relações cotidianas que se estabelecem no bairro, na vila, na casa e, dentro desta, em cada compartimento. Destilando o gosto pela intimidade confortável do lar, a invasão da habitação popular pelo olhar vigilante e pelo olfato atento do poder assinala a intenção de instaurar a família nuclear moderna, privativa e higiênica, nos setores sociais oprimidos.

A preocupação inicial com as condições de habitabilidade do trabalhador urbano parte dos higienistas sociais, ligados aos poderes públicos. Ocupam-se com a medicalização da cidade, com a desinfecção dos lugares públicos, com a limpeza dos terrenos baldios, com a drenagem dos pântanos, com o alinhamento das ruas, com a arborização das praças. E alarmam-se com os surtos epidêmicos que dos bairros pobres se alastram pela cidade, ameaçando invadir as casas elegantes dos recentes bairros ricos; com a ausência de esgotos e instalações sanitárias privativas; e com a exalação dos odores fétidos e miasmáticos gerados pela aglomeração perniciosa da população pobre em cubículos estreitos.

Assim, as estratégias sanitárias que se constituem neste momento histórico de formação do mercado livre de trabalho no Brasil pretendem realizar o projeto utópico de desodorização do espaço urbano, através de uma ação que, pontual num primeiro momento, torna-se permanente e sistemática.

Desde o final do século XIX, São Paulo e Rio de Janeiro passam por uma série de transformações urbanas, com a abertura de avenidas e de alamedas, com a construção de chafarizes e demais serviços públicos, com o calçamento de ruas, instalação de iluminação a gás, criação de novos bairros, que passam a ostentar casarões suntuosos. Na década de 1910, em São Paulo, é construído o Teatro Municipal, alargam-se as ruas do centro, como a Libero Badaró, discute-se o ajardinamento do vale do Anhangabaú, abrem-se parques e praças com a colaboração de engenheiros e arquitetos estrangeiros.

No Rio, as campanhas de saneamento, a demolição de antigos quarteirões, a abertura de novas avenidas, como a avenida Central, e os serviços de melhoramento do porto são desenvolvidos durante a gestão do engenheiro Pereira Passos, assessorado pelo médico Oswaldo Cruz.

Como parte desta política sanitarista de purificação da cidade, a ação dos higienistas sociais incide também sobre a moradia dos pobres, de acordo com o desejo de constituir a esfera do privado, tornar a casa um espaço da felicidade confortável, afastada dos perigos ameaçadores das ruas e bares. Mas também a partir da intenção de demarcação precisa dos espaços de circulação dos diferentes grupos sociais.

Os médicos higienistas, portanto, percebem-se como as autoridades necessárias e competentes para vistoriar minuciosamente a habitação e os bairros populares, incentivando o asseio e impondo autoritariamente a execução de medidas higiênicas. O controle global da população pobre da cidade, seja nos lugares públicos, seja no espaço doméstico, por parte destes especialistas se funda na crença generalizada de que a "casa imunda", o cortiço e a favela constituem focos onde se originam os surtos epidêmicos, os vícios e os sentimentos de revolta. E o mal deve ser extirpado pela raiz.

Assim, o medo da "invasão pestosa" incita a penetrar nos "antros de infecção a que chamamos geralmente 'casas de habitação coletiva', ou mais precisamente cortiços", afirmava uma autoridade sanitária. Na ordem do discurso médico-sanitarista, a doença adquire a dimensão de problema econômico, político e moral, e a miséria se torna o novo veículo de contágio:

> São as casas imundas o berço do vício e do crime.
> O socialismo destruidor e pernicioso para o progresso de uma nação encontra nesses antros das grandes cidades uma atmosfera favorável para seu engrandecimento.
> Os indivíduos que vivem na miséria e abrigados aos pares, em cubículos escuros e respirando gases mefíticos, que exalam de seus próprios corpos não asseados, perdem de uma vez os princípios da moral e atiram-se cegos ao crime e ao roubo de forma a perderem sua liberdade ou a ganharem por essa forma meios de se alimentarem ou dormirem melhor,[1]

enfatizava o inspetor sanitário Evaristo da Veiga.

A vida miserável, o odor fétido do trabalhador mergulhado dia e noite nas fábricas, a falta de hábitos regulares de higiene corporal, a imundície de sua casa traduzem a incapacidade de o proletariado gerir sua própria vida e pedem a intervenção redentora da ação dos

---

1. Relatório apresentado à Administração Sanitária do Estado pelo inspetor sanitário Evaristo da Veiga, *in*: Relatório apresentado ao Sr. Dr. Presidente do Estado de São Paulo pelo Dr. Cesário Motta Júnior, em 28/3/1894, p. 92.

especialistas civilizadores. Na habitação popular, os indivíduos se amontoam assim como o lixo; os fluxos não circulam, os miasmas pútridos estagnam. A aglomeração de gente, de cheiros fétidos, de detritos e de animais domésticos congestionam o cortiço e o bairro operário, impedindo a livre circulação do ar e da água, além da penetração salutar dos raios solares, elementos fundamentais para garantir a saúde do organismo. Dão origem às epidemias, como a cólera-morbo ou a febre amarela, que ameaçam atingir inexoravelmente toda a cidade, rompendo a linha que progressivamente vai dividindo os bairros ricos dos pobres. A ameaça da peste sobre os novos bairros elegantes da burguesia, como os Campos Elíseos ou Higienópolis (Cidade da Higiene), reforça a vontade de evacuação do lixo e dos pobres para longe dos espaços refinados da cidade.

A estratégia norteadora da intervenção dos higienistas sociais na remodelação da cidade consiste, então, em separar os corpos, designado a cada um deles um lugar específico. O esquadrinhamento "científico" rigoroso da população trabalhadora facilita a empresa de desodorização das casas e das ruas, interdita os contatos muito estreitos, permite exercer um controle "científico-político" do meio. Destruir os miasmas é também destruir os odores da corrupção moral. O burguês desodorizado vê nestes lugares de amontoamento dos pobres o perigo das emanações pútridas, da massa dos "vapores" acumulados pela reunião de massas confusas e misturadas. Essa política sanitária de descongestionamento dos corpos define a produção do espaço urbano e, ao mesmo tempo, determina a invasão da casa do pobre, impondo-lhe novos regimes sensitivos e uma outra disciplina corporal.

O inspetor sanitário Evaristo da Veiga continua seu relatório ansioso e repulsivo sobre a situação dos trabalhadores, em São Paulo, no final do século XIX:

A população italiana, calculada em 70.000 almas, só na Capital, composta na sua maior parte de indivíduos recém-chegados e de operários paupérrimos é um fato grave perante a higiene do Estado. [...]

Nos bairros do Bom Retiro, Bexiga e Brás, casas existem com acomodações para 6 ou 8 pessoas e que abrigam, em completa promiscuidade, 30 a 40 indivíduos.

No Largo da Memória, na Ladeira do Piques, na Rua da Consolação e em várias ruas desta florescente Capital, são inúmeros os *casarões* abrigando durante a noite centenares de pessoas sem luz, sem ar e que fazem durante o dia a cozinha em alcovas escuras, por meio de fogareiros volantes envenenando ainda mais esta atmosfera, já deletéria e perniciosa.

A dimensão reduzidíssima da moradia operária, a escuridão e a umidade dos compartimentos nauseabundos, a exiguidade dos quartos de dormir, a utilização comunitária de tanques e latrinas, o fedor exalado pela merda acumulada nas fossas ou nos latões, o convívio promíscuo de pessoas e de animais nos mesmos espaços assustam as exigências dos sentidos refinados das classes privilegiadas. Apavorado com o aumento vertiginoso dos cortiços e favelas cariocas, o poder médico registra que, em 1869, existiam cerca de 642 cortiços na cidade do Rio de Janeiro, contendo 9.671 quartos habitados por 21.929 pessoas, das quais 13.555 homens e 8.374 mulheres. Em 1888, os cortiços aumentavam para 1.331, com 18.966 quartos habitados por 46.680 pessoas, de acordo com dados fornecidos pela Inspetoria Geral de Higiene.[2]

Procurando detectar a origem dos focos de infecção e das moléstias contagiosas que provocam o medo da cidade, a angústia e a insegurança, os inspetores sanitários apontam a higiene das habitações populares como o meio mais eficaz para erradicar a raiz do problema

---

2. H. M. Pimentel, *Subsídios para o Estudo da Higiene no Rio de Janeiro*, p. 185.

e recuperar a saúde dos desfavorecidos. Desaglomerar os pobres, descongestionar o espaço doméstico do trabalhador, arejar e iluminar os compartimentos e eliminar miasmas e germes, observando a mais rigorosa higiene constituem tecnologias disciplinares do poder médico. Tática de antiaglomeração: primeiro passo para a formação do sentimento de intimidade e da sedução pela propriedade privada.

Destruir miasmas e germes

No século XIX, a metáfora do corpo orgânico percorre o discurso dos médicos sanitaristas, assim como o de outros homens cultos, na representação da sociedade. Pensado como um organismo vivo, o corpo social segundo esta construção imaginária deveria ser protegido, cuidado e assepsiado através de inúmeros métodos e mesmo de cirurgias que extirpassem suas partes doentias, seus cancros e tumores.

Ao mesmo tempo, considerava-se que a vida só poderia ser pensada em relação às influências exteriores que interagiam sobre ela, como o clima, a luz, o ar, o sol, a água, segundo uma linha de pensamento herdada de Lamarck, de Étienne Saint-Hilaire, dos médicos do século XVIII, entre outros. Nesse sentido, uma vez que o meio ambiente era considerado o responsável principal pela saúde do corpo social e, ao mesmo tempo, de cada indivíduo — membro constitutivo da totalidade social —, a medicalização da sociedade implicaria a criação de condições ambientais que favorecessem a circulação dos fluidos, a formação de personalidades sadias e de uma nação próspera e civilizada.[3]

---

3. Murad e P. Zylberman, "Le petit travailleur infatigable", *Recherches*, p. 68. A respeito da concepção orgânica da sociedade, ver: Roberto Romano, *Conservadorismo Romântico. Origem do Totalitarismo*. São Paulo, Brasiliense, 1981; Maria Stella Bresciani, "Metrópolis: as faces do monstro urbano", in: *Revista Brasileira de História*, Rio de Janeiro, Marco Zero, 1985, nos 8 e 9; Alcir Lenharo, *Corpo e alma*: mutações sombrias do poder no Brasil nos anos 30 e 40. Cap. IV.

De acordo com a teoria dos fluidos, que dominava o pensamento médico desde o século XVIII, o ar e a água eram considerados veículos mórbidos, portadores de emanações fétidas e pútridas, conhecidas como *miasmas*, transmissores da doença. A inalação dos miasmas poderia provocar uma ruptura do equilíbrio do organismo, obstruindo as vias de circulação do sangue, e ocasionar, deste modo, o surgimento da doença, da febre pestilencial, do escorbuto e da gangrena. Assim, químicos, biólogos e médicos partiam, na Europa, desde meados do século XIX, à procura de antissépticos capazes de destruir os miasmas.

Por outro lado, o movimento era dotado de um poder purificador: impedia a desorganização pútrida da cidade e da vida de seus habitantes, ameaçadas pelos pântanos e por todo local em que se acumulassem detritos, dejetos, substâncias estranhas, insetos e matérias em decomposição.

A teoria dos micróbios, formulada por Pasteur na década de 1870, questiona as mitologias anteriores ao mostrar que as doenças contagiosas não se transmitiam pela inalação do ar contaminado, mas por germes infecciosos propagados pelo contato indireto estabelecido entre as pessoas, através de objetos como o dinheiro, os telefones públicos ou as roupas experimentadas nas lojas. Para ele, os microrganismos não surgiam espontaneamente nas substâncias fermentícias como então se acreditava, mas eram gerados por outros similares que impregnavam o ar. Tratava-se, então, de descobrir a bactéria específica e a vacina que poderia destruí-la.

No entanto, a revolução pasteuriana não provoca uma transformação marcante nas estratégias de desodorização do pobre. A higiene pública vê-se na obrigação de garantir o controle da circulação dos fluidos, do ar e da água, responsáveis pela saúde do organismo. As casas, as ruas, as cidades, as fábricas, as escolas, os hospitais, as prisões deveriam ser bem iluminados, bem ventilados, ter amplos espaços que permitissem a livre circulação dos fluidos para a boa saúde dos habitantes, dos trabalhadores, dos escolares, dos enfermos ou dos prisioneiros. Afirmações como a do dr. Francisco Horta Prata são recorrentes na literatura médica do período:

> Ar, luz, sol, calor e água são, pois, elementos essenciais para a salubridade, fixados pela natureza e exigidos tanto para o luxuoso prédio como para a modesta e simples casa do operário.[4]

É nesse contexto que o saber médico-higienista, no Brasil, influenciado pelas teorias médicas francesas, elabora estratégias ainda pontuais de eliminação dos focos considerados responsáveis principais pela emergência dos surtos epidêmicos que assolavam a cidade. Sanear o meio ambiente significava, portanto, garantir a formação de indivíduos sadios e fortes. Como vários médicos do período, o dr. Figueira de Mello salientava:

> A habitação higiênica que se possa oferecer ao nosso povo, ao nosso operário é o preparo inicial do importante problema eugênico. A melhoria da habitação operária, à grande massa da população, é de tão grande importância que, quase se pode dizer, acarreta consigo a resolução de uma série de necessidades, que tem por origem, vícios e defeitos de ordem moral e física, gerados seguramente, na convivência e nesse ambiente confinado, nessa atmosfera deletéria ao corpo e ao espírito.[5]

---

4. F. Horta Prata, *Higiene da habitação*. 1918, p. 17.
5. F. Figueira Mello, "Habitações coletivas em São Paulo" p. 291; A. M. Pimentel, *Subsídios para o estudo da higiene no Rio de Janeiro*, p. 185.

Portanto, a teoria dos miasmas, assim como a teoria pasteuriana dos germes informam as campanhas de eliminação das favelas e cortiços, que os especialistas passam a defender. A questão da habitação insalubre, suja e fétida sugere-lhes a aplicação de táticas de "correção do meio". O que, por sua vez, satisfaz tanto o desejo obsessivo de distribuição dos indivíduos no espaço, obstaculizando toda forma de aglomeração e contato espontâneo, quanto o de densificar as relações e os sentimentos familiares, ao propor a união dos membros da família em casas higiênicas e confortáveis: forma de gestão dos sentimentos e das vontades individuais.

A intolerância aos cheiros fortes, aos fedores da cidade, às emanações fétidas exaladas pelos excrementos, lixos, multidões e a sedução pelo espaço oxigenado e perfumado acentuam-se progressivamente desde o final do século XVIII na Europa. A ascensão da burguesia e a imposição de sua hegemonia supõem a instituição de um novo imaginário social, de novas formas de percepção cultural e de uma nova sensibilidade. A cidade, nesse sentido, será lida a partir das novas concessões médicas e biológicas do determinismo físico e moral, que se colocam em oposição à visão mecanicista do pensamento das Luzes.[6]

Os riscos de infecção são denunciados de forma alarmista pelos médicos, que acreditam na influência terapêutica da circulação dos fluidos, segundo o modelo organicista da circulação sanguínea de Harvey: o movimento se opõe à estagnação, renova o ar, elimina os miasmas, assim como o vento favorece o escoamento das águas. Os cheiros pútridos, sentidos como nunca pelas classes privilegiadas, engendram a doença, esgotam o psiquismo e provocam a inquietação, segundo este imaginário. A sujeira obstrui os poros e favorece a fermentação e a putrefação das matérias. Assim, reafirma-se a partilha que se opera entre o burguês desodorizado

---

6. A. Corbin. *Le Miasme et la Jonquille*, p. 64.

e o povo infecto e selvagem. Este se torna objeto crescente de uma pedagogia totalitária, que pretende ensinar-lhe hábitos de higiene privada, de comportamento e de disciplina geral.

Ao mesmo tempo, aconselha-se a privatização dos banheiros, a instalação de redes de esgotos que afastem as imundícies para longe da cidade, a canalização da água, todo um sistema de serviços públicos de higiene, e valoriza-se a introdução de áreas verdes, a criação de jardins na cidade ou a decoração das casas com flores e plantas. Os recantos obscuros, onde se estagna o ar viciado, onde se corrompem física e moralmente os pobres, "classes em que prevalecem os instintos e as paixões", no dizer de um delegado de polícia, são transformados em campos de observação e de análise dos especialistas: botequins, bordéis, habitações operárias vão sendo paulatinamente devassados pelo olhar inquieto e armado do poder.

O amontoamento dos corpos dos trabalhadores, que cheiram mais como animais do que como homens, segundo a nova sensibilidade burguesa, ameaçando constantemente o equilíbrio natural, exige uma política sanitarista capaz de impor normas reguladoras da vida social. Em 1886, é decretado o Código de Postura do Município de São Paulo, contendo um capítulo especial sobre "Cortiços, Casas de Operários e Cubículos". Neste prescreve-se uma série de medidas profiláticas que definem as condições de construção das habitações dos pobres. Mas é o espectro das epidemias que se encontra na origem deste novo projeto médico de saneamento da cidade. No horizonte dos médicos sanitaristas, privadas, esgotos, prostitutas, pobres, doentes, loucos e negros são associados numa mesma operação simbólica, a exemplo dos escritos do médico francês A. Parent-Duchâtelet.

Logo após a epidemia de febre amarela de 1893, forma-se uma comissão para inspecionar as habitações operárias e os cortiços do bairro de Santa Ifigênia. Os resultados a que a comissão chega atestam que:

Do CABARÉ AO LAR | 223

1º) o mal apareceu, prosperou e evoluiu onde as condições de meio, de topographia e de população foram especialmente propícias.

2º) a população operária pagou o maior tributo, por isso mesmo que as suas condições de vida impelem-na a acumular-se onde encontra mais facilidade de viver, e esta facilidade só a obtém em sacrifício de saúde.

Estes dois fatos bastam para explicar a intervenção do poder público em bem da saúde de todos.[7]

A comissão coloca-se na responsabilidade de penetrar nos cortiços insalubres, que são convertidos em laboratórios de observação e de classificação da classe trabalhadora. Os higienistas sociais atribuem-se a função técnica de corrigir as "más condições da topografia urbana, regulando de modo severo as condições a preencher não só a habitação de caráter particular como as *habitações comuns*, isto é, as estalagens, cortiços, hotéis, casas de dormida etc.".

Em 1894, o Código Sanitário decretado pelo Estado estipula um capítulo sobre as "Habitações das Classes Pobres", no qual se determina que sejam eliminados os cortiços, além de proibidas novas construções.

Outras leis do mesmo teor se sucedem nos anos posteriores, tentando eliminar a instalação e as aglomerações dos trabalhadores nestas formas de habitação.

Na verdade, a despeito das estratégias desodorizantes e da legislação urbana, a crescente classe operária continua a se aglomerar nas moradias que os poderosos consideram insalubres e repugnantes.

As repetitivas descrições dos inspetores sanitários, dos médicos e dos filantropos relativas às péssimas condições de habitabilidade

---

7. Relatório da Comissão de Exame e Inspeção das Habitações Operárias e Cortiços no Distrito de Santa Ifigênia, 1893, p. 256.

dos trabalhadores, que se sucedem por várias décadas, nos levam a crer seja na existência de uma resistência silenciosa à imposição da política de desinfectação do pobre, seja no desinteresse de grande parte dos dominantes pelas condições de vida dos pobres.

Em 1917, o dr. Clemente Ferreira, presidente da Liga Paulista contra a Tuberculose, afirmava que continuava a ser exercida a inspeção sanitária nas habitações operárias, intimando os moradores *através de multas* a observarem os regulamentos da polícia sanitária. A obsessão em impor obediência às normas higiênicas não levaria a pensar na existência de contrapoderes nos meios populares que recusavam aceitar a forma burguesa de habitar, com todas as suas implicações? Continuemos com o dr. Clemente Ferreira:

> A questão das casas econômicas, dos alojamentos baratos e higiênicos para as classes proletárias continua preocupando a atenção dos Poderes Públicos, sem que se tenha por ora conseguido resolver satisfatoriamente tão angustioso problema sanitário.
>
> A crise de domiciliamento do operariado subsiste em todos os seus malefícios para a saúde coletiva, pois os esforços de algumas Cooperativas, de Sociedades Mútuas e de diversas empresas fabris, não são de molde a dar solução cabal a esta premente questão higiênica [...].[8]

Anos depois, a higiene privada do trabalhador pobre continuava sendo objeto de preocupação das autoridades sanitárias. Denúncias de casas insalubres, fétidas, imundas, onde se ajuntam os indivíduos, de crianças abandonadas vagabundeando pelas ruas, descalças e maltrapilhas, de pessoas que urinam nos muros revelam a existência da recusa à aceitação de disciplina desodorizante das classes

---

8. Clemente Ferreira, "A Tuberculose em São Paulo e o estado atual da luta antituberculose entre nós", *Anais do I Congresso Médico Paulista*, p. 319.

privilegiadas: recusas do arejamento, da espacialização dos corpos, da "desodorização da linguagem" emergem como contrapoderes que se exercem no interior da vila, da casa e do bairro operário.

Por muitas décadas, as conclusões desanimadas dos inspetores sanitários continuam retratando o mesmo quadro nauseabundo e repugnante de outrora, seja das formas populares de habitação, seja dos interiores apavorantes dos presídios, hospícios e bordéis. Atestam, ao mesmo tempo, o fracasso das políticas sanitaristas. Desinteresse dos dominantes ou resistência popular diante do exercício da autoridade pública?

DO PÚBLICO AO PRIVADO: UM DESLOCAMENTO TÁTICO

Num primeiro momento, as estratégias higienistas de desodorização do espaço urbano e de desaglomeração dos corpos são constituídas e testadas nos laboratórios representados pelo quartel, navio, hospital e prisão, e não distinguem os odores sociais na multidão. A partir do final do século XIX, entretanto, elas serão transportadas para a habitação do pobre. O poder médico persegue a infecção no espaço privado do trabalhador, invade sua casa, inspeciona seu quarto e prescreve normas de conduta anteriormente testadas nos espaços públicos. Cada um deve dormir em sua cama individual, assim como já se tinha defendido a necessidade higiênica de cada doente ter seu próprio leito ou de cada cadáver ter seu próprio caixão. As casas operárias federão menos e perderão a marca negativa de ameaça pestilencial — promete o saber médico.

Desde o começo do século XIX, uma carta régia proíbe o enterro dos mortos nas igrejas e ordena a construção de um cemitério afastado da cidade. Em 1839, a Santa Casa de Misericórdia constrói o primeiro cemitério extramuros da cidade, seguindo as prescrições médicas de combate aos miasmas morbíficos emanados dos cadáveres.[9] A reorganização do quartel, que se processa no mesmo momento, atende às necessidades de arejamento e de iluminação dos alojamentos:

> Para que eles sejam bem arejados, convém que a sua posição seja no alto da localidade, circunstâncias tão vantajosas nas cidades, onde o ar circulará mais livre e puro, como nos campos, onde estará mais isento desses miasmas, que a umidade, entretida pela corrente das águas ou pelas marés, desenvolve sempre com uma intensidade variável.[10]

A mesma preocupação obsessiva em ventilar e separar os corpos aparece nas teses médicas relativas ao espaço penitenciário:

> Porque a sociedade deve exigir a reparação da ofensa a si feita, não quis decerto que para isto fossem os desgraçados presos sepultados em vida numa úmida, infecta e escura masmorra, [...] que, em vez de ar puro, só respirassem o já corrupto e impregnado de emanações miasmáticas; [...].[11]

Elaborados nestes espaços públicos, os dispositivos disciplinares que visam "desfazer as confusões", arejando e iluminando os espaços, são transportados tanto para a fábrica, quanto para o espaço privado do trabalhador. Desde o final do século XIX, a preocupação com este esquadrinhamento da população distingue ricos e pobres, e focaliza nestes a origem dos problemas físicos e morais. Os perigos detectados nos espaços públicos são transferidos, pela imaginação dos médicos, para a habitação insalubre e suja do pobre:

---

9. Roberto Machado, *Danação da Norma*, p. 294.
10. *Ibidem*, p. 308.
11. *Ibidem*, 1979, p. 318.

O ar viciado pela respiração pulmonar e cutânea veiculando matérias, muitas vezes, em vias de decomposição, alterado ainda por emanações provenientes das cozinhas ou de compartimentos de descuidado asseio, no fim de certo tempo, não será só insuficiente, mas também prejudicial e perigoso,

prevenia o dr. Horta Prata.[12] O poder higienista definia, então, as condições da construção da casa salubre do trabalhador:

art. 38 — Toda habitação será provida de banheiro, latrina e, sempre que possível, de reservatório de ferro galvanizado, hermeticamente fechado, com capacidade suficiente para o uso doméstico.

art. 364 — Todos os aposentos de dormir deverão ter as aberturas exteriores providas de venezianas ou de dispositivos próprios para assegurar a renovação do ar, provocando permanente tiragem [,]

estipulava o Código Sanitário de São Paulo, de abril de 1918.

No século XIX, cada vez mais a preocupação com os odores fétidos da terra, da água estagnada, do lixo, refletida na literatura dos higienistas, cede terreno para os "odores da miséria", para o fedor do pobre e sua habitação infecta. Deslizamento da vigilância olfativa da *natureza* para o *social*, do exterior para o interior, que induz uma estratégia disciplinar na qual desinfecção e submissão são assimiladas simbolicamente: o sonho de tornar o pobre inodoro sugere a possibilidade de construir o trabalhador comportado e produtivo.[13]

Embora a teoria segundo a qual a doença era contraída pelas exalações miasmáticas estivesse desacreditada desde as descober-

---

12. F. Horta Prata, *Higiene e habitação*, p. 57.
13. A. Corbin, *Le Miasme et la Jonquille*, p. 168.

tas realizadas por Pasteur e Koch, a representação imaginária que associa a figura do pobre aos elementos pútridos, aos detritos e ao perigo pestilencial se reforça. Aliás, as estratégias desodorizantes fundadas nas mitologias pré-pasteurianas não são questionadas, mas reafirmadas: mais do que nunca o povo infecto e nojento aparece como ameaça à saúde do burguês perfumado. Mais do que nunca os trabalhadores e pobres em geral são percebidos como suspeitos em potencial, seja como portadores de germes, seja como possíveis criminosos.

A DISCIPLINA DAS VILAS OPERÁRIAS

Tanto na perspectiva da higiene pública quanto na dos industriais, a classe operária, juntamente com toda a população pobre, é, portanto, representada como animalidade pura, dotada de instintos incontroláveis, assimilada a cheiros fortes, a uma sexualidade instintiva, incapaz de elaborar ideias sofisticadas e de exprimir sentimentos delicados. Esta representação imaginária do pobre justifica a aplicação de uma pedagogia totalitária, que pretende ensinar-lhe hábitos "racionais" de comer, de vestir, de morar ou de divertir-se.

No discurso dos higienistas, dos industriais ou ainda dos literatos, a representação imaginária do pobre estrutura-se em função da imundície. O pobre é o outro da burguesia: ele simboliza tudo o que ela rejeita em seu universo. É feio, animalesco, fedido, rude, selvagem, ignorante, bruto, cheio de superstições. Nele a classe dominante projeta seus dejetos psicológicos; ele representa seu lado negativo, sua sombra. Como Parent-Duchâtelet ou os médicos brasileiros, o narrador d'*O cortiço*, de Aluísio Azevedo, sente náuseas com o cheiro repugnante do povo amontoado nos cortiços, gerados espontaneamente como vermes:

E naquela terra encharcada e fumegante, naquela umidade quente e lodosa, começou a minhocar, a esfervilhar, a crescer um mundo, uma coisa viva, uma geração, que parecia brotar espontânea, ali mesmo, daquele lameiro, e multiplicar-se como larvas no esterco.[14]

O industrial e médico Jorge Street, como já mostramos, acreditava que, ao contrário dos empresários norte-americanos, os capitalistas brasileiros deveriam comportar-se como "conselheiros e guias" dos operários, incapazes de gerirem suas vidas privadas autonomamente. Segundo a crença no determinismo físico ou moral, a burguesia pretende fabricar indivíduos produtivos e submissos, a partir do modelo que ela faz da classe trabalhadora. Nesse sentido, a questão da habitação dos pobres constitui um domínio que os poderosos procuram solucionar a partir da imposição de normas precisas de habitabilidade.

Na medida em que a casa "imunda e insalubre" do pobre é apresentada como origem da doença, da degradação moral e da ameaça política, eliminam-se os obstáculos ideológicos que se poderiam antepor ao desalojamento dos trabalhadores dos cortiços e favelas. Todo um discurso racionalizador procura justificar a interferência planejada da burguesia nos mínimos detalhes da vida cotidiana do trabalhador, instaurando uma disciplina que designa novos modos de higiene pessoal e de vida.

A solução ideal preconizada pela higiene pública para a questão da habitação popular desde o final do século XIX, no Brasil, é a construção das *vilas operárias* pelos poderes estatais ou por capitalistas particulares, nos bairros periféricos da cidade. Combina-se, assim, a luta sistemática contra a insalubridade da moradia do pobre com o utilitarismo reinante. Afinal, a construção das "habitações hi-

---

14. Aluísio Azevedo, *O Cortiço*, p. 26.

giênicas e baratas" se tornará um negócio lucrativo tanto para os industriais/senhorios, quanto para as companhias de saneamento.

> Para corrigir este mal o único meio que vemos e que nos parece fácil por oferecer igualmente moderado juro ao capital empregado são as Vilas Operárias, tão em uso na Europa toda e já introduzidas na Capital Federal,

defendia o inspetor sanitário de São Paulo, em 1894. Segundo o relatório da Comissão de Inspeção das Habitações Operárias e Cortiços de Santa Ifigênia, do mesmo ano,

> Em torno da cidade de São Paulo, num raio de 10 a 15 quilômetros não faltam lugares preenchendo estes requisitos (facilidade de transporte e barateza dos terrenos). [...] As vilas operárias serão construídas, de preferência nos subúrbios em terrenos escolhidos e saneados, oferecendo ao operário fácil acesso para a cidade ou para o lugar onde ele diariamente se ocupa.

Ao prometer a construção das vilas operárias como resposta para o problema da saúde da população pobre da cidade, os higienistas abrem caminho para a realização da utopia burguesa de fabricação da classe trabalhadora desejada, combinando imperativos econômicos e políticos. Na verdade, muito mais que uma maneira de morar, as vilas representam a vontade de impor sutilmente um estilo de vida. Através da imposição das vilas operárias, vilas punitivas e disciplinares, estabelece-se todo um código de condutas que persegue o trabalhador em todos os espaços de sociabilidade, do trabalho ao lazer. As vilas, antíteses dos cortiços, permitem que o poder disciplinar exerça um controle fino e leve sobre o novo continente das pequenas relações cotidianas da vida do trabalhador. Eliminando todos os intervalos que separam vida e trabalho do dia

DO CABARÉ AO LAR | 231

a dia do operário, a forma burguesa de habitação designada para o pobre instaura um novo campo de moralização e de vigilância. Segregado nos bairros periféricos e distantes da cidade, o proletariado é ainda internado nos limites da minicidade que a vila pretende constituir, possibilitando uma gerência patronal absoluta sobre todos os seus comportamentos.

Nas primeiras décadas do século XX, são construídas várias vilas operárias, em geral ligadas a uma fábrica: em São Paulo, Vila Maria Zélia, no Belenzinho; Vila Prudente, construída pela Falchi em 1890, no Ipiranga; Vila Crespi, na Mooca; Vila Nadir Figueiredo, Vila Economizadora, Vila Beltramo, Vila Cerealina, Vilas de Votorantim e de Santa Rosália.[15]

Em 1889, é constituída a Companhia de Saneamento do Rio de Janeiro, sob a direção do engenheiro civil Arthur Sauer, destinada a construir "habitações para operários e classes pobres" e à qual o governo concede facilidades e isenções de impostos. No relatório apresentado ao presidente da República pelo dr. Sabino Barroso Júnior, ministro de Estado da Justiça e Negócios Interiores, em 1902, informa-se que 26 prédios e terrenos tinham sido adquiridos na zona urbana e à margem da Estrada de Ferro Central do Brasil para a construção de vilas operárias. Cinco haviam sido instaladas, comportando cerca de 3 a 5 mil pessoas, e pretendia-se construir mais dezenove para acomodar quase 40 mil pessoas. A companhia destruíra antigos cortiços e estalagens insalubres e transformara-os em vilas para operários. A Vila Operária Ruy Barbosa foi instalada na rua dos Inválidos; a Arthur Sauer, perto da Fábrica de Tecidos Carioca; a Senador Soares, no Andaraí Grande, próxima à Fábrica de Tecidos Confiança Industrial; a Vila Operária Maxwell, na rua

---

15. Eva Blay fornece muitas informações: *Eu não tenho onde morar: Vilas Operárias*. São Paulo, Nobel, 1985; Raquel Rolnik, *Cada um em seu lugar*. Dissertação de Mestrado, USP, 1981.

do mesmo nome; e a Vila Sampaio no Engenho Novo, servindo à Estrada de Ferro Central do Brasil, como tantas outras.[16]

Estratégia patronal de fixação da força de trabalho ao redor da unidade produtiva neste momento histórico de constituição do mercado de trabalho livre no país, a construção das vilas operárias permite controlar a economia interna do trabalhador e seu próprio tempo fora da esfera do trabalho, delimitando o espaço em que pode circular. Satisfeito com a instalação da Vila Maria Zélia ao redor de sua fábrica de tecidos, em 1916, o industrial Jorge Street explicitava seus sonhos:

> Em redor da fábrica mandei construir casas para moradia dos trabalhadores, com toda a comodidade e conforto da vida social atual [...] depois um grande parque com coreto para concertos, salão para representações e baile; escola de canto coral e música, um campo de football; uma grande igreja com batistério; um grande armazém com tudo o que o operário possa ter necessidade para sua vida, [...] uma sala de cirurgia-modelo e uma grande farmácia [...] uma escola para os filhos de operários e creches para lactantes [...]. Quis dar ao operário [...] a possibilidade de *não precisar sair do âmbito da pequena cidade que fiz construir à margem do rio, nem para a mais elementar necessidade da vida* [...]. Consegui, assim, proporcionando, também, aos operários, distração gratuita dentro do estabelecimento, *evitar que frequentem bares, botequins e outros lugares de vício, afastando-os especialmente do álcool e do jogo*. (Grifos meus.)

A vila deve instaurar um espaço de conforto, satisfação e moralidade, de onde o trabalhador não precisa sair nem mesmo para divertir-se. Vinculado ao aparato da produção através deste

---

16. Relatório apresentado ao presidente da República pelo Dr. Amaro Cavalcanti, ministro da Justiça e Negócios Interiores, em 18/4/1898, relativamente à Companhia de Saneamento do Rio de Janeiro.

mecanismo sutil de dominação que é a própria habitação, espaço da intimidade e do diálogo interior, o discurso do poder promete ainda ao operário abrigá-lo da contaminação moral das ruas agitadas e dos bares viciados e escuros, situados do outro lado do mundo. A vila-cidadela, projetada pela arquitetura da vigilância, oferece aos seus moradores a proteção e o conforto de toda uma rede de equipamentos coletivos e comerciais capazes de atender às suas mais simples necessidades: creche, escola, armazém, farmácia, bar e restaurante, teatro e quadra de esporte, entre outras coisas. Nesse sentido, o poder disciplinar cria dispositivos estratégicos de estreitamento dos vínculos que unem os membros da família, mas também entre esta e o patrão, numa mescla de sentimentos que incluem gratidão e cumplicidade.

Jorge Street tem claro que, para conseguir a adesão dos operários que emprega, deve neutralizar seus sentimentos de revolta e estabelecer laços emocionais de dependência paternalista. E que, para tanto, é de fundamental importância atingir como alvo privilegiado e seguro esta construção imaginária da sociedade moderna: a família nuclear. A casa deve constituir um novo espaço normalizado de relações estáveis, naturalizadas e assépticas, onde podem se aprofundar os sentimentos familiais e estreitarem-se os vínculos entre os membros da família:

> A família! Eis o meio de tornar o operário honesto, laborioso e de afeiçoá-lo à indústria em que coopera. [...]

Quer ver como é simples tocar o coração do operário, vencendo com pouco aquele seu instinto de revolta contra a riqueza do patrão?[17]

---

17. Evaristo Morais Filho, *Ideias Sociais de Jorge Street*, p. 445.

Esse industrial explica, neste depoimento prestado a Alfredo Cusano na década de 1920, como pensa elevar seus lucros, impedindo a emergência da consciência de classe entre os operários. Jorge Street relata que, sabendo um dia que os operários de seu estabelecimento entrariam em greve a exemplo do que ocorria na cidade, participa da festa realizada por sua mulher onde, dizia-se, seria feito um discurso por algum operário convidando os demais a engrossarem a luta social. Antes que alguém se pronunciasse, o industrial se levantou e perguntou se existia algum trabalhador descontente com sua fábrica. Diante do silêncio, afirmou convictamente a união existente entre todos, acrescentando:

> E ainda que houvesse alguma coisa que nos dividisse, aqui há um elo intangível entre nós, um elo que fará sempre, em qualquer caso, desaparecer mal-entendidos e malquerenças entre nós — são os vossos filhos.
>
> Assim dizendo, tomei dos braços de uma operária que estava próxima a mim, o seu filho lactante — um daqueles que vinham sendo nutridos e educados em nossa creche — e mostrei a criança à multidão.
>
> Um longo aplauso ressoou pela sala e todos os olhos brilhavam de comoção, muitos choravam.[18]

Segundo ele, no dia seguinte a fábrica voltava a funcionar melhor ainda.

Alguns industriais defendem, juntamente com os higienistas sociais, a construção de habitações confortáveis, higiênicas e baratas que fixem o trabalhador não apenas no emprego, mas dentro do lar nos momentos de folga. O sonho patronal de moldar trabalhadores obedientes e cumpridores de seus deveres, habitando suas residên-

---

18. *Ibidem*, p. 445.

DO CABARÉ AO LAR | 235

cias, está intimamente ligado à ideia de fazer da casa um ambiente aconchegante e perfumado, na guerra contra a sedução das ruas movimentadas e dos bares.

As "Lembranças do Cotonifício Scarpa", álbum publicado por Nicolau Scarpa, que adquire a Vila Maria Zélia em 1926, permitem que penetremos em seu interior, tomando conhecimento dos pequenos fatos de sua vida cotidiana, da organização do espaço interno desta minicidade, cujo modelo se assemelha em muito ao de um convento ou mesmo ao da prisão. Descrevendo a vila, ilustrada por várias fotos, explica-se que era composta até então por quase duzentas casas "higiênicas", vendidas a preços módicos aos operários, descontados nos seus salários.

> E assim, a Cia. torna desde já os seus operários coparticipantes dos seus lucros [...]. A creche é um estabelecimento modelar onde as mães enquanto trabalham deixam os seus filhos entregues à solicitude das "Irmãzinhas da Imaculada Conceição" [...]. O serviço religioso e a direção da creche, Jardim da Infância e Grupo Escolar, na parte educacional, estão confiados ao Diretor da Organização Social, que é o Reverendíssimo Capelão. [...] Sobre todas as crianças do grupo e do jardim da infância, a ação do capelão é direta. [...] Após o trabalho, é preciso recrear o espírito. Eis por que a Companhia organizou uma boa fanfarra, com trinta figuras, instrumental de primeira ordem, fardamento etc. Esta música é obrigada, quinzenalmente, a dar uma retreta no pavilhão que enfeita o lindo jardim bem como tocar nas festas religiosas e cívicas que se realizam na vila [...]. Patrocinada pela sociedade, que gratuitamente dá sede, zelador, água e luz, há uma sociedade de futebol, a qual faz parte da divisão municipal, tendo seu campo próprio. [...] Organizam-se festas atraentes sob a rigorosa fiscalização de seus criteriosos diretores [...]. O Reverendíssimo Sr. Capelão fundou "A Cruzada Eucarística" com ótimo resultado. É um meio eficaz de *conservar as virtudes da pureza, da obediência, da docilidade,*

nos corações das crianças que Nosso Senhor tanto ama. *Crescendo dentro deste ambiente os meninos de hoje serão os honestos operários de amanhã.* [...] Eis como a Sociedade, com 2100 operários, observando as sábias lições da "Rerum Novarum" do papa dos operários, Leão XIII, *resolve admiravelmente os complexos problemas da Questão Social, e soluciona o conflito entre o capital e o trabalho,* que tanto vem preocupando a humanidade.[19]

A aliança entre patrões e Igreja não passou despercebida aos operários, assim como os intuitos de organizar de ponta a ponta sua vida social, internando-os dentro dos muros da vila e da fábrica.

A rigorosa disciplina exercida no interior da vila, explicitada pelo próprio discurso do poder, não dispensa o auxílio dos elementos da Igreja, nem mesmo dos diretores e policiais que a dirigem. A organização deste espaço modelar, celular e punitivo visa impedir as aglomerações, evitar a emergência de hábitos pouco sóbrios ou de uma vida contagiada pelo trânsito confuso de desconhecidos, pelas festas espontâneas e alegres de rua dos habitantes dos cortiços ou casarões do Bexiga ou do Brás, em São Paulo. Afinal, cercada por muros, o acesso à vila era totalmente controlado e restrito aos seus moradores, como fazem pensar as reclamações dos operários veiculadas em sua imprensa.

Aliás, estes são os primeiros a desmistificarem a ideologia da assistência social das obras de Street, tido como um dos industriais mais progressistas do período, ou de outros como Luís Tarquínio, na Bahia, admirado até mesmo por um operário como Jacob Penteado. Os trabalhadores denunciam na imprensa anarquista que são obrigados a alugar as casas dos proprietários/senhorios, não só pelo contrato de trabalho (afinal o aluguel era descontado no salário mensal e a fábrica só empregava quem residisse em suas casas),

---

19. *In:* Raquel Rolnik, *Cada um em seu lugar,* p. 76.

mas ainda pelas técnicas compulsórias externas que os industriais elaboravam e aplicavam. Segundo *A Terra Livre*, de 11/11/1906:

> "Votorantim, mil e uma maneiras de explorar."
>
> [...] Desde este dia cessará o trem que conduz os operários de Sorocaba a Votorantim e vice-versa. Os operários serão obrigados a morar nas casas da Companhia proprietária da fábrica ou a perder o lugar [...]. *Forçados a alugar as casas da Companhia*, os operários *têm também de fazer as suas compras na cooperativa* que reabriu há pouco, prometendo vender mais barato que em Sorocaba, mas fazendo precisamente o contrário. Ao mesmo tempo, foi proibida a entrada aos vendeiros e padeiros: *não há remédio senão comprar no armazém da fábrica*, chamado *ironicamente "cooperativa"*. Demais, no armazém compra-se com cartões. (Grifos meus.)

Os operários são, então, induzidos a gastarem seus salários irrisórios nos estabelecimentos da própria fábrica, o que evidentemente significa um aumento nos lucros do capitalista. Mas talvez aí não esteja seu principal significado. Pois a própria limitação das lojas e das alternativas de comércio impede que se desenvolvam hábitos prazerosos de consumo, uma "dança do desejo em torno das coisas", incentivando o operário a levar uma vida sóbria, regrada, de economia e poupança. A internação dentro dos muros da fábrica, no momento de trabalho, ou dentro dos muros da vila, nas horas de lazer, impede toda comunicação com o mundo exterior e as "aberturas de cabeça" que, bem ou mal, possibilitam. Vida monástica, sem dúvida.

Elogiando a construção de uma vila operária ligada à fábrica da Boa Viagem, em Salvador, pelo industrial Luís Tarquínio, Jacob Penteado acaba indiretamente por mostrar como se exercia o controle miúdo sobre os mínimos detalhes da vida cotidiana dos empregados:

Os costumes, igualmente, eram objeto de zelo. Não se admitiam mulheres de vida duvidosa (mulher-dama), bêbados, nem namoro nos portões, que eram fechados às vinte e uma horas. Qualquer infração ao regulamento era rigorosamente punida.[20]

Através da organização do espaço urbano, a classe dominante pode vigiar e cercar o trabalhador minuciosamente, desde os momentos mais íntimos de sua vida diária. Todos se conhecem, dos proprietários aos vizinhos, e se observam, se espiam, se controlam. As preocupações se deslocam para os aspectos mais corriqueiros do dia a dia e instala-se a concorrência mesquinha entre os moradores das casas vizinhas: quem tem o jardim mais transado, qual casa é a mais limpa, com quem conversam as esposas, quais os problemas dos casais, quem tem o filho mais bem comportado na escola, quem casa ou "se perde", com quem...

Na Vila Maria Zélia, ainda hoje considerada a vila-modelo do período, o toque de recolher soava às nove da noite, a ingestão de bebidas alcoólicas era proibida, a recepção dos visitantes passava pela guarda de vigilância instalada na guarita. Na Votorantim, "os operários têm que sofrer a fiscalização dos mais íntimos pormenores de sua vida privada", reclamavam os trabalhadores:

> [...] A fiscalização vai até às visitas recebidas pelos operários. É certo que as casas dos operários estão num recinto cercado de arame, propriedade particular: mas nelas habitam homens *livres?*, inquilinos que pagam, e muito, e não servos da gleba [...] (*A Terra Livre*, 16/5/1906, grifo dele.)

Certamente, a burguesia interessava-se em incentivar o casamento monogâmico e a organização da família operária, fixando

---

20. Jacob Penteado; *Bolenzinho, 1910*, p. 76.

os trabalhadores ao redor de suas fábricas. Que melhor espaço senão a vila operária para a mulher realizar sua "vocação sagrada e natural", recolher marido e filhos dos perigos da rua, evitando que procurassem os cabarés ou as "pensões de meretrizes estrangeiras, mestras em todas as artes do gozo e no esgotar garrafas de champanhe e de uísque, corrompendo os jovens e propagando doenças venéreas?", afirmava o dr. J. Monteiro Almeida, na tese *A Higiene das Habitações da Bahia*, defendida em 1915.

A revolta contra a forma capitalista de organização do espaço habitacional, que complementa a exploração do trabalho no interior da fábrica, manifestava-se constantemente na imprensa anarquista das primeiras décadas do século XX:

> "No Feudo *Maria Zélia*, um escândalo em foco."
> Referimo-nos à fábrica *Maria Zélia*, a cujo redor a Companhia Nacional de Juta construiu uma cidadela isolada inteiramente do convívio social e onde a vontade patronal, tendo por servidores seus capatazes e o padre da igreja da vila, impera discricionariamente, de maneira absoluta, encontrando-se os que por necessidade ali vivem numa situação de escravos livres. (*A Plebe*, 18/2/1920.)

O autor denuncia na figura do padre o exercício da dominação física e espiritual

> contra trabalhadores que não se sujeitam passivamente ao seu mandonismo, frequentando com assiduidade a sua taberna religiosa. [...] Agora aparece este santo [...] acusando-se-o de ter abusado de uma pobre moça a quem estavam confiadas as crianças que frequentam *a escola onde se amoldam as consciências infantis à submissão ao domínio clérico-capitalista*. (*A Plebe*, 18/2/1920, grifos meus.)

Este artigo traduz, graças ao anticlericalismo dos anarquistas, a percepção operária da vila não como benefício nem como espaço róseo e seguro de tranquilidade, imagem que os dominantes construíram junto com as residências, mas como "cidadela" socialmente segregada, onde a vontade patronal, associada à dominação religiosa, procura exercer uma vigilância absoluta sobre a vida cotidiana do trabalhador e de sua família. Ao nível estritamente econômico, definindo onde, como e o que consumir, ao nível moral, pela imposição de todo um código autoritário de condutas: frequentar assiduamente a igreja, onde as noções de tempo útil, trabalho, disciplina, produtividade/ pecado/culpa, condenação da ociosidade são veiculadas. A educação também cumpre a função de determinar os comportamentos racionais: o amoldamento das "consciências infantis à submissão do domínio clérico-capitalista".

Os poderes circulam em todos os espaços de sociabilidade do trabalhador: na fábrica, na habitação, na escola de seus filhos, evidentemente separada por sexo, no armazém, na igreja ou no teatro. Do trabalho ao lazer, nenhum intervalo é esquecido por esta penalização diária e difusa da existência. Além dos regimentos internos da fábrica, já analisados, os operários devem obedecer aos regulamentos externos, que estipulam as normas de conduta de cada um, em cada espaço e em cada momento, complementando a empresa de constituição dos "soldados do trabalho" para além dos muros da produção. Os "códigos de obrigação" da Fábrica Cedro e Cachoeira, a título de exemplo, proibiam:

> art. 1 — consentir ou dar em casa jogos, batuques ou reuniões imorais, consentir bebedeiras, desordens, espancamentos e tudo o mais que perturbar o sossego público. [...]
> art. 8 — Fazer algazarras pelas ruas, praças ou casas, perturbando o sossego público — principalmente depois das nove horas da noite.

Função corretiva, os regulamentos estipulavam sanções que visavam a normalizar a vida dos habitantes: multas, prisões, expulsão em caso de reincidência etc.

> As casas devem ser lavadas cada 8 dias e cuidadas umas plantas que cada um tem na frente sob pena de multa. Os operários que são encontrados conversando particularmente com uma moça, ou são despedidos, ou obrigados a casar. Quem rir dentro da fábrica é multado. (*A Terra Livre*, 5/10/1907.)

Os equipamentos coletivos que a vila possui, como creche, jardim da infância, escolas para meninos e meninas, armazém, farmácia, campo de futebol, banda de música, centro de escoteiros etc., cercam o operário por todos os lados, satisfazendo suas necessidades elementares. Mas ao mesmo tempo criam outras, como participar das atividades religiosas, das festas de comemoração, ou, num nível mais invisível, indicando os espaços adequados para cada ato, confinando a sexualidade normalizada do casal ao quarto, condenando as relações perigosas, interditando os encontros não institucionalizáveis. Prestemos um pouco de atenção ao campo aparentemente vago e solto da vida do trabalhador durante as horas livres: o momento de lazer.

Desde cedo, o discurso operário critica o controle total pelos patrões sobre as horas livres do trabalhador, que impõem recreações moralizadoras e alienantes, impedindo que cada um disponha livremente de seu tempo, interrompendo os fluxos que podem levar a encontros indesejáveis, a conversas não controladas, a agrupamentos espontâneos, a... quem sabe! articulações conspiratórias, nessa paranoia do medo da aglomeração dos dominados que assusta os patrões. Segundo *A Voz do Trabalhador*, de 15/8/1908:

Está dando os bons frutos que eram de esperar a sociedade "Progresso", organizada pelo estado maior da fábrica de tecidos Vila Izabel a fim de arregimentar e escravizar *ainda fora da fábrica* seus operários. [...] (que) caíram no lago como carneiros, entrando para a dita sociedade, formando uma banda de música que serve para engrossamento dos que os exploram e para aproveitamento dos adulões. (Grifos meus.)

Cito quase integralmente o artigo recolhido em *A Plebe*, de 17/7/1920, por me parecer ilustrativo da maneira pela qual a crítica operária desmistifica a imagem "paternalista" e "quase-socialista" do empresário Jorge Street, ainda hoje amplamente difundida, e por criticar o conteúdo ideológico da educação veiculada nas escolas da vila, tão elogiadas pelo discurso do poder:

O BENEMÉRITO DR. STREET

Como operário do dr. Street (que Deus no-lo conserve por muitos anos) venho lembrar-te alguns benefícios que ele nos tem feito. Tu deves saber que o nosso caro patrão professa a religião israelita [...]. Pois bem. Ele com pena que as nossas almas fossem para as caldeiras do Pedro Botelho, transigiu com as suas crenças religiosas e mandou construir para nós a Capela de S. José, na "Maria Zélia", dando-nos a honra de ir lá todos os domingos à missa [...].

E os cobres que ele gasta só para nós termos uma capela mesmo "Nossa"? Só ao Santo padre Bastos ele paga um conto de réis por mês! [...] Imaginas tu o que seria de nós, se não tivéssemos por patrão o dr. Street e por conselheiro o padre Bastos, em uma cidade como esta, com uma *raça de anarquistas* que quanto mais o Virgílio os expulsa mais aparecem! [...] E o que dizer das escolas? Só os gastos enormes que ele faz só para ver os nossos filhos instruídos! Sim, instruídos, não te estejas a rir. Tenho lá na escola uma rapariga há coisa de um ano, e queria que tu visses como está instruída! Já sabe a santa doutrina que é um gosto vê-la dizer o padre-nosso, a ave-maria, o credo; até estou em dizer que era capaz de dizer missa. Cantar, então, não te digo nada; é hino à Virgem, ao Epitácio, ao Street, ao Bandeira de Mello. [...]

Agora vê tu que se o nosso caro patrão não gastasse os seus ricos cobres, eu tinha que pagar por aí uns 5.000 réis por mês, e a rapariga só saberia *a, b, c*, que a França é na Europa, e a terra gira sobre si mesma, coisas estas sem importância comparadas com um padre-nosso e um hino de louvor ao dr. Street. Até era capaz, a pequena, de já ser anarquista! (Grifos meus.)

O tom irônico da denúncia operária reforça sua profundidade: a escola como instrumento de dominação ideológica e de disciplinarização da criança, onde não se aprende nada que interesse à realidade concreta de cada um, mas onde se passam conteúdos altamente moralistas e comprometidos, onde o industrial, a Igreja e o Estado são elevados à condição de personagens principais e sacralizados.

As vilas operárias tiveram ainda função importante como arma direta dos patrões para quebrar a resistência dos trabalhadores, pressionando no sentido de evitar a emergência dos movimentos grevistas com a ameaça poderosa de despejo e de demissão. Tal recurso repressivo foi utilizado inúmeras vezes, como na greve deflagrada pelos ferroviários de Jundiaí, em 1906; ou na greve que eclodiu na Vidraria Santa Marina. Nesta,

o patrão declarou, então, demitidos os operários, para constrangê-los à rendição incondicional, dando ao mesmo tempo uma ordem de despejo para os que ocupam as casas da Companhia [...] também o armazém fornecedor de víveres, cúmplice da Companhia, fechou a porta aos operários. (*La Battaglia*, de 19/9/1919.)

A arquitetura da vigilância reproduz na construção das vilas operárias a estrutura hierárquica e despótica presente no interior da fábrica. Também aqui o modelo inglês parece referenciar o projeto arquitetônico dos industriais no Brasil: as casas são dispostas em torno da fábrica, ou, ao contrário, são circundadas pelas instalações da fábrica. Nos dois casos, uma disposição panótica: maneira pela qual a arquitetura, a partir dos princípios de Bentham, pôde resolver o problema de permitir a um só olhar vigiar e controlar o comportamento de muitos, fazendo com que a própria ideia de um olhar atento e vigilante ininterrupto fosse internalizada pelas pessoas sobre as quais recaísse de fato ou não.[21]

A aquisição das casas e sua própria construção material hierarquiza-se de acordo com critérios estabelecidos na organização do processo produtivo: a Vila Penteado, construída no começo do século XX, só alugava casas para mestres e contramestres. A maior parte das vilas possuía internamente casas de tipos e tamanhos diferentes, diferenciando-se de acordo com a categoria dos operários/inquilinos. A Cia. de Calçados Clark, por exemplo, que empregava cerca de 450 operários por volta de 1913, possuía casas construídas somente para os contramestres, em geral estrangeiros. A Cia. Antártica possuía na Mooca residências apenas para os "cervejeiros", considerados mais especializados que as outras categorias empregadas. A vila de Paranapiacaba era formada por casas que só eram entregues aos funcionários considerados hierarquicamente superiores.[22] A forma de organização do espaço habitacional visava, portanto, garantir a permanência junto à unidade produtiva de uma força de trabalho especializada, numa época em que a mecanização da indústria ainda não desqualificara totalmente o saber-fazer profissional.

---

21. Michel Foucault, *Vigiar e punir*, p. 173; Raquel Rolnik, *Cada um em seu lugar*, p. 36.
22. Maria Auxiliadora Guzzo Decca, *A vida fora da fábrica*, p. 50; L. Segnini, *Ferrovia e ferroviários*, p. 5.

Gestão "científica" da habitação popular

Se num primeiro momento a construção das vilas operárias aparece como a solução ideal que as classes dominantes concebem para a questão da habitação popular, mesmo que atinja um número bastante reduzido de trabalhadores, desde meados da década de 1920 constitui-se um novo dispositivo estratégico de moralização do proletariado, cujos enunciados se explicitam no I Congresso de Habitação, realizado em 1931.

A estratégia de disciplinarização da figura do trabalhador e a redefinição da rede de relações familiares a partir da construção das vilas operárias e de toda a organização do lazer operário, possibilitada por seu internamento num espaço arquitetônico literalmente cercado e fechado, caracterizam o período de formação do mercado de trabalho livre no país nas primeiras décadas do século XX. Aqui, as disciplinas pontuais se exercem de forma coercitiva, direta, visível, fazendo-se sentir pela compulsão de prender o trabalhador no interior das "prisões domiciliares", embora também indireta e sutilmente, através da instalação, no seu interior, de todo um equipamento coletivo para preencher necessidades básicas. Os operários identificam o exercício do poder disciplinador na figura dos industriais/senhorios, personalizam a dominação na autoridade do patrão/proprietário de suas residências, bem como nos fazem perceber as críticas publicadas nos jornais anarquistas.

A partir de meados da década de 1920, um *outro regime disciplinar* se insinua através da ação da burocracia impessoal, técnica e racional, que discute e resolve aquilo que ela própria determina como seu objeto de interesse e de conhecimento. O saber sobre a questão da habitação, presente inicialmente na fala dos higienistas e médicos, legitima agora o poder de outras falas que se articulam sobre o social: de engenheiros e de arquitetos principalmente, mas também de sociólogos e de advogados. Embora os higienistas ainda desfrutem de uma posição importante na tarefa de gerir a cidade, novos atores entram em cena, assumindo papel de destaque e definindo as soluções práticas para os novos problemas urbanos.

A noção de disciplina sofre, então, um deslocamento progressivo neste momento histórico de emancipação do trabalho. O exercício do poder, na perspectiva operária, localizado na figura do "benemérito dr. Street" cede lugar ao exercício invisível das técnicas disciplinares, impostas através das soluções aventadas por todo um corpo de "especialistas": poderes diluídos que, como na fábrica taylorizada, se manifestam inscritos nos saberes específicos, únicos autorizados para solucionarem os problemas de uma classe operária infantilizada e pouco civilizada. A vigilância mecânica, inerente ao aparato da produção, dotada de exterioridade e de objetividade, prolonga-se na dominação imperceptível que emana da burocracia especializada para resolver a questão da habitação popular: a tecnicização dos problemas sociais revela a sofisticação das estratégias burguesas de disciplinarização das "classes perigosas".

No entanto, uma mesma operação ideológica percorre tanto o discurso inicial dos higienistas e industriais, enquanto estratégias pontuais que vão se constituindo paulatinamente diante das questões que as transformações socioeconômicas produzem, quanto a fala acabada de todos os outros especialistas que se apropriam posteriormente da questão urbana. De ponta a ponta, recorre-se à mesma operação conceitual que vincula *pobreza-saúde-imoralidade*. A questão da habitação popular é tematizada e construída por todo o arsenal de conhecimentos mobilizados pelos dominantes, menos como problema material ou financeiro do que como *questão moral*. A preocupação que sustenta toda a discussão sobre o problema da moradia dos pobres está centrada muito mais na vontade de regenerar as classes populares decaídas, segundo a representação imaginária do poder, do que no sentido de responder funcionalmente ao problema habitacional. Não devemos estranhar, nesse sentido, que a cidade e sobretudo as vilas e os bairros sejam, como afirmam Murard e Zylberman a propósito das vilas mineiras, muito mais "filhos do saber da higiene" do que da arquitetura.[23]

A problemática da habitação operária, inicialmente construída pelo saber médico-higienista e progressivamente incorporada pelos saberes técnicos e "objetivos" da engenharia, da arquitetura e da sociologia, sofre um deslocamento conceitual através de operações em que as imagens e representações imaginárias se acoplam ou se opõem, criando todo um campo de dimensão simbólica do real. Assim, da constatação do problema da habitação popular — as péssimas condições de vida e moradia dos trabalhadores e pobres em geral —, passa-se a discutir a questão da saúde dos incivilizados, no sentido de diagnosticar as doenças para preveni-las ou extirpá-las. Da questão da doença e do perigo da emergência de focos de contágio, desloca-se para o problema moral: a degenerescência da raça, a degradação do espírito, a corrupção do trabalhador. Finalmente, a ameaça política.

A associação pobreza-saúde-promiscuidade-subversão cola-se deste modo a um objetivo econômico: é preciso recuperar o proletariado, corrompido e degenerado, para promover o progresso nacional. O ser produtivo deve ser o trabalhador de hábitos regulares, que obedece servilmente às imposições do capital, que não se deixa imbuir por ideias "estranhas e estrangeiras" que corroem os valores fundantes da sociedade, tanto na fábrica quanto fora de seus muros.

Para este soldado disciplinado do trabalho, a solução ideal de residência visualizada pela burocracia é a "casa isolada" ou as "cidades-jardim". A imagem do jardim/natureza oposta à do botequim/sociedade, herdeira do pensamento rousseauniano, reforça

---

23. L. Murard e P. Zylberman, "Le petit travailleur infatigable", *Recherches*, p. 35.

a proposta burguesa de exclusão da classe operária para a periferia da cidade. Assim, a problemática da habitação popular é utilizada como pretexto para a aplicação de regimes disciplinares de espacialização dos corpos, desde o espaço urbano até o interior da casa, de modo a facilitar a gerência da vida dos dominados até mesmo em sua intimidade. A vigilância panótica que se exerce no âmbito da fábrica invade o interior da moradia operária: a noção de culpabilidade, introjetada pelos indivíduos, deve impedir que se desviem dos papéis familiares produzidos externamente para a mãe, para o filho, para o pai e dos lugares em que devem ser representados.

O I CONGRESSO DE HABITAÇÃO

Em maio de 1931, engenheiros, arquitetos, higienistas e sociólogos de todo o Brasil reúnem-se em São Paulo, no I Congresso de Habitação, realizado sob os auspícios do Instituto de Engenharia e da Prefeitura de São Paulo. Seu objetivo: buscar soluções para os problemas do urbanismo; entre eles, a questão da habitação das classes trabalhadoras.

Tomando como parâmetro respostas aplicadas em países "mais civilizados", como a Inglaterra, a França e os Estados Unidos, os engenheiros procuram diagnosticar as origens de "um dos aspectos mais dolorosos da questão proletária (que) é sem dúvida a do alojamento precário, insalubre e quase sempre nojento".[24] Recorrem para tanto a todo um conjunto de conhecimentos técnicos — a "ciência da engenharia", a arquitetura industrial, a medicina, a sociologia, o direito — para darem conta dos problemas criados pelas péssimas condições de moradia do trabalhador brasileiro.

O discurso burguês tematiza a questão da habitação popular e elabora dispositivos tecnológicos de poder apresentados como

---

24. *Anais do I Congresso de Habitação*, São Paulo, maio de 1931, p. 142.

"científicos", a fim de regenerar a figura corrompida do habitante dos cortiços e favelas. Centrei minha atenção sobre três artigos que exprimem com muita clareza o pensamento dos especialistas sobre esta problemática: "Sugestões para a solução do problema das casas operárias", "Habitações econômicas" e "Casas populares — cidades-jardim".

Nestes textos, uma mesma postura situa-os na linha do "modelo progressista" do urbanismo europeu, caracterizado pela valorização positiva da ciência, da técnica, do aproveitamento dos novos padrões e da mecanização da indústria e por uma concepção funcional e pragmática que pretende construir a cidade do trabalho. A "eficácia moderna" é o termo-chave para se compreender esta tendência do pensamento urbanístico que, desde 1928, "encontra seu órgão de difusão num movimento internacional, o grupo dos CIAM" (Congressos Internacionais de Arquitetura Moderna), e que em 1933 formula seus princípios na Carta de Atenas.[25]

Ao mesmo tempo, um mesmo percurso ideológico marca o discurso aparentemente despolitizado dos especialistas, no sentido de deslocar a temática da habitação popular do plano material para pensá-la como questão de moralidade e de ordem, responsáveis pelo crescimento econômico da nação e pelo ideal eugênico de aprimoramento da raça. Daí a enorme preocupação com a questão da saúde e da higiene que caracteriza o pensamento urbanístico "progressista", ao contrário do "culturalista", voltado para a recuperação da totalidade cultural orgânica perdida pela cidade industrial. No entanto, estas distinções entre as duas tendências do urbanismo não devem ser consideradas rigidamente. Por exemplo, como os culturalistas, os engenheiros do 1º Congresso Brasileiro visualizam nas cidades-jardim a possibilidade de resolução do problema da habitação operária, criado pela industrialização acelerada. Entre-

---

25. Françoise Choay, *O Urbanismo*, pp. 19-20.

tanto, esta proposta passa a ser pensada na lógica dos "progressistas", isto é, tendo em vista a eficácia e o rendimento para o capital, eliminando-se os bares, a aglomeração dos pobres nos espaços públicos, as calçadas etc. Esta convicção é expressa nitidamente nas conferências de abertura do Congresso:

> Na casa, à grande luz radiante do sol nascem, desenvolvem-se e amadurecem as forças que conduzem a humanidade para o progresso constante. No bar e no clube, em escuridão propícia à vida microbiana, pululam as forças contrárias.[26]

A habitação popular passa a ser, no discurso dos especialistas, além de uma questão meramente técnica e prática que os saberes neutros e racionais da engenharia e da arquitetura devem resolver, uma questão de *moralidade* e de *eugenia*. A casa e a cidade aparecem como espaços totalitários de produção de novos comportamentos "racionais" e da instauração de relações utilitárias numa sociedade cuja forma básica de sociabilidade se funda na troca.

Reclamando uma ação mais efetiva dos poderes públicos, responsáveis pelo abandono em que se encontram as classes trabalhadoras, ao contrário das classes médias, os engenheiros e arquitetos constatam as péssimas condições em que vivem o proletariado urbano e o trabalhador rural, entregues "às enfermidades, à prostituição, aos crimes, elementos que representam os músculos de nossa economia incipiente".[27]

Atribuem-se, então, a missão redentora de salvar o proletariado nacional do estado de degeneração física e moral em que se encontra. Também neste discurso, a moradia popular, precária, insalubre, fétida é detectada como a origem das doenças, de acordo com

---

26. Françoise Choay, *O Urbanismo*, p. 48.
27. Ibidem, p. 52.

a teoria biológica do meio, que influencia o pensamento científico desde o século XIX. A casa é responsabilizada pela produção de comportamentos desviantes, como a prostituição e o crime, que revelam a baixa moralidade das populações pobres. Por isso, a questão da habitação popular constitui um entrave ao progresso econômico da nação, que necessita de trabalhadores fortes e sadios. Daí a conclusão de que não se trata simplesmente de buscar soluções arquitetônicas de barateamento dos custos da construção, embora se valorize a racionalização e a geometrização do espaço, ou de localização das casas populares nos arredores dos locais de trabalho, mas de que é preciso construir um tipo racionalizado e moralizado de espaço domiciliar. Segundo o engenheiro Henrique Doria, autor do primeiro artigo citado:

> A solução será tanto sob o ponto de vista das dimensões, custo, financiamento e legislação — o que tornará praticável a construção para todas as pessoas pertencentes às classes inferiores — como também, sob o ponto de vista de higiene e conforto — o que proporcionará melhores valores humanos e, consequentemente, o progresso das condições gerais da coletividade.[28]

A ciência e a técnica devem indicar soluções para superar os obstáculos que os homens enfrentam em sua relação com o meio. As inovações tecnológicas, os métodos da estandardização e de mecanização da indústria devem ser aproveitados na remodelação da cidade, na linha do pensamento urbanístico "progressista", assegurando a saúde e a higiene dos habitantes: zonas verdes, espaços abertos, muito sol e luz. Os fluxos de circulação no interior da cidade, ou no interior da casa, devem ser organizados racionalmente de modo a facilitar a movimentação dos homens-mercadoria.

---

28. Françoise Choay, *O Urbanismo*, p. 53.

Segundo o engenheiro Bruno Simões Magro, autor do artigo "Habitações econômicas", apesar dos esforços de alguns industriais humanitários que haviam se preocupado com seus empregados, construindo vilas operárias ou conjuntos residenciais, o problema da habitação popular permanecia inalterado. Os pobres continuavam a viver entulhados em pequenos compartimentos, frequentemente subalugando algum cômodo para um "pensionista",

> elemento prejudicial ao sossego de espírito dos donos da casa, não raro tornando-se um germe de discórdia e mesmo de dissolução da família, portanto, um indesejável.[29]

Fissurados com o desejo de desaglomerar os pobres em todos os espaços de sociabilidade, mas fundamentalmente no interior da casa, os especialistas sentem um verdadeiro horror diante da presença do celibatário no interior da família. O "pensionista" é visto como uma ameaça dissolvente dos laços familiares, como um empecilho desestabilizador da cruzada de moralização da classe trabalhadora e da constituição da noção de intimidade. Num momento em que se busca incutir no operário os valores burgueses da privacidade, da regularidade dos hábitos, da produtividade, impondo novas condutas disciplinadas, a presença deste intruso no lar vem romper o equilíbrio que se pretende conseguir através de todo um conjunto de tecnologias mobilizadas. Afinal, a questão da habitação popular funda-se no desejo burguês de exportar a família higiênica aos setores sociais inferiores. Trata-se de construir uma habitação e uma forma de morar que interditem relações impuras, localizando o amor, codificando a sexualidade, eliminando tudo que represente libertinagem, orgia, desordem e anarquia.

---

29. *Ibidem*, p. 57.

Os engenheiros defendem a construção de um tipo de moradia popular econômica, porém, dividida em um "número suficiente de compartimentos" para evitar a promiscuidade e em que os quartos sejam suficientemente isolados uns dos outros, como "o deseja a família brasileira, por tradição discreta em rígida moralidade".[30] Espaços menores, porém mais divididos, que permitam individualizar os corpos, distanciá-los, estabilizá-los, impedindo o contato ameaçador e destilando o gosto pela privacidade. Esta função saneadora compete ao técnico, responsável como "formador do ambiente moral" das classes populares, segundo o discurso do engenheiro Simões Magro:

> Ao tratar do abrigo operário convém estudar-se o modo de agenciamento das casas, visando evitar a promiscuidade. Em princípio, só há uma solução boa, qual seja a da casa isolada [...].[31]

O autor de "Habitações econômicas" preconiza também que se analise a administração interna da casa, os móveis "essenciais" localizados em lugares que não impeçam a livre circulação do ar, assim como o abastecimento de água potável e a instalação de sanitários e de esgotos, que permitam o asseio e a higiene corporal. Todo um conjunto de saberes é, deste modo, acionado para que a sociedade burguesa realize seu sonho de constituir indivíduos dóceis e laboriosos. Além do isolamento dos compartimentos internos, que permite vigiar mais eficazmente os comportamentos induzidos pela própria distribuição espacial, os especialistas são favoráveis ao isolamento da classe operária nos bairros periféricos da cidade, como veremos adiante.

---

30. *Ibidem*, p. 57.
31. Françoise Choay, *O Urbanismo*. p. 59.

Jardins x botequins

O engenheiro Marcelo Taylor de Mendonça, autor de "Casas Populares — Cidades-Jardins", apresenta como solução ideal para o problema da moradia operária (note-se que a residência burguesa não constitui problema), "sob o ponto de vista higiênico e social", a construção de cidades ou bairros-jardins, a exemplo do que já vinha sendo praticado em Chicago, na Inglaterra ou na França.

A ideia da cidade-jardim, formulada por Ebenezer Howard no final do século XIX, pretendia realizar a síntese da cidade e do campo, recuperando as projeções da cidade do futuro dos utopistas da primeira metade do século XIX. Desejava-se, então, criar um espaço descongestionado, instalando uma cidade planejada que não deveria ultrapassar uma certa quantidade de indivíduos e onde estes poderiam usufruir tanto dos benefícios da vida urbana (como os serviços públicos e as atividades sociais) quanto das vantagens do campo: ar puro, zonas verdes, tranquilidade, muito espaço, hortas e animais domésticos.[32]

Para Howard, influenciado pelos utopistas e por Pier Kropotkin em especial, a cidade-jardim deveria concretizar o sonho da comunidade perfeita e autossuficiente, realizando o almejado equilíbrio entre a indústria e a agricultura, a cidade e o campo, o trabalho manual e o intelectual. No entanto, o conceito da casa cercada por jardins, reapropriado pelo conservadorismo da cultura vitoriana, visava reforçar a intenção de privatização dos indivíduos, retirando-os da promiscuidade da grande cidade. Este é o aspecto que predomina na apropriação da proposta pelos engenheiros, que é portanto esvaziada de todo o conteúdo social e político originário, destinando-se agora a disciplinar os pobres e assegurar a ordem social.

---

32. Leonardo Benevolo, *História da Arquitetura Moderna*, p. 416.

No discurso dos congressistas brasileiros, a cidade-jardim opõe-se à solução das "habitações coletivas", que poderiam ser adequadas para os trabalhadores europeus acostumados a "uma certa educação higiênica, harmonia entre seus moradores, o hábito da limpeza e duma conservação sistemática da casa",[33] mas dificilmente para os brasileiros, "pessoas ainda mal iniciadas na vida moderna e que só se poderá conseguir depois de um certo grau de civilização".

O saber técnico diagnostica o problema habitacional no país: nas favelas e "cabeças de porco" do Distrito Federal desenvolvem-se os baixos instintos, o alcoolismo e a tuberculose: "pode-se dizer que (nelas) têm início todas as misérias morais e materiais e todos os vícios".[34] Novamente, a não casa, que é o cortiço ou a favela, é apresentada como lugar privilegiado da origem do mal, imagem que se contrapõe implicitamente à representação do lar, onde se formam indivíduos privativos e felizes no interior da família unida. Pobreza e sujeira são assimiladas à ideia de degeneração moral, na representação do cortiço imundo como fonte de aquisição de vícios físicos e morais. Na lógica do engenheiro, que expressa a mentalidade dos dominantes, a decadência do trabalhador e de sua família e sua adesão às doutrinas políticas subversivas são produzidas pela ausência de um lar aconchegante e feliz. O operário busca o boteco e o cabaré para se refugiar da casa insalubre e nojenta; no álcool e no jogo, procura as compensações que lhe faltam dentro do ambiente doméstico, quer divertir-se e esquecer: "vai ele, pouco a pouco, entregando-se ao vício do jogo e da bebida."[35]

O fantasma do botequim popular (a boate ou o café burgueses não são objetos de degenerescência) aparece na representação deste

---

33. *Anais do I Congresso de Habitação*, São Paulo, maio de 1931, p. 142.
34. *Ibidem*, p. 141.
35. *Ibidem*, p. 141.

imaginário como instituição ameaçadora para os valores da sociedade, pois é o lugar do pecado e do vício. A imagem do operário que ao sair da fábrica se instala no bar, porque lhe é insuportável ficar em sua casa, que gasta os seus míseros tostões na bebida, no jogo ou divertindo-se com prostitutas, e que, ao voltar para casa, encontra os filhos chorando e bate na esposa é recorrente na história da literatura e do cinema.

Os industriais do CIFTSP também apelam para o mesmo recurso imagético, quando se posicionam contra a lei de férias para os operários:

> Que fará um trabalhador braçal durante quinze dias de ócio?
> *Ele não tem o culto do lar*, como ocorre nos países de climas inóspitos e padrão de vida elevado. Para o nosso proletariado, para o geral de nosso povo, *o lar é um acampamento — sem conforto e sem doçura*.
> *O lar não pode prendê-lo* e ele procurará matar as suas longas horas de inação nas ruas.
> A rua vale muitas vezes pelo desabrochar de vícios latentes, e não vamos insistir nos perigos que ela representa para o trabalhador inativo e inculto, presa fácil dos instintos subalternos. (*Memorial*, de 22/7/1927.)

Trata-se, portanto, de retirar todos da rua, de esvaziá-la das hordas barulhentas de bárbaros, concentrá-los dentro das casas junto das mulheres, das crianças e dos velhos, sequestrar os improdutivos na casa e internar os produtores na produção.

Além de fonte de vícios, na medida em que empurra o trabalhador para a rua, a casa "nojenta e desconfortável" é causa dos maus sentimentos do ódio e da inveja do operário, que se sente um "pária" da sociedade. Estes sentimentos levam a atos de rebeldia, de indisciplina e revolta. Quanto à criança, a habitação popular suja e infecta é prejudicial por formar os "piores hábitos" nos pequenos que vivem misturados "sem distinção de sexos", hábitos pecaminosos e perniciosos que serão depois difundidos na escola ou na fábrica. As crianças se tornam pequenos delinquentes, pois entre permanecer num quarto sujo e abafado preferem a rua onde podem respirar e brincar livremente. Finalmente, a casa insalubre aparece na representação burguesa como responsável pela perda da dignidade e do pudor das jovens. Em suma,

> as favelas e as cabeças de porco são as causas diretas da desorganização operária; são um empecilho absoluto ao reerguimento físico e moral da classe operária.[36]

Portanto, "lutar contra as favelas e cabeças de porco" é batalhar pela elevação da moralidade popular e pela melhoria física da raça. Degradação moral, enfraquecimento físico e miséria participam de um mesmo conjunto simbólico, formando um mesmo problema que o saber técnico dos engenheiros e arquitetos promete regenerar, construindo a cidade eugênica. Para tanto, os bairros ou cidades-jardins são apresentados como respostas de dimensões nacionais satisfatórias.

Na cidade-jardim, constituída por habitações privadas e independentes, os homens se tornarão melhores, mais fortes e mais sadios. No jardim, o trabalhador encontrará um espaço agradável, claro, arejado, estará em contato com a natureza e, além disso, poderá dedicar-se a atividades saudáveis como o cultivo da horta, atividade relaxante e econômica que o afastará dos caminhos desviantes da cidade. A imagem clara, aberta, iluminada, arejada e privada do jardim é assim contraposta ao ambiente escuro, fechado, enfumaçado, viciado e público do boteco:

---

36. *Anais do I Congresso de Habitação*, São Paulo, maio de 1931, p. 191.

Satisfeitos em seu lar, tendo que cuidar do seu jardim e de sua pequena horta, o operário não precisa procurar esquecimento na bebida e no jogo.[37]

A jardinagem e o cultivo da horta aparecem, portanto, como aliados na luta pela eliminação do conflito social na fábrica e na família. Possibilitam silenciar o operário que briga contra o patrão, o marido que agride a esposa, o pai que bate nos filhos. Promovem a união da família em sua intimidade e de patrões e empregados na "comunidade" fabril. Na cidade-jardim, os homens desenvolvem hábitos regulares de higiene, limpeza pessoal e doméstica, "coisa que dificilmente se obtém entre pessoas ainda mal iniciadas na vida moderna". Sozinho, o pobre não se interessa pela limpeza corporal, por andar arrumado, cuidado, cheiroso. É preciso uma pedagogia, uma puericultura que ensine os bons hábitos higiênicos, físicos e morais desde a mais tenra idade.

Em complementação à tese da construção da cidade-jardim, o saber da engenharia preconiza a variedade das habitações e seu isolamento. A monotonia e a homogeneidade das casas provocam o desinteresse de seu morador; já a possibilidade de manifestar seus próprios gostos e preferências pode despertar no operário o desejo de *tornar-se proprietário*, sentimento imprescindível para afastar o perigo das ideias socialistas. As casas devem ser isoladas uma das outras o máximo possível para evitar o contato íntimo entre vizinhos e entre diferentes alojamentos operários. O agrupamento das casas, segundo esta estratégia de antiaglomeração, favorece a promiscuidade perigosa tanto social quanto sanitariamente, sobretudo nos períodos de peste. Portanto, as habitações proletárias devem estar localizadas nas zonas suburbanas, onde se encontram maiores extensões de terra.

---

37. *Anais do I Congresso de Habitação*, São Paulo, maio de 1931, p. 142.

Imagens libertárias da cidade do futuro

Para os operários, a proposta burguesa de exclusão da classe trabalhadora nos bairros situados na periferia da cidade é percebida agressivamente como tática de segregação e de controle sobre sua movimentação. O caráter marginalizador do projeto arquitetônico das classes dominantes é denunciado em vários artigos da imprensa anarquista. Ao criticar o Congresso Têxtil realizado pelo patronato do Rio de Janeiro, *A Plebe*, de 21/7/1923, discutia a ideia, então defendida, de construção de "casas para operários", questionando uma classificação que reflete a divisão interna do social:

> Por que casas de operários? Então operário não é gente? Então há um modelo único, um padrão especial, uma técnica de encomenda para as casas destinadas aos trabalhadores? Há falta de casas? Então façam moradias, construam o maior número delas, grandes e pequenas, caras e baratas, para todos os gostos e para todas as posses e não bairros especiais, monótonos e uniformes, onde o operariado fica isolado, bloqueado, segregado da convivência das outras classes da sociedade.

No discurso do poder, ao contrário do anarquista, a separação espacial das classes sociais e a localização do proletariado nas zonas urbanas periféricas são justificadas através de argumentos sofisticados, legitimados pelo saber "científico e técnico" que os fundamenta. Argumenta-se que a instalação dos trabalhadores nestas regiões periféricas seria vantajosa para eles, porque poderiam desfrutar de um espaço muito maior, onde disporiam de terras livres em maiores quantidades, onde cultivariam suas hortinhas, possuiriam seus animais domésticos, em vez de se aglomerarem nos cortiços do centro.

Num campo oposto, os operários desmistificam essas racionalizações ideológicas, investindo contra as formas engenhosas de exclusão e de enquadramento daqueles que ameaçam a existência dos privilégios sociais pela própria presença. No entanto, não chegam a elaborar um projeto habitacional propriamente dito no período.

A discussão em torno do tema da moradia popular e mesmo da organização do espaço urbano aparece, no discurso anarquista, muito mais numa perspectiva de crítica às imposições e aos "benefícios" que partem dos proprietários ou dos poderes públicos, na luta contra a exploração econômica do trabalhador pelos altos custos das residências alugadas e na constituição de movimentos como a Liga dos Inquilinos, formada em 1907, ou a Liga Popular de Agitação contra a Carestia da Vida. Não se formula um projeto propriamente dito de reorganização do espaço urbano, o que não significa negar a existência de projeções libertárias sobre a cidade do futuro. Mas os artigos que denunciam a exploração dos locatários — que cobram preços abusivos pelo aluguel de suas propriedades ou que obrigam os operários a se fixarem nas residências que circundam as fábricas — situam-se muito mais numa perspectiva negativa diante das imposições capitalistas. Vale lembrar que, afinal, o "problema da habitação popular" e o desejo de purificação do espaço urbano são preocupações fundamentalmente das classes dominantes e não questões colocadas pelo movimento operário num primeiro plano. O que, por sua vez, não exclui as denúncias das condições anti-higiênicas e insalubres de suas residências, remetendo ao desinteresse do Estado e dos patrões.

No entanto, podem-se perceber nas concepções libertárias de reorganização da vida produtiva e de toda a vida social algumas imagens da cidade futura e que, evidentemente, se inspiram nas projeções de utopistas como Fourier e de anarquistas como Proudhon e Kropotkin. Mas, ao contrário do projeto burguês de urbanização da cidade e de construção de um tipo definido de habitação popular, que são formulados pelos saberes científicos e técnicos de especialistas, não se encontram nos meios operários estes especia-

DO CABARÉ AO LAR | 261

listas. Entretanto, as projeções anarquistas sobre a paisagem urbana do futuro, ou mesmo a crítica da organização burguesa do espaço público e privado revelam um *saber operário* que, evidentemente, não é nunca consultado pelos dominantes. Há também aí uma outra questão. Segundo a doutrina anarquista, não se trata de apresentar ao proletariado e aos oprimidos em geral soluções prontas, modelos acabados e definidos de reorganização da vida social. Esta postura contraria a própria ideia da autogestão da sociedade pelos produtores diretos. Em um artigo de *A Terra Livre*, de 3/9/1908, os libertários defendiam:

> A Anarquia não vem com um plano de Sociedade futura que quer substituir à sociedade moderna. Os anarquistas têm-se sempre recusado a dar qualquer detalhe sobre a organização íntima da sociedade acracia, pela simples razão que *não sabem*, que ninguém sabe como terão que se arranjar as coisas.

Sabe-se que para os anarquistas, como também para os marxistas, na sociedade futura inexistirão propriedades privadas e, consequentemente, casas de burgueses ou "casas de operários". Muitos serviços serão realizados por empresas públicas, como "lavar roupas, cozinhar, costurar etc.", imaginava Lucas Mascolo (*A Terra Livre*, 6/11/1910): "Criar-se-hão grandes lavanderias, grandes cozinhas aperfeiçoadíssimas, grandes ateliês de costura, [...]", o que, por sua vez, traduz a intenção do aproveitamento racional das facilidades da mecanização industrial e não sua negação, como às vezes se afirma a respeito dos libertários. Não se trata para eles de lutar nostalgicamente pelo retorno a um passado artesanal ou rural romantizado, mas de construir uma sociedade que, na linha do que pregavam os utopistas da primeira metade do século XIX, ou do que pensava o próprio Marx, realize a síntese entre cidade e campo e a superação da divisão social do trabalho.

A preocupação estética alia-se à satisfação das necessidades sociais: "Todas as ruas poderiam ser arborizadas com laranjeiras, limoeiros, pessegueiros e outras árvores que além de um perfume delicioso produzem os mais saborosos frutos. Haveria frutas de sobra para todos [...]" (A *Terra Livre*, 6/11/1910.) Ainda com relação ao aproveitamento das inovações tecnológicas, como também defendiam Fourier e Proudhon:

> As construções das casas podem ser feitas por sistemas muito simplificados, por meio de formas, aparelhos mecânicos, automáticos etc., abreviando o tempo [...]. Podem-se transformar em energia motora, em luz, em capacidade de trabalho — as correntes dos rios, o vento dos ares, a luz do sol, o petróleo, o carvão das minas e tantos e tantos outros minerais, e tirar de tudo isto, grande proveito para todos. (A *Terra Livre*, 6/11/1910.)

Proudhon não estabelecera detalhadamente sua concepção acerca da cidade do futuro, ao contrário de Fourier. Este pensava numa solução coletiva de habitação, à imagem do falanstério, enquanto o outro optava pela solução individual da "casinha feita a meu modo, onde moro sozinho, no centro de um pequeno murado de um décimo de hectare onde eu teria água, sombra, grama e silêncio", no interior da comuna.[38] É claro que para os anarquistas o respeito à liberdade individual, à autonomia de cada um se coloca em primeiro plano e se reflete na própria concepção do urbano.

Kropotkin, por exemplo, era absolutamente contrário à ideia da uniformização das casas, das roupas, do modo de viver e do agrupamento dos indivíduos no falanstério: "a primeira condição de sucesso para uma comuna prosperar seria, pois, abandonar a ideia de um falanstério e morar em casinhas independentes [...]."[39] A

---

38. *In:* F. Choay, *O urbanismo*, pp. 67 e 95.
39. *Ibidem*, p. 153.

ideia da descentralização política, econômica e social define a estruturação da comuna: indústrias instaladas nos campos, integração das atividades fabris e agrícolas, manuais e intelectuais em vista da formação do homem novo. Nos três pensadores, como nos demais artigos da imprensa anarquista existente no Brasil, evidencia-se a aposta otimista na reconstrução racional e funcional da cidade, que assegure a qualidade da higiene pública e privada, o conforto dos habitantes, amplas áreas de lazer e a descentralização das atividades econômicas e sociais. Nesse sentido, penso que caem por terra as explicações teórico-políticas que veem nos anarquistas grupos pré-políticos, característicos de formações sociais pré-industriais e que refletem "uma visão artesã do mundo". Ao contrário, suas projeções têm como referência não só a cidade industrial, mas uma sociedade onde a automatização das fábricas e de outros serviços permite liberar o homem da sujeição à atividade única do trabalho pela sobrevivência:

> Se as máquinas pertencessem a todos vós, aos homens todos, se estivessem à disposição dos trabalhadores, vós as faríeis trabalhar para vantagem geral, em vista das necessidades coletivas [...]. E elas seriam um enorme benefício, uma fonte abundante de bem-estar e alegria [...] (*A Terra Livre*, 22/5/1910).

CONCLUSÃO

Um projeto de domesticação da classe operária constitui-se nas décadas iniciais do século XX no país. Através de múltiplos campos do social, mas fundamentalmente no interior da fábrica e da habitação, as classes dominantes desenvolveram inúmeras estratégias de disciplinarização do trabalhador, visando compor uma nova figura, moralizada e produtiva, de acordo com suas exigências classistas.

Na fábrica, os dispositivos tecnológicos utilizados pelos setores privilegiados da sociedade para impor esta figura dócil e laboriosa modificam-se no sentido de uma sofisticação crescente. Quanto mais o trabalhador foi integrado ao aparato da produção, tornando-se aquilo que a famosa expressão de Marx descreve como um "apêndice da máquina", tanto mais o exercício da dominação procurou dissimular-se, transferindo-se da figura autoritária do contramestre ou do patrão para o interior mesmo da máquina. Nas soluções inventadas pelos dominantes, especialistas ou industriais, para o problema da habitação operária, o mesmo investimento do poder. A figura do industrial/senhorio que dita despótica e arbitrariamente os regulamentos internos de fábrica ou os códigos de conduta no interior das vilas e conjuntos residenciais que aluga para seus empregados cede lugar, no palco da história, a um corpo de burocratas especializados, que se apresentam como os novos proprietários das soluções dos problemas sociais. Detentores de respostas racionais e "únicas", impõem, em nome da ciência, normas de habitabilidade e de vida, ignorando os desejos e os interesses daqueles cujos destinos decidem.

A redefinição dos papéis familiares atribuídos principalmente à mulher e à criança completou esta cruzada moral lançada sobre a classe trabalhadora, que, na representação dos dominantes, apareceu associada à imundície, à doença, à degeneração moral e ao enfraquecimento da raça. À mulher foi designado o triste destino de "vigilante do lar" e de "mãe de família". Todos os comportamentos que se produziram fora destes parâmetros recobriram-se do estigma da culpa e da imoralidade. Entre as figuras de Santa Maria e de Eva, nenhum espaço foi permitido à mulher, a despeito de todas as solicitações que o mundo industrial lançava sobre ela. Peça fundamental na empresa de moralização do trabalhador, o modelo rígido e ascético da esposa-mãe-dona-de-casa deveria atuar no sentido de introduzir o sentimento de intimidade do lar, recolhendo todos os seus membros, nos momentos de não trabalho, para a privacidade da estreita vida doméstica.

A criança, designada para o espaço escolar, apesar de na classe operária participar ativamente do trabalho fabril, atuou como brecha de entrada do poder médico, assistencial e, posteriormente, psiquiátrico no interior da família. Inocente e ingênua, segundo a representação imaginária da infância, a criança continuou e continua nos meios populares a descreditar esta infantilização cultural, à medida que tem sempre atuado como um dos principais produtores da riqueza social, no Brasil ou no exterior.

A este conjunto de procedimentos disciplinares, os anarquistas e operários em geral se opuseram numa luta ferrenha, buscando realizar sua utopia de construção de um novo mundo, mais humano, mais justo, mais livre, onde todos teriam seus direitos de vida assegurados. No campo da educação, no âmbito da produção, na redefinição dos papéis sociais atribuídos a homens, mulheres, crianças, na reestruturação das relações familiares e afetivas, na composição de uma nova paisagem espacial, os anarquistas acenaram com propostas que, de certo modo, refletiram os anseios e as esperanças de uma classe negada em todos os momentos de sua vida cotidiana, do trabalho ao lazer, e que sem dúvida se *fez* num processo de luta, cujas marcas se mantiveram profundas, a despeito de toda tentativa de silenciamento.

BIBLIOGRAFIA

AMERICANO, Jorge. *São Paulo naquele tempo (1895-1915)*. São Paulo: Saraiva, 1957.

AMARANTE, João. "Cuidados com o lactante normal," *A folha médica*, 1º julho de 1927.

ANSART, Pierre. *Marx y el Anarquismo*. Barcelona: Barral, 1972.

ARIÉS, Phillipe. *História social da criança e da família*. 2ª ed., Rio de Janeiro: Zahar, 1981.

ARVON, Henri. *El Anarquismo en el Siglo XX*. Madri: Taurus, 1979.

ASSUNÇÃO, Vitorino. *Garantia sanitária da prole*. Tese. Bahia, 1909.

AZEVEDO, Aluízio. *O Cortiço*. São Paulo: Abril Cultural, 1981.

AZEVEDO, Noé. *Dos tribunais especiais de menores delinquentes*, São Paulo, s/e, 1920.

BADINTER, Elisabeth. *Um amor conquistado*. Rio de Janeiro: Nova Fronteira, 1985.

BAKUNIN, Mikhail. *Escritos de filosofia política*. Madri: Alianza Editorial, 1978, 2 vols.

BASCH, Françoise. *Les Femmes Victoriennes, Roman et Société*. Paris: Payot, 1979.

BEIGUELMAN, Paula. *Os companheiros de São Paulo*. São Paulo: Símbolo, 1977.

BENEVOLO, Leonardo. *História da arquitetura moderna*. Madri: Taurus, 1963.

BOLTANSKI, Luc. *Prime Education et Morale de Classe*. Paris: Mouton, 1969.

BORBA JÚNIOR. *O aleitamento materno sob o ponto de vista médico-social*. Tese, Bahia, 1913.

BRUNO, Ernani S. *História e tradições da cidade de São Paulo*. Edição Comemorativa do IV Centenário da Cidade de São Paulo, 1954, 3 vols.

CASTORIADIS, Cornelius. *L'Expérience du Mouvement Ouvrier*, Paris, 10/18, 1974, 2 vols.

———. *A instituição imaginária da sociedade*. Rio de Janeiro: Paz e Terra, 1982.

CHEVALIER, Louis. *Classes labourieuses et classes dangereuses*. Paris: Pluriel, 1978.

CHOAY, Françoise. *O urbanismo*. São Paulo: Perspectiva, 1979.

CORBIN, Alain. *Le Miasme et la Jonquille*. Paris: Aubier Montaigne, 1982.

———. *Les Filles de Noce*. Paris: Flammarion, 1982.

DECCA, Edgar S. *1930 — O silêncio dos vencidos*. São Paulo: Brasiliense, 1982.

———. *O nascimento das fábricas*. São Paulo: Brasiliense, 1982.

———. "A ciência da produção: fábrica despolitizada", *Revista Brasileira de história*, Rio de Janeiro, nº 6, 1984, Marco Liro.

DEGLER, Carl, "What Light to Be and What Was? Women's Sexuality in the Nineteenth Century", *American Historical Review*, vol. 79 n. 5, Dezembro, 1974, pp. 1467-1490.

DEL FIORENTINO, Teresinha A. *Utopia e realidade*. O Brasil no começo do século XX. São Paulo: Cultrix, 1979.

DIAS, Maria Odila Silva. *Cotidiano e poder em São Paulo no século XIX*. São Paulo Brasiliense, 1984.

DONZELOT, Jacques. *A polícia das famílias*. Rio de Janeiro: Graal, 1980.

ENGELS, Friedrich. *A Situação da Classe Trabalhadora em Inglaterra*. Porto: Afrontamento, 1975.

EYSINGA, H. Hoorda Van. "Le pedagogue n'aime pas les enfants", *Boletin de la Escuela Moderna*, Barcelona: Tusquets, 1978.

FAUSTO, Boris. *Trabalho Urbano e Conflito Social*. São Paulo: Difel, 1976.

FERREIRA, Clemente. "Tuberculose em São Paulo e o estado atual da luta antituberculose entre nós." *Anais do I Congresso Médico Paulista*, São Paulo, vol. III, 1917.

FERREIRA, Tólstói de Paula. "Subsídios para a história da assistência social em São Paulo". *Revista do Arquivo Municipal*, São Paulo, vol. LXVII, ano VI, junho de 1940.

FLANDRIN, Jean-Louis. *Le Sexe et L'Occident*. Paris: Seuil, 1981.

FOUCAULT, Michel. *Vigiar e Punir*. Petrópolis: Vozes, 1977.

_____. *Microfísica do Poder*. Rio de Janeiro: Graal, 1979.

_____. *História da Sexualidade: A Vontade de Saber*. Rio de Janeiro: Graal, 1977.

FREIRE COSTA, Jurandir. *Ordem Médica e Norma Familiar*. Rio de Janeiro: Graal, 1979.

GOMES, Ângela C. *Burguesia e trabalho*. Rio de Janeiro: Campus, 1979.

GOULART, Flávio. Profilaxia da Sífilis. Tese, Rio de Janeiro, 1922.

GRAZIANO, Vicente. *Mortalidade infantil em São Paulo*. São Paulo: Escolas profissionais salesianas, 1909.

GUÉRIN, Daniel. *Anarquismo*. Rio de Janeiro: Germinal, 1968.

_____. *Proudhon*. Porto Alegre: L&PM, 1980.

_____. *Bakunin*. Porto Alegre: L&PM, 1983.

_____. *Malatesta*. Porto Alegre: L&PM, 1983.

GUTMAN, Herbert. "Work, culture, and society in industrializing America, 1815-1919", *in American Historical Review*, vol. 78, nº 3, junho de 1973.

HALL, Michel; PINHEIRO, Paulo Sérgio. *A Classe Operária no Brasil*. São Paulo: Alfa-Ômega, 1979, vol. I; São Paulo: Brasiliense, 1981, vol. II.

HARDMAN, Francisco Foot. *Nem Pátria Nem Patrão*. São Paulo: Brasiliense, 1983.

HARDMAN, Francisco Foot; LEONARDI, Victor. *História da Indústria e do Trabalho no Brasil*. São Paulo: Global, 1982.

HOBSBAWM, Eric. *Os Trabalhadores*. Rio de Janeiro: Paz e Terra, 1981.

HORKHEIMER, Max; ADORNO, Theodor. "Conceito de Iluminismo." In: *Os Pensadores*. São Paulo: Abril Cultural, 1980.

INFANTOSI, Ana M. *A escola na República Velha*. São Paulo: EDEC, 1983.

JOLL, James. *Anarquistas e anarquismo*. Lisboa: Publicações Dom Quixote, 1977.

KROPOTKIN, Pier. *Folhetos Revolucionários*. Barcelona: Tusquets Editor, 1977, 2 vols.

LEITE, Míriam L. Moreira. *Outra face do feminismo*. Maria Lacerda de Moura. São Paulo: Ática, 1984.

LEME, J. B. *O problema venéreo*. São Paulo: Faculdade de Medicina de São Paulo, 1926.

LENHARO, Alcir. *Corpo e alma*: mutações sombrias do poder no Brasil nos anos 30 e 40. Tese, USP.

LEUENROTH, Edgard. *Anarquismo, Roteiro da Libertação Social*. Rio de Janeiro: Mundo Livre, 1963.

LIMA, Pitágoras B. *O aleitamento mercenário e sua fiscalização*. Tese, Rio de Janeiro, 1914.

MACEDO, F. Ferraz de. *Da Prostituição*. Tese, Rio de Janeiro, 1873.

MACHADO, Roberto *et alii*. *Danação da Norma*. Rio de Janeiro: Graal, 1978.

MALATESTA, E. *Hacia una Nueva Humanidad*. Porto Alegre: Proa, 1969.

MARAM, Sheldon. *Anarquistas, Imigrantes e o Movimento Operário Brasileiro*. Rio de Janeiro: Paz e Terra, 1979.

MARONI, Amnéris. *A Estratégia da Recusa*. São Paulo: Brasiliense, 1982.

MARX, Karl. *El Capital*. México: Fondo de Cultura Económica, 1946, vol. I.

MEHRY, Emerson Elias. *A emergência das práticas sanitárias no Estado de São Paulo*. Mestrado, USP, São Paulo.

MELLO, Francisco Figueira de. "Habitações coletivas em São Paulo". *Boletim da Sociedade de Medicina e Cirurgia de São Paulo*, São Paulo vol. IX, 3ª série, nº 4, junho de 1926.

MESQUITA, Eni. *A família brasileira*. São Paulo: Brasiliense, 1982.

MONCORVO FILHO, A. *Histórico da proteção à infância no Brasil, 1500-1922*. Rio de Janeiro: Emp. Graphica Editora, 1926.

MONTGOMERY, David. *Workers' Control in America*. Nova York: Cambridge University Press, 1979.

MORAES FILHO, Evaristo. *Ideias Sociais de Jorge Street*. Senado Federal, Fundação Casa de Rui Barbosa, MEC.

MOREIRA LEITE, Miriam. *A Outra Face do Feminismo: Maria Lacerda de Moura*. São Paulo: Ática, 1985.

MOTTA, Cândido. *Classificação dos criminosos*. Dissertação para concurso na Faculdade de Direito de São Paulo, 1897.

———·*Prostituição, política de costumes, lenocínio*. Relatório apresentado ao Exmo. Dr. Chefe de Polícia. São Paulo: [s.n.], 1897.

MOURA, Esmeralda Blanco B. *Mulheres e menores no trabalho industrial: Os fatores sexo e idade na dinâmica do capital*. Petrópolis: Vozes, 1982.

MOURA, Maria Lacerda. *Han Ryner e o Amor Plural*. São Paulo: Unitas, 1932.

———·*A Mulher É uma Degenerada?* Rio de Janeiro: Civilização Brasileira, 1932.

———·*Amai e... não vos Multipliqueis*. Rio de Janeiro: Civilização Brasileira, 1932.

———·*Religião do amor e da beleza*. São Paulo: Condor, 1926.

MURAD. L.; ZYLBERMAN, P. "Le petit travailleur infatigable", *Recherches*, Paris, CERFI, 1976, nº 25.

NETTO, José R. Oliveira. "Profilaxia das causas diretas de insalubridade das fábricas de fiar, tecer e tingir algodão. Comentários à situação das fábricas paulistas em face destas causas", *Boletim da Sociedade de Medicina e Cirurgia de São Paulo*, São Paulo, nº 5, 1922.

NEVES, Juvenal M. das. *Aleitamento artificial, natural e mixto e particularmente do mercenário em relação às condições em que ele se acha no Rio de Janeiro*. Tese, Faculdade de Medicina do Rio de Janeiro, 22 de dezembro de 1873.

NEVES, Maria Cecília Baeta. "Greve dos sapateiros de 1906 no Rio de Janeiro: notas de pesquisa", *Revista de administração de empresas*, Rio de Janeiro, vol. 3, n° 2, 1973.

"Os Estados Unidos do Brasil". In: DECCA, Maria Auxiliadora Guzzo. *A vida fora da fábrica*. Dissertação, Unicamp, Campinas.

PARENT-DUCHÂTELET, Alexandre. *La Prostitution à Paris au XIXème Siècle*. Paris: Seuil, 1981.

PENA, Maria Valéria J. *Mulheres e trabalhadoras*. Presença feminina na constituição do sistema fabril. Rio de Janeiro: Paz e Terra, 1981.

PETEADO, Jacob. *Belenzinho, 1910* (Retrato de uma época). São Paulo: Martins, 1962.

_____. *Memórias de um postalista*. São Paulo: Martins, [s.d.].

PIMENTEL, H. M. *Subsídios para o estudo da higiene no Rio de Janeiro*. Rio de Janeiro: Tipografia de Carlos G. da Silva, 1890.

PRATA, F. Horta. *Higiene e habitação*. Tese, Bahia, 1918.

RABINBACH, Anson. "A estética da produção no Terceiro Reich". *Recherches*: Le Soldat du Travail, Paris, n° 33-34, Cerfi, 1978.

RAGO, Margareth; MOREIRA, Eduardo. *O que é Taylorismo?* São Paulo: Brasiliense, 1984.

REBÉRIOUX, Madeleine. "L'ouvrière", in *Misérable et Glorieuse, La Femme du XIXème Siècle*. Paris: Fayard, 1980.

RIBEIRO, Maria Alice R. *Condições de trabalho nas indústrias têxteis paulistas*. Dissertação, Unicamp, Campinas.

RODRIGUES, Edgard. *Socialismo e Sindicalismo no Brasil*. Rio de Janeiro: Laemmert, 1969.

ROLNIK, Raquel. *Cada um em seu lugar*. Dissertação. São Paulo. USP, 1981.

_____. *Nacionalismo e Cultura Social, 1913-1922*. Rio de Janeiro: Laemmert, 1972.

SEGNINI, Liliana. *Ferrovia e Ferroviários*. São Paulo: Cortez, 1982.

SIMONSEN, Roberto. *O trabalho moderno*. São Paulo: Seção de obras de O Estado de São Paulo, 1919.

SOUSA. G. Paula. "A moderna saúde pública", *A folha médica*, 15 de maio de 1927.

SOUZA. G. Paula. "Organização da higiene pública", *A folha médica*, 1° de novembro 1927.

STEIN, Stanley. *Origens e evolução da indústria têxtil*. Rio de Janeiro: Campus, 1979.

SHORTER, Edward. *Naissance de la Famille Moderne*. Paris: Seuil, 1977.

TÁCIANO, Basílio. "Castigo às crianças". Memória apresentada ao I congresso Brasileiro de Proteção à infância. *Revista dos Tribunais*. Rio de Janeiro, 1922.

THOMPSON, E. P. *La Formación Histórica de la Clase Obrera*. Barcelona: Editorial Laia, 1977, 3 vols.

_____. *Tradición, Revuelta y Consciência de Clase*. Barcelona: Crítica/Grijalbo, 1979.

TILLY, L.; SCOTT, J. "Women's Work and the family en nineteenth-century Europe". *Comparative Studies in Society and History*, s.l., vol. 17, n° 1, janeiro de 1975.

ZELDIN, Theodore. *Histoire des Passions Françaises. I. Ambition et Amour*. Paris: Seuil, 1980.

Revistas

RECHERCHES — *"Disciplines à domicile"*. Paris, Cerfi, 1977, n° 28.

"L'haleine des Faubourgs". Paris, Cerfi, 1978.

"Le petit Travailleur infatigable". Paris, Cerfi, 1976, n° 25.

ÍNDICE REMISSIVO

I Congresso Brasileiro de Proteção à Infância (1922), 173, 196
I Congresso de Habitação (1931), 246, 249-254
3º Congresso Operário Brasileiro (COB), 47, 203
500 Milhões da Begum, Os (Verne), 5

"À memória de Ferrer" (Beato da Silva), 194
"À Operária" (Reis), 92-93
Adolfo Gordo, lei, 154
agitações "invisíveis", 49; *ver também* sabotagens
Albuquerque Júnior, Durval Muniz, 11
aleitamento mercenário, 103-108, 111, 167-169, 171
"Concurso de Robustez", 108
mortalidade infantil e, 103-107, 167-169, 171-172, 173
regulamentação do serviço de nutrizes, 108, 172-173
alienação, 20, 132, 150-152, 201, 203-204
Almeida, dr. J. Monteiro, 240
Altavila, Antonio, 140
Alves, José, 210
amamentação, 97, 103-115, 169, 173, 174; *ver também* aleitamento mercenário
Amarante, dr João., 105, 112-113, 171
American Medical Association, 158n
American Pediatric Society, 158n
Americano, dr. Jaime, 174-175
Amigo do Povo, O (jornal), 30, 38, 93, 131, 132, 141, 202, 203, 212
amor livre, 26, 87, 129, 134, 136, 138-148

"Amor livre" (Leite), 138-139
anarcossindicalistas, 25, 30, 33, 44-46, 48, 78, 213
anarquismo, 13, 83, 198, 203, 207
ideais, 213
versus comunismo, 207
versus marxismo, 204-206
anarquistas/libertários, 25, 26, 27, 29, 44, 45, 71n, 75, 154, 207, 260-264
abolicionistas e, 128-129
anticlericalismo dos, 240-241
aspirações, 207-208
boicotes organizados pelos, 46-47, 49-50
comparados com criminosos natos, 123
contra atividades de lazer, 148-152
crença na "libertação" do homem, 84
crítica ao moralismo dos, 148
crítica aos vícios, 148-154
discurso dos, 153
expansão do movimento dos, 31
liberdade sexual e, 139-148
modo de organização familiar e, 87, 141-142
moralidade e, 129-155
movimentos operários e, 35-36, 76-77
na defesa dos direitos das mulheres, 87, 129, 130-138
preservação da infância, 182-183
projetos de mudança social, 26, 33, 71-73, 203-204
repressão aos, 154-155
sobre a educação, 196-197, 203-204, 209-213, 243-244
Anhaia, fábrica têxtil, 99

Ansart, Pierre, 205
"Aspectos da luta de classes" (*A Plebe*), 72
assistência social, 25, 53, 161, 237
Associação dos Carroceiros e Anexos, 213
Associação Escola Moderna, 210
Associação Protetora das Famílias dos Empregados da Cia., 52
Assunção, Mota, 29, 84, 212
Átila, guerreiro huno, 23
"Atividade mental da criança e a educação" (Amarante), 112, 113
Avanti (jornal socialista), 98
Azevedo, Aluísio, 229
Azevedo, Noé, 162-164, 168, 176

Bakunin, Mikhail, 197-198, 200, 203-206, 208-209
Bandeira de Mello, delegado, 100, 127, 244
Bandeira Júnior, Antonio F., 181
Barnley, Godofredo, 109n
Barroso Júnior, dr. Sabino, 232
Basílio, Taciano, 196
Beeve, Engenho, 50
Belenzinho, 1910 (Penteado), 189
Bentham, princípios de, 245
Bertacchi, Josefina Stefani, 130, 137
Bittencourt, dr. Edmundo, 85
Boletim da Escola Moderna (Ferrer), 195
Bolsas de Trabalho, movimento anarcossindicalista francês, 213
Bombarda, médico português, 130
Boni, Elvira, 97
Borba Júnior, dr. A. de Azevedo, 104
Borges, Jorge Luís, 17, 18, 21
Brandão, Laura, 97
burguesia industrial, 24, 35, 54-55, 70, 214

Camilo, dr. D'Almeida, 114
capital, 33, 34, 39-40, 53
organização capitalista do trabalho, 44, 46
capitalismo, 84, 93, 131, 134, 141-142
Carta de Atenas (1933), 250
Carvalho, Elísio de, 212
Carvalho, Florêncio de, 83-84
Casa da Moeda, 172
Casa dos Expostos, Rio de Janeiro, 167

"Casas Populares – Cidades-Jardins" (Mendonça), 250, 255
Cavalcanti, dr. Amaro, 233n
Centro das Classes Operárias, 212
Centro dos Industriais de Calçados e Classes Corretivas, 51
Centro dos Industriais de Fiação e Tecelagem de S. Paulo (CIFTSP), 43, 51, 66-68, 69, 257
Centro dos Industriais de Fiação e Tecelagem do Algodão (CIFTA), Rio de Janeiro, 51
Centro Libertário de São Paulo, 186
Cerchiai, Alexandre, 30
Cerruti, Izabel, 132, 133
CGT francesa, 90
Cia. América Fabril, 54, 185
Cia. Antártica, 46, 54, 192, 245
Cia. Antártica Paulista, 46
Cia. Cerâmica S. Caetano, 159
Cia. Construtora de Santos, 61
Cia. de Calçados Clark, 54, 245
Cia. de Fiação e Tecelagem Aliança, 54
Cia. Fabril Paulista, 42, 78
Cia. Ítalo-Brasileira de Chapéus, 159
Cia. Progresso Industrial do Brasil, 54
CIAM (Congressos Internacionais de Arquitetura Moderna), 250
"ciência, técnica e progresso", 62, 66, 70
cientificismo, 197-198, 204-205
classe, conceito de, 206
classe dominante, 25-26, 31, 50, 118, 261
educação e, 194-196
mulheres e, 131
pedagogia "paternalista", 50-56, 94
classe operária / proletariado, 55, 205-206, 229
atitudes de boicote à produção, 45, 70, 192; *ver também* sabotagem
como produtora direta de riqueza social, 38
conscientização da, 65-66
construção espontânea da, 52
controle da, 34, 40-42
controle de criminalidade e, 68-69
custo social, 64-65
diferenças salariais e, 73-74
ditadura do, 208
educação e, 211-212, 243-244

estratégias de disciplinarização da, 34,
    38-40, 43, 44, 50-56, 57, 67-70, 73-74,
    75, 79-80, 214, 230-245, 246
furtos/roubos, 67-68, 70
habitação, 214-226, 230-231, 246-254
higienização da, 214-229
imigrantes como, 31-33
"lista negra", 43
lutas operárias, 33, 35-36, 44-45
manifestações de resistência, 33, 44, 45,
    48, 76-77
métodos de moralização, 66, 246, 248
modelo de mulher, 25, 43-44, 87, 89-90, 111
paternalismo, 50-56, 94
perspectiva do mundo do trabalho, 33
práticas políticas, 27
processo de constituição, 26
projeto de reformulação da, 34
regeneração moral, 248, 250-252
repressão, 52, 159, 241-242
tentativa de domesticação da, 24-25,
    36, 41-42
valores burgueses e, 43-44
versus classe dominante, 25-26, 31, 34,
    35-36
vícios e, 148-155
vilas operárias, 230-245, 246-248, 255-
    256, 258-259, 262-264
classe operária inglesa, 41
Código de Postura do Município de São
    Paulo, 223
Código Sanitário (1894, 1918, 1919), 97,
    186, 224, 228.
Colégio Caetano de Campos, 165
Combate, O (jornal), 82
Comissão de Inspeção das Habitações
    Operárias e Cortiços de Santa Efi-
    gênia, 231
comissões internas, 81, 82
comitê de relações distritais, 75
    conselho de fábrica, 74-75
    conselho de indústria, 75
    conselho executivo, 75
Comitê Popular de Agitação Contra a
    Exploração dos Menores nas Fá-
    bricas, 186
comitês operários, propostas de formação
    pelos anarquistas, 71-73

Companhia de Saneamento do Rio de
    Janeiro, 232
Companhia Paulista de Vias Férreas, 37
Componedor, O (jornal), 85
"comunismo anárquico", 142
comunistas, 13, 97, 136, 207, 211
"Concurso de Robustez", 108
condições insalubres de trabalho, 58,
    62-64
"Conferências do Moncorvo às mães
    pobres", 174
Congresso Têxtil, 260
consciência de classe, 13, 41, 235
"Conselho de mães", boletim, 108
"corpos dóceis" conceito foucaultiano, 35
Correio da Manhã (jornal), 85
Correio Paulistano (jornal), 99
Cortiço, O (Azevedo), 229-230
Crespi, Cotonifício Rodolfo, 80-81, 100
criminalidade, 23, 24, 66, 68-69, 123, 155,
    161-163, 176, 181, 251-252
Cristaleria Itália, 192
Cruz, Oswaldo, 215
Cruzeiro, fábrica têxtil, 49
"Cuidados com o lactante normal" (Ama-
    rante), 105
"culturalista", modelo, 250
Cusano, Alfredo, 235

Da Proteção ao Lactante em Nosso Meio
    Operário (Americano), 174
Damiani, Gigi, 30, 203
Decca, dr. Edgar S. de, 8, 17-22, 56n
degradação física / moral, 23, 37-38, 64, 93,
    126, 149, 176, 182-183, 230, 248, 258
Deherme, Georges, 212
Departamento de Criança no Brasil, 173
Departamento Estadual do Trabalho
    (DET), 53, 56, 57, 59, 60
Departamento Nacional de Saúde Pú-
    blica, 105
desodorização do espaço urbano, 86-87,
    175, 214-219, 220, 222-226, 229
despolitização, 62, 151, 250
determinismo, 222, 230
Deus e da Pátria, falsa moral, 132
Dickens, Charles, 41n
diferenças, desejo de eliminação das, 86

DO CABARÉ AO LAR | 273

direito de liberdade individual, 128, 263

disciplina inteligente e consciente, 61

discurso médico-sanitarista, 103-110, 116, 122, 167-178, 216, 219, 221, 227-228, 229, 248

Dispensário Moncorvo, 172

divisão social do trabalho, 71, 74, 200, 209, 262

doenças, 23, 24, 58, 63, 65, 66, 115, 117-118, 124-125, 135-136, 167-170, 172, 176-177, 186, 215-225, 223, 230, 248, 251-252, 256

  curas populares, 168-170

  epidemias, 170, 217, 223-224

  prevenção de, 177-178

dominação burguesa, 26, 27, 74, 155

Doria, Henrique, 252

Dumas, Alexandre, 203

educação, 26, 159, 243-244

  discurso anarquista sobre a, 209-213

  escola moderna, 193, 197-201

  escola racionalista, 197-200, 210-211

  etimologia, 198

  modelo de Ferrer, 193-200

  projeto libertário, 203

"eficácia moderna", 250

Émile (Rousseau), 111, 113

Engels, Friedrich, 38, 94

Escola 1º de Maio, 210

Escola Moderna, 200-201, 210, 211

Escola Propagadora de Instrução, 159

Escola Racional Francisco Ferrer, 211

Escritos de Filosofia Política (Bakunin), 208

Estado, 26, 29, 52, 56, 59, 71n, 118, 128, 131, 132, 139, 147, 154, 160-162, 166, 174, 177, 197, 200, 201, 203, 207-209, 244

Estado de S. Paulo, O (jornal), 100-101

Estados Unidos, 19, 59, 72, 77, 83, 88, 158n, 177, 249, 255

eugenia, 123, 145, 251

evolucionismo, 145

Fábrica Cedro e Cachoeira, 41, 241

Fábrica de Calçados Melilo, 159

Fábrica de Fiação e Tecidos Corcovado, 54

"fábrica higiênica", 34, 56, 57, 59-65

Fábrica Nacional de Fósforos Segurança, 159

"fábrica satânica" / fábrica-prisão, 34, 37, 56, 59, 66

fábricas:

  causas de acidentes nas, 58como ambiente de dominação, 35

  como lugar de degeneração moral, 37

  como organização capitalista, 35-36

  condições insalubres nas, 58, 62-64

  desagregação da família e, 37-38

  furtos/roubos nas, 67-68

  mecanização das, 65

  melhorias de condições nas, 53, 57, 62

  regulamentos internos, 38-39, 41, 42

  ver também "fábrica higiênica"; "fábrica satânica" / fábrica-prisão

Fábricas de Vidros Santa Marina, 46, 159

Fabriquinha, 192

Faculdade de Medicina da Bahia, 103

Faculdade de Medicina do Rio de Janeiro, 103, 106, 158

Falelli, Antonio, 81

família, 106-108, 111, 162-163, 171, 175-176, 234

  desagregação da, 37-38

  redefinição da, 25, 155-158

Fanjulla, jornal, 187

FAPESP, 8

Faure, Sebastian, 199

Fausto, Boris, 78, 100

Federação Filosófica e Espiritualista de São Paulo, 134

Federação Internacional Feminina, 130, 134

Felipe, Rodolfo, 30

feminilidade, novo modelo de, 87, 103, 132, 137

Ferraz de Macedo, dr. F., 23, 117, 118

Ferreira, Clemente, 172, 225

Ferreira, Tolstói, 166

Ferrer y Guardia, Francisco, 193-195, 197, 211, 212

  modelo de educação, 193-200

Ferri, 130

Fiscalização da Prostituição no Brasil em Favor da Infância (Silva), 118

Folha Médica, A (jornal), 105, 112, 113

Ford, Henry, 55

fordismo, 34, 76

Formación Histórica de la Clase Obrera, La (Thompson), 41n

Foucault, Michel, 13, 14, 18-20, 21, 27, 35, 114n, 197

Fourier, Charles, 261, 263
França, 63, 83, 90, 116, 124-125, 184, 249, 255
Freire, Muniz, 50

Galvão Patrícia Rehder ver Pagu
Gantt, Henry, 77
Germinal (Zola), 149
Go Canny, 47-48; *ver também* sabotagem
Gomes, Ângela C., 51n
Gota de Leite, 108, 172
Goulart, dr. Flávio, 128
Gramsci, Antonio, 20
Graziano, dr. Vicente, 108, 171
Greve Geral de 1917, 51, 61, 97, 100, 186
greves, 23, 33, 44, 46, 51, 70, 80, 83, 159, 191-192

"Habitações econômicas" (Simões Magro), 250, 253-254
habitações operárias, 53-54, 86-87, 214-226, 230-231, 236, 246-254, 260-261
Han Ryner e o Amor Plural (Moura), 135
Hard Times (Dickens), 41n
Harvey, modelo de, 222
"hierarquia de funções", 73, 76, 78, 93-94
hierarquia industrial, 35, 37, 40, 46, 209, 244-245
higiene, 24, 57, 86, 168, 216-229, 236
Higiene das Habitações da Bahia, A (Almeida), 240
higienistas sociais, 214-215, 217, 224, 235
homossexuais, 124, 126
Hospital Infantil Moncorvo Filho, 172
Howard, Ebenezer, 255

Ideias Sociais de Jorge Street (Moraes Filho), 55
IDORT (Instituto de Organização Científica do Trabalho), 60
Igreja, 14, 131, 132, 237, 240-241, 244
igualdade entre homens e mulheres, 87, 135, 144, 195
imigrantes / imigração, 23, 24, 30-32
imprensa anarquista/libertária, 27, 30-31, 35, 48, 49, 80, 82, 129, 133, 136-137, 152-153, 202, 209, 211-212
críticas/denúncias da, 37, 39-40, 131, 146-148, 180, 182, 185, 186, 189-193, 237-238, 240, 246, 260
Imprensa Nacional, 172, 183

Indústrias Reunidas Francisco Matarazzo, 46, 99, 159, 192
indústrias têxteis, 43, 81-82, 91, 95-96
infância/criança, 25, 44, 156-178
assistência à, 166
abandono da, 104, 157, 160-166
burguesa, 164degeneração física e moral da, 160-166, 182-183, 188
direitos, 96-97, 156
doenças, 158n, 166-176, 186
educação, 159, 160-166, 243-244
exploração do trabalho, 60, 80, 89, 91, 136, 167, 178, 179-193
greves, 191-192
iniciativas de proteção à, 186-188
justificativas à exploração da, 180-185
médicos voltados à, 155-158
preocupação com a, 87, 156-159, 161-164, 166-167, 175, 179
repressão à, 196
resistência, 188-193
Inglaterra, 72, 94, 184, 249, 255
Inspetoria Geral de Higiene, 218
Instituto de Organização Científica do Trabalho (IDORT), 60
Instituto de Proteção e Assistência à Infância, Rio de Janeiro, 108, 158, 172
Instituto Disciplinar de São Paulo, 159, 165-166
intimidade do lar, 25, 60, 62, 103, 107, 163, 176, 214, 266
Ipiranga, 57, 232

Jacob, A., 158n
Jones, Kathleen, 158n
justiça social, 74, 87

Key, Ellen, 195
Koch, Robert, 229
Kollontai, Alexandra, 143-144
Kropotkin, Pier, 203, 208, 255, 261, 263

La Barricata (jornal libertário), 30
La Battaglia (jornal libertário), 30, 99-100, 159, 202, 244
La Boétie, 208
Labor, 57
Lamarck, Jean-Baptiste de, 219
Lanterna, A (jornal), 30, 142, 202-203, 210
Lassalle, Ferdinand, 205

Le tre etá della disciplina industriale nella Francia del XIX secolo (Perrot), 19
Leão, S. Anna, 123
Lefort, Claude, 208
legislação social, 51n, 96
legislação trabalhista, 40, 52, 96-97
Leite, C., 138-139
Leite, Miriam Moreira, 136, 138-139
"Lembranças do Cotonifício Scarpa" (Scarpa), 236
Leme, J.B., 118
Lênin, Vladimir, 83
Lesina, Ernestina, 97
Leuenroth, Edgard, 29, 30
Libertário, O (jornal), 5
licença-maternidade, 97
Liceu de Artes e Ofícios de São Paulo, 159
Liga dos Inquilinos (1907), 261
Liga Operária da Cia. Paulista. (depois Sociedade Beneficente dos Empregados da Cia.), 51, 52, 78
Liga Operária da Mooca, 100
Liga Operária de Campinas, 210
Liga Paulista contra a Tuberculose, 225
Liga Popular de Agitação contra a Carestia da Vida, 261
Lima, dr. Pitágoras Barbosa, 105-106
"Projeto de Regulamentação do Serviço de Amas de Leite", 106
Lombroso, Cesare, 122-123, 130
Lopes Trovão, 161
"Lucha de clases sin clases?" (Thompson), 154n
luditas, 59, 84
lumpemproletariado, 206
luta de classes, 23, 56, 82, 86
Luta Proletária, A (jornal), 90-91
Luz, Fábio, 203

Mackenzie College, 88, 165
Magrassi, Matilde, 130, 131
Maia, Deodato, 58, 60
mais-valia, 47
Making of the English Working Class, The (Thompson), 19
Malatesta, 203
manifestações operárias, 33-34
medidas punitivas contra, 34, 37, 39, 42-43

mão de obra, 49
feminina, 37-38, 60, 80, 91, 93, 95, 136
infantil, 37-38, 60, 80, 89, 91, 136, 167, 178, 179-193
ver também infância/criança; mulheres
Mariângela, fábrica, 83, 192
Marte, deus da guerra, 23
Marx, Karl, 38, 71n, 205-206, 208, 262
marxismo, 12, 45, 71n, 83, 141, 204-206, 262
marxismo-leninismo, 46
Mascolo, Lucas, 71, 262
masturbação, 114-116
matrimônio/casamento, 102, 108, 115, 128, 135, 138-147, 155, 239-240
mecanismos coercitivos, 43
mecanização industrial, 43, 64-65, 84-85, 245, 250, 252, 262
médicos sanitaristas/higienistas, 65, 157-160, 176-178, 214-216, 231, 246-247
medidas de proteção social, 54-55
meios de produção, 29, 49-50, 83
socialização dos, 71, 207
Mello, dr. Francisco Figueira de, 64, 221
Mendonça, Marcelo Taylor de, 255
mercado de trabalho livre, 158, 233, 246
"Métodos de organização operária" (*A Plebe*), 74
miasmas, 116, 215, 217, 219, 226-228
teoria dos, 66, 219-222
Ministério do Trabalho, Indústria e Comércio, 58
Miranda, Tito de, 212
miséria/fome, 29, 117, 135, 145, 147, 168, 186, 214-219, 256, 258
modelo organicista de circulação sanguínea (modelo de Harvey), 222
Moncorvo Filho, dr. A., 108, 156, 158, 160-161, 166, 167, 169, 171-173, 183, 196
Montgomery, David, 18, 20, 21
moral/moralidade, 24, 37-38, 57, 86, 89, 129-155, 248, 251, 256-258
Moreira, Albino, 150
Mortalidade infantil em São Paulo (Graziano), 108
mortalidade infantil, 105, 107-108, 157, 160, 166-176
aleitamento mercenário e, 103-107, 167-169, 171-172, 173
Moscoso, Manuel, 29

Mota, Benjamin, 30, 203
Motta, Cândido, 116, 123
   regulamento às meretrizes, 125-126
Moura, Maria Lacerda de, 97, 103, 129, 130, 133-134, 136, 139, 195
movimento operário, 25, 30, 33, 35-36, 48, 51-52, 56, 70, 80, 82, 89, 94, 97, 103, 180, 187, 188, 212, 261
movimentos populares internacionais, 30, 205
mulheres, 91,
   acusadas de sabotagem/boicotes, 97
   alienação das, 132
   burguesas, 88, 137
   como guardiã do lar, 103-115, 173-174, 240
   como "máquinas inconscientes", 92, 93
   como símbolo da anarquia, 93
   direitos das, 87, 96, 130-138
   discurso médico-sanitarista e as, 103-104, 122
   educação como instrumento de luta, 131-132, 134, 135
   exploração do trabalho de, 60, 80, 91, 93, 95, 136
   gestantes, 172-173
   greves e, 98-99, 100
   incentivos à produtividade de, 42
   infantilização da imagem da, 94-95
   liberdade de escolhas, 135, 139-140
   masturbação, 114-115, 116
   modelos de, 25, 43-44, 86-87, 88-97, 101-102, 109n, 130, 137
   moralidade e, 138-148
   política e, 130-138
   prostituição e, 112, 115-129, 145
   regulamentação do trabalho das, 96-97
   relação paternalista, 94
   resistência feminina, 97-103, 133
   responsabilidade moral da, 109-110
   sexualidade, 115-129, 138-148
   sindicalização de, 94
   versus homens, 90-93, 95-96, 113-114, 131-132
   violência contra, 38, 257
   visão de Lombroso sobre as, 122-123
   visão de Rousseau sobre as, 111-112, 113
Murard, L., 248

Neves, Juvenal M. das, 111

Nogueira, Pupo, 67-68, 70

Oiticica, José, 203
Oliveira Netto, dr. José Ribeiro de, 63
Oliveira, Maria de, 130, 132
Onanismo na Mulher e suas Influências Sobre o Físico e o Moral, O (Camilo), 114
Operários e Capital (Tronti), 20
Oposição Operária do Partido Bolchevique, 143
ordem social, 23, 44, 87, 147, 159, 255
Outro, O (Borges), 17

Pagu, 103
Parent-Duchâtelet, Alexandre, 115-117, 120, 121, 223, 229
Passos, Domingos, 45
Pasteur, Louis, 220, 229
Paula Souza, Geraldo H., 65, 177
Pelloutier, F., 213
Penteado, Antonio, 54
Penteado, Jacob, 126, 165-166, 189, 190, 192, 237, 238
Penteado, João, 210
Pereira Passos, Francisco, 215
Perrot, Michelle, 19-20
Pinho, Adelino de, 210-211
Plebe, A (jornal libertário), 30, 45, 68, 69, 72-76, 80, 81, 84, 132-134, 138-139, 142-143, 145, 146, 152-153, 185-186, 190, 193-194, 202-203, 211, 213, 240, 243, 260
polícia de costumes, 116, 124, 126-128
política, 24-27, 47-48, 70, 74, 93, 101, 102, 129, 133-134, 136, 159, 176, 204-205, 207-9, 230, 231, 248, 255, 256, 264
   alienação, 150, 151
   resistência, 30, 46, 55, 67, 94, 97-99, 101, 152-153
política sanitarista, 214-229
Porto, Serafim, 5
positivismo, 145
Prata, dr. Francisco Horta, 221, 228
Princípios da Administração Científica (Taylor), 59, 61-62
"Problemas da Reconstrução" (*A Plebe*), 74, 75-76
processo produtivo, 33, 34, 40, 60, 70, 74, 76, 82, 90, 245
produtividade, 33, 60, 155, 192, 241, 253

"progressista", modelo, 250-252
projeto regulamentarista brasileiro, 124-128
projeto regulamentarista francês, 116, 124, 125
promiscuidade/prostituição, 37, 86, 115-129, 141, 145-147, 251-252
   abolicionistas, 127-129
   doenças e, 117-118, 127, 128, 136
   fábricas como focos de, 38, 93, 145
   fruto da exploração capitalista, 145-147
   mapa classificativo da, 118-120
   marginalização, 145
   políticas públicas e, 116-117, 124-125, 128
   regulamentaristas, 128
   regulamento às meretrizes, 125-126
   violência física e moral, 126, 127
propriedade privada, 29, 219
Prostitution à Páris au XIXème Siecle, La (Parent-Duchâtelet), 116-117
Proudhon, Pierre-Joseph, 71n, 200, 205, 261, 263
puericultura, 156, 158, 169, 259

Queirós, Eça de, 203
questão social, 51, 52, 147, 237

racionalidade burguesa, 39
Ravachol, anarquista francês, 123
Razão, A (jornal), 95-96
Rebérioux, Madeleine, 90
Recherches (revista francesa), 20
Réclus, Eliseu, 199, 202
regulamento às meretrizes, 125-126
Regulamento Nacional de Saúde Pública, 97
Reino de Kiato, O (Barnley e Teófilo), 109n
Reis, Raimundo, 92, 93
relações amorosas, 138-148
relações contratuais, 40
relações de trabalho, 56, 70-71, 77, 142
relações familiares, 134, 141-142, 214-219, 253
   redefinição das, 43, 141-142, 179-180, 207, 246
relações sociais, 50, 71n, 129, 136, 144, 204, 207, 208
Renascença (revista), 134
repressão, 31, 41n, 42, 48, 52, 67-68, 70, 95, 126-128, 153-154, 195-196, 211
Revista Feminina, 133
Revista Movimento Operário e Socialista, 17, 18

Revolução Bolchevique, 75
Revolução Industrial, 59
revolução política, 208-209
revolução social, 71, 147, 151, 204, 206, 209
Ribas, Emílio, 65
Ristori, Orestes, 30, 140
ritmo de produção, 34, 36, 38-40, 44, 47, 77-78, 179
Rodrigues, Edgard, 209 [corrigir bibliografia]
Rousseau, Jean-Jacques, 111-112, 113
Rússia, 83, 206

sabotagem, 36, 44, 46-50, 59, 70, 84, 97, 203
   origem do termo, 47-48
Saint-Hilaire, Étienne, 219
Saint-Simon, Conde de, 71n
salariais, questões, 73-74, 76
saneamento, 54, 65, 66, 116, 214-215, 223, 231-233, 254
Santa Casa de Misericórdia, São Paulo, 167, 226
Santista, 57
São Joaquim, fábrica têxtil, 48
São Paulo no ano 2000 (Barnley e Teófilo), 109n
Sartorelli, Emma, 99
Sant'Anna, greves na, 98-99
saúde, 21, 53, 57, 58, 62-65, 109, 118, 124, 128, 151, 156, 167, 177-178, 186, 217, 219, 221, 224-225, 231, 247-248, 250, 252
Sauer, Arthur, 232
Scarpa, Nicolau, 236
Schmidt, Afonso, 203
Schobnel, Vitor, 212
Segundo Congresso Operário Estadual de São Paulo, 47
segurança/insegurança, 29, 59, 118, 218
Sem Fé, Sem Lei, Sem Rei – Liberalismo e Experiência Anarquista na República, 8 (Rago)[dissertação da autora]
Seminário Sant'Ana, 164
Serviço Sanitário, 57, 63, 65, 108, 160 [subir caixa], 172-173, 177, 186
sexualidade, 21, 37, 93, 114, 115-129, 138-148, 157, 229, 242, 253
Silva, Basílio Monteiro da, 192
Silva, Beato da, 194
Silva, dr. Simões da, 118

Simões Magro, Bruno, 253-254
Simonsen, Roberto, 56, 60-61, 164
sindicalismo americano, 77
sindicalismo brasileiro, 76-77
Sindicato dos Pedreiros e Carpinteiros, 213
Sindicato dos Trabalhadores em Fábricas de Tecidos, 51
sindicatos, 46, 52, 81-82, 213
    conquistas dos, 78-79
    controle pelas indústrias, 52
    presença feminina nos, 89-90
sindicatos de indústria, 76
sindicatos de ofício, 74, 76-77
Soares, Maria S., 130
socialismo, 29, 45, 83, 136, 259
Sociedade 1º de Maio, 51
Sociedade de Resistência dos Trabalhadores em Trapiche e Café, 51
Sociedade Eugênica, 173
sociedade, transformação da, 25-6, 206
sociologia empirista, 124
solidariedade de classe, 25-26, 41, 101
Stein, Stanley, 185
Street, Jorge, 55, 56, 60, 81, 175, 180, 230, 233, 234-235, 237, 243-244, 247
subjetividade do trabalhador, 60

Tarquínio, Luís, 237, 238
Taylor, Frederick W., 59, 61-62, 77
taylorismo, 21, 34, 60, 76, 77-78, 83-84, 164
Teófilo, Rodolfo, 109n
teoria biológica do meio, 63, 175, 252
teoria dos fluidos, 220
Teoria dos micróbios, A (Pasteur), 220
teoria pasteuriana dos germes, 66, 220, 222
Terra Livre, A (jornal operário), 29-30, 37, 40, 44, 48, 71-72, 92, 94, 100, 137-138, 140, 150, 152, 182, 183, 189-190, 198, 199-203, 213, 238, 239, 242, 262-264
Thompson, Edward Palmer, 12, 18, 19, 20, 21, 26, 27, 154n
Tibi, anarquista, 130, 141
Tolstoi, Liev, 203
Trabalhador Gráfico, O (jornal), 187-188
Trabalho Moderno, O (Simonsen), 60
trabalho, 26, 29, 31, 33, 38, 83, 86
tradição agostiniana, 116
tradição saint-simoniana, 205
transformação social, 45, 71n, 204
    busca através da imprensa, 30-31

Tronti, Mario, 18, 20, 21
Trotsky, Leon, 83
Turim, movimentos conselhistas de, 72

União Auxiliadora dos Artistas Sapateiros, 51, 78
União dos Operários em Construção Civil, 51
União dos Operários em Fábricas de Tecido (UOFT), 80-82, 95-96
União dos Trabalhadores Gráficos, 51, 79
União Itabirana, 36, 184-185
Universidade de Campinas (UNICAMP), 8, 17
Universidade Popular de Ensino Livre, Rio de Janeiro, 212
urbanismo, 249
    modelo europeu, 250

vacinas, campanhas, 66, 170
Valentini, Elisabeta, 97
valores burgueses, 25, 44, 253
    anarquistas e, 148-152
Vasco, Neno, 29, 30, 203
Veiga, dr. Evaristo da, 24, 216, 217-218
Verne, Júlio, 5
Vianna, dr. T., 110
vícios, 23, 34, 42, 64-65, 107, 114, 116, 118, 120-121, 135, 148-55, 159, 161-162, 167-168, 176, 180, 216, 221, 233, 256-257
Vigiar e Punir (Foucault), 19
Vila Maria Zélia, 54, 174-175, 180, 232-233, 236, 239-240, 243
vilas operárias, 53, 54, 229-245, 246-248, 255-256, 258-259, 262-264
Vizzotto, A., 143
Votorantim, 42, 54, 190, 232, 239
Voz do Trabalhador, A (jornal libertário), 39-40, 46, 47, 48-50, 79, 85, 140, 149-150, 182, 191-192, 202-203, 242-243

Worker's Control in America (Montgomery), 20

Zeldin, Theodore, 90
Zola, Émile, 149, 203
zungu, 120
Zylberman, 248

Este livro foi composto na tipografia Dante MT Std, em corpo 12/15, e impresso em papel off-white no Sistema Digital Instant Duplex da Divisão Gráfica da Distribuidora Record.